中公新書 2323

小林登志子著

文明の誕生

メソポタミア、ローマ、そして日本へ

中央公論新社刊

はじめに

「我々はどこから来たのか　我々は何者か　我々はどこへいくのか」

これはP・ゴーギャン（一八四八―一九〇三年）がタヒチを舞台にした油彩画（ボストン美術館蔵）の題名で、未開社会の老若男女が色鮮やかに描かれ、傑作といわれている。だが、たとえばこの絵の題が「タヒチの人々」だったら、これほどの感動を与えなかったかもしれない。画家の技量もさることながら、見る者をして考えざるをえなくさせる題名が、絵に奥行きを与えたともいえよう。

さて、この題名を借りると、「我々の文明はどこから来たのか　我々文明人は何者か　我々の文明はどこへいくのか」が、本書で伝えたいことである。

「我々の文明はどこから来たのか」

日本人は狭い島国で培われた、特異な日本文化を継承してきたが、二一世紀に生きる今日では、西洋文明を世界の標準と考えている。国家運営の根本『日本国憲法』は形式上は、プロシアやドイツ諸邦の憲法を範に起草された『大日本帝国憲法』の改訂版になる。また、アメリカにはじまり、ドイツのアウトバーンが代名詞になっている高速道路もあたりまえのごとく採用し、一九五〇年代にはじまる高度経済成長時代の推進力となった。

西洋文明を本格的に受容したのは百数十年前の明治維新（一八六八年）で、先人たちは「和魂洋才」の言葉に象徴されるように、旧来の生き方のかなりの部分を捨て去り、新しい文明の採用にひたすら邁進《まいしん》することになる。西洋文明という巨人と格闘することになった小人日本はあこがれつつも、悪戦苦闘しつづけることになった。ときには無理をし、失敗をし、今日にいたっている。

明治の日本人が、日本が世界で生き残るための道と考えた西洋文明は今から二〇〇〇年前の大文明ローマに由来し、さらに遡《さかのぼ》れば五〇〇〇年前のメソポタミア文明、なかでも最古のシュメル都市文明にまでたどりつくのである。

文明社会は近代以降に誕生したのではなく、すでに紀元前の世界に誕生していたのである。古代の人々が考案した文明諸要素はまったくそのままではないにしても、その多くを後代の人々が受け入れることができたのである。

「我々文明人は何者か」

こう問われれば、二一世紀の文明人はローマ人の末裔《まつえい》であり、シュメル人の末裔でもあると答えることができる。

ある日突然、現代人がシュメルやローマへいったとしても、当初は違和感があるにせよ、なんとか生きていけるのではないだろうか。文明社会の仕組みはその誕生時にほぼ整っていた。それを継承し、改革し、今日にいたっているのだから、なんとか対応できるにちがいない。「文明社会の風景」を思い浮かべてみよう。そこには、生活に便利なもの、快適なもの、愉快なものがあるだろう。だが文明社会はパラダイスではない。文明社会には叡智《えいち》もあれば、悪徳もある。

「ローマはなんでもありです」と、ある高名な歴史学者がいっていた。ならば、「大英帝国もなんでもあり」であり、そして「シュメルもなんでもあり」になる。

たとえば、「正義」という言葉は、シュメルのグデア王（前二二世紀中頃）の王碑文にはじめてあらわれる。その後の王たちも『法典』に「正義」をかかげた。だが、この言葉ぐらい為政者にとって使い勝手のよい言葉はなく、戦争をはじめる際には、「悪《あ》しきことをなす」とは誰もいわない。「正義」をかかげて戦争ははじめられるのである。文明人の叡智とは、ときには狡猾《こうかつ》と紙一重の差である。

「我々の文明はどこへいくのか」

古代の文明社会を知ってなんになる――こうした意見もあるだろう。近現代史を学ぶべきだともいわれる。もちろん、学ぶべきであり、知らなくてはいけない。だが、近現代史は歴史であるが、同時に現代の政治の問題であって、立場が異なれば一八〇度ちがう解釈もありえ、時の政権に好都合な解釈が教科書などに採用されることは多いにありうることである。むしろ、できごとの本質を知るには、少し時間を置いた方がよいのである。

ものごとの本質は祖型にこそよくあらわれる。

一様な村落文化にくらべて、多様な大勢の人々が集まって暮らす文明社会を維持するためには、もめごとを回避し、生産性を向上させ、支配を効率的におこなうなどの叡智が必要であり、この叡智がすでに古代の文明社会には見られるのである。同時に、文明社会の悪徳もあって、目をそむけることなく、反面教師として見るべきであろう。

文明社会が、より大勢の人たちが共存していくために先人たちが選んだ道であるならば、今現在だけでなく、後人によりよい社会を伝えるために、その祖型を見るべきである。文明誕生時の社会を紹介することが、現代の日本社会を見つめる縁《よすが》になると思う。

本書が「我々の文明はどこへいくのか」を考える際のヒントになれば、筆者は本望である。

目次

地図作成・関根美有

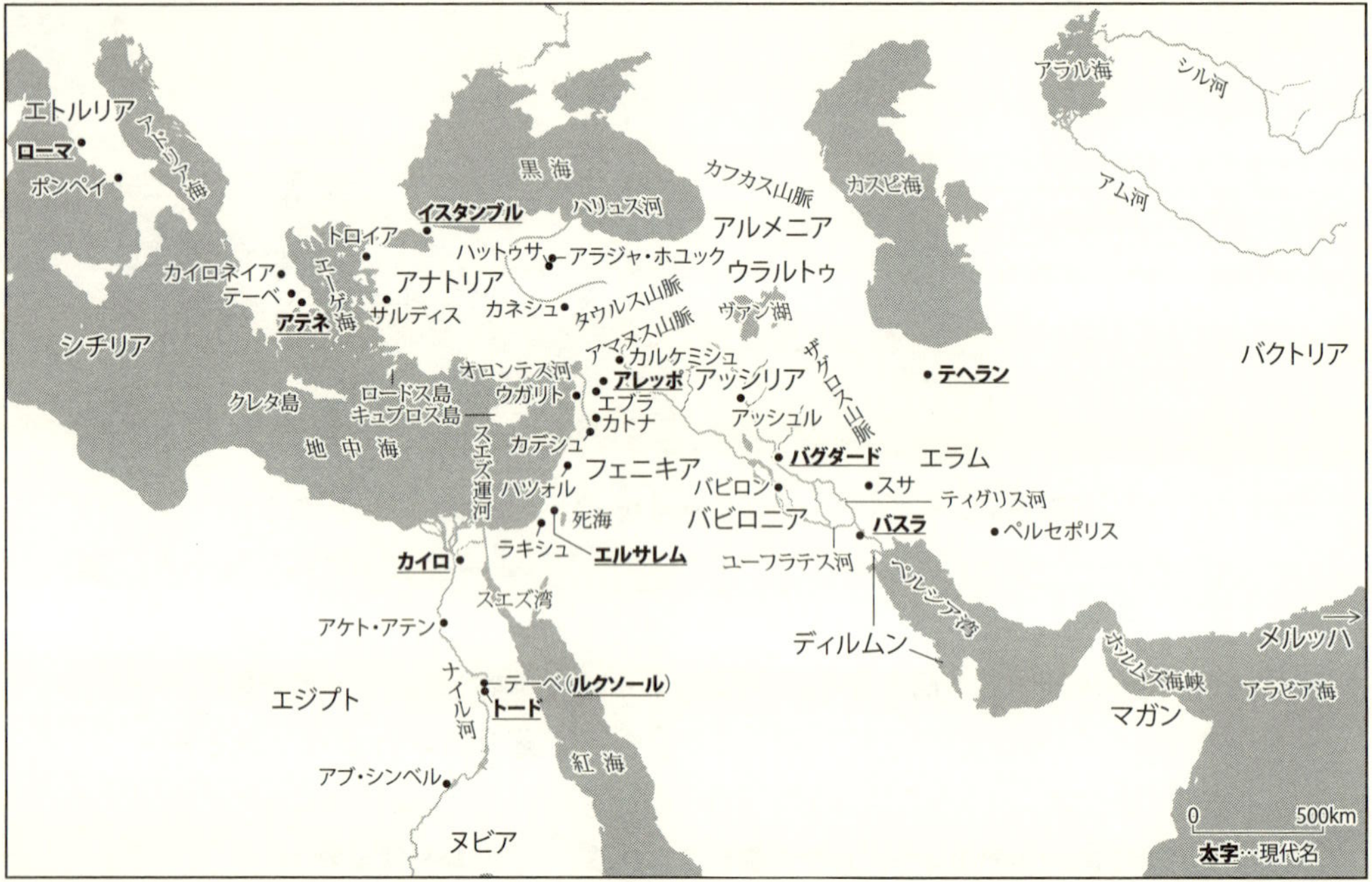

エトルリア
ローマ
ポンペイ
アドリア海
シチリア
カイロネイア
テーベ
アテネ
エーゲ海
トロイア
イスタンブル
黒海
ハリュス河
ハットゥサ
アラジャ・ホユック
アナトリア
サルディス
カネシュ
タウルス山脈
カフカス山脈
アルメニア
ウラルトゥ
カスピ海
ヴァン湖
アマヌス山脈
カルケミシュ
アレッポ
エブラ
カトナ
オロンテス河
ウガリト
ロードス島
キュプロス島
クレタ島
地中海
スエズ運河
カデシュ
ハツォル
フェニキア
死海
ラキシュ
エルサレム
アッシリア
アッシュル
ザグロス山脈
バグダード
エラム
スサ
バビロン
バビロニア
ティグリス河
ユーフラテス河
バスラ
ペルセポリス
テヘラン
アラル海
シル河
アム河
バクトリア
カイロ
スエズ湾
アケト・アテン
エジプト
ナイル河
テーベ(ルクソール)
トード
紅海
アブ・シンベル
ヌビア
ペルシア湾
ディルムン
ホルムズ海峡
メルッハ
アラビア海
マガン
0
500km
太字…現代名

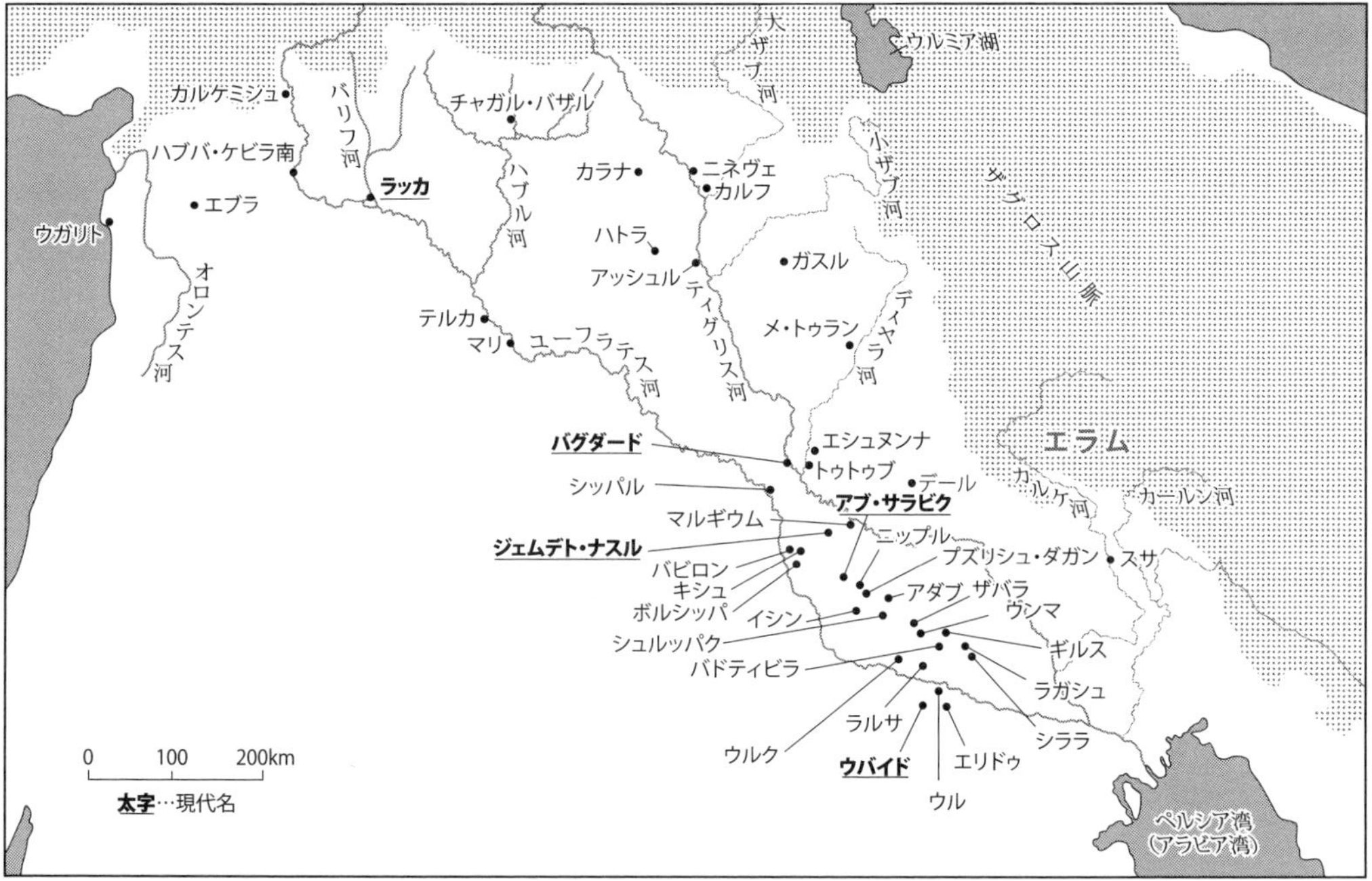
ウガリト
カルケミシュ
ハブバ・ケビラ南
エブラ
オロンテス河
バリフ河
ラッカ
チャガル・バザル
ハブル河
カラナ
ニネヴェ
カルフ
ハトラ
アッシュル
ティグリス河
大ザブ河
ウルミア湖
小ザブ河
ザグロス山脈
ガスル
ディヤラ河
メ・トゥラン
テルカ
マリ
ユーフラテス河
バグダード
エシュヌンナ
トゥトゥブ
デール
シッパル
アブ・サラビク
マルギウム
ニップル
ジェムデト・ナスル
バビロン
キシュ
ボルシッパ
イシン
シュルッパク
バドティビラ
プズリシュ・ダガン
アダブ
ザバラ
ウンマ
ギルス
ラガシュ
シララ
ラルサ
ウルク
ウバイド
エリドゥ
ウル
スサ
エラム
カルケ河
カールン河
ペルシア湾
(アラビア湾)
0 100 200km
太字…現代名

年表

年代	バビロニア・アッシリア、ペルシア	他地域
(前)5000	ウバイド文化期(〜3500)	縄文時代
3500	ウルク文化期(〜3100)	
3100	ジェムデト・ナスル期(〜2900)	
2900	初期王朝時代(〜2335)	
2334	アッカド王朝時代(〜2154)	
2112	ウル第三王朝時代(〜2004)	
2000	古バビロニア時代(〜1595)	
2000	古アッシリア時代(〜1600)	
1976		第12王朝(〜1794/1793)
1894	バビロン第一王朝時代(〜1595)	
1680		ヒッタイト王国(〜1200)
1600		殷
1550		第18王朝(〜1292)
1500	カッシート王朝時代(〜1155)	
1500	中期アッシリア時代(〜1000)	
1157	イシン第二王朝(〜1026)	
1023		周が殷を滅ぼす
1000	新アッシリア帝国時代(〜609)	
776		オリンピュア紀元
770		春秋時代(〜403)
753		ローマ建国紀元
625	新バビロニア王国(〜539)	
550	アケメネス朝ペルシア(〜330)	
509		共和政ローマ(〜27)
334	アレクサンドロス大王(336〜323)東征開始、ヘレニズム時代(〜30)	
312	セレウコス朝シリア(〜64)	
304		プトレマイオス朝(〜30)
3世紀		この頃弥生時代はじまる
247	アルサケス朝パルティア(〜後224)	
221		始皇帝の統一
202		漢(〜後8)
27		元首政ローマ(〜後3世紀)
(後)8		新
25		後漢(〜220)
190代		三国時代(〜280)魏・呉・蜀
224	ササン朝ペルシア(〜651)	
235		軍人皇帝時代
284		専制君主政はじまる
330/395		東ローマ(ビザンツ)帝国(〜1453)

序章
都市国家とは——ギルガメシュの城壁

「都市印章」印影図

　この奇妙な図のなかには、都市を象徴する図が組み込まれていて、「都市印章」という。ウル市（現代名テル・アル・ムカヤル）から出土した初期王朝時代第１期（前2900—前2750年頃）に属す円筒印章印影図である。

「都市印章」は粘土板（ウル古拙《こせつ》文書）などに押されていて、たとえば祭壇の簡略図と都市神のトーテムあるいは象徴が組み合わされている。わからない組み合わせもあるが、祭壇と太陽（上図下段右から２つ目）はラルサ市（現代名テル・センケレ）、祭壇と門柱はザバラ市（現代名イブザーク）を意味するように、その後の表語文字（表意文字）の祖型と見られる図がすでに確認されている。

「都市印章」はジェムデト・ナスル遺跡（前3100—前2900年頃）でも使われていることから、広範囲にわたって都市間で外交関係などの結びつきがあったことを示唆している。

安全保障の根幹

都市国家といえば城壁（周壁、囲壁）である。文明は都市で誕生し、都市には富が集積し、その富を狙《ねら》った敵の襲撃から防衛するために、城壁が都市を囲んだ。メソポタミア地方の都市では、そのすべてではないにしても、その中心にモニュメント（記念建造物）のジグラト（階段状の聖塔）が建てられていたことが知られているが、ジグラトはなくとも、城壁なしでは人々は安心して暮らせなかった。城壁は最古の文明社会であるシュメルのみならず、ギリシア、ローマ、中国ほかでも見られ、城壁こそが安全保障の根幹であった。

城壁といっても日本人にはピンとこないかもしれない。我が国では城壁が発達しなかったのである。だからといって、無防備であったわけではなく、そのかわりに濠《ほり》で囲まれていた。弥生時代の最大級の遺跡、吉野ヶ里《よしのがり》遺跡（佐賀県神埼《かんざき》市と神埼郡吉野ヶ里町）は、がんじょうな木《もく》柵《さく》と濠で囲まれた最大級の環濠《かんごう》集落であった。

本章では、都市国家の存立に欠かせない城壁について話そう。

一　ウル・ナナム「都市があった」

都市文明の開花

「都市があった」（ウル・ナナム）という言葉ではじまるシュメル神話『エンリル神とニンリル女神』は、舞台となるニップル市（現代名ヌファル市）を俯瞰《ふかん》したような描写で物語がはじまっている。ニップル市の正確な地図（前一五〇〇年頃）が出土していることからも、神話の作者はこうした地図を見ていたのかもしれない。シュメル人は都市国家に住んでいたのである。

今から五五〇〇年ぐらい前に、最古の文明を築いたシュメル人は、メソポタミア最南部に到達していて、支配階級や専門職人などがあらわれ、巨大な神殿がつくられ、文字が発明される

序—1　木柵と濠に囲まれた吉野ヶ里遺跡

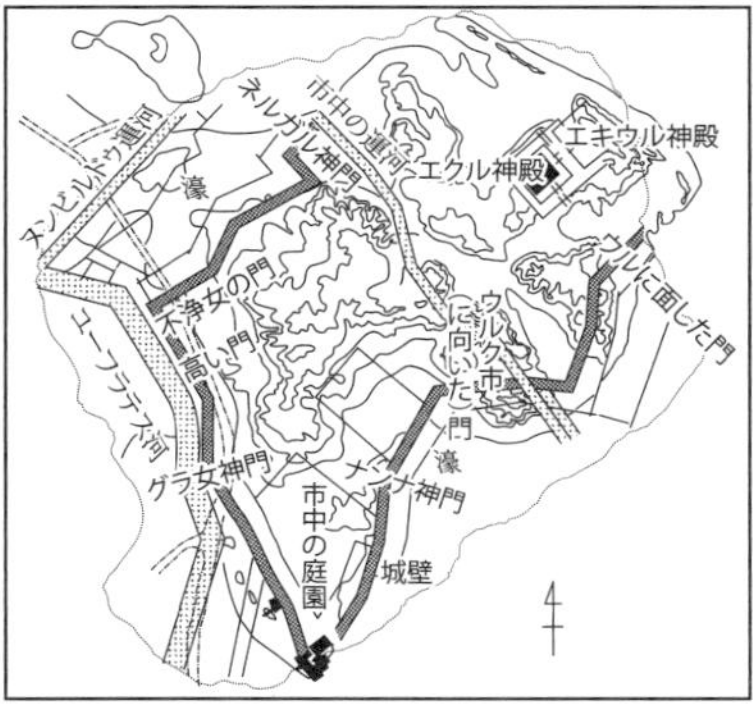

序—2　ニップル市俯瞰図　城壁と濠で囲まれていた

などの都市文明が開花した。これがウルク文化である。

どこまでも広い沖積平野がつづくメソポタミア南部、つまりシュメル・アッカド地方は、鉱物、石材そして木材などの資源に恵まれず、こうした物資を入手するために、この地でよく穫《と》れる大麦などを代価として、ほかの地方と経済的な関係をつくらざるをえなかった。文明のはじまりから、内向きでは生き残れず、外部との関係を持たざるをえなかったのである。

ウルク市（現代名ワルカ）の人々などによって建設された植民都市やメソポタミア南部との交易を通じて成立した都市、さらにこれら都市の影響を受けた周辺の町や村など、大小の規模の、多様な集落がつくられていった。広い地域全体が共通の経済概念を持っていたことはまちがいなく、その証拠に文字の原型とされるブッラとトークン（第五章参照）、数字が記された粘土板そして円筒印章などが広範囲に出土している。

城壁の出現

地方から都市への集住が都市国家を誕生させた。ウルク文化期（前三五〇〇—前三一〇〇年頃）に成立した都市国家はジェムデト・ナスル期（前三一〇〇—前二九〇〇年頃）を経て、初期王朝時代（前二九〇〇—前二三三五年頃）の都市国家間の分立・抗争の時代に入る。

初期王朝時代第一期（前二九〇〇—前二七五〇年頃）には、都市国家間の恒常的戦争によって、村落を捨てて、人々は城壁によって守られた都市へと集住し、都市の規模は拡大し、都市を囲む城壁がこのときはじめて出現した。ニップル市、ウル市（現代名テル・アル・ムカヤル）、キシュ市（現代名ウハイミルとインガラ）などの多くの都市で、城壁が確認されている。

シュメル都市国家では、人口の八〇パーセントから九〇パーセントが都市に住んでいたと推定されている。都市人口の大部分は農民で、都市の郊外にあった農地を耕作していた。

シュメル人は都市に定住して農業を営み、都市生活を謳歌《おうか》し、文化を持つ優れた民であることを誇りにしていた。翻って、周辺地域は荒地で農業はままならず、羊の群れを連れた遊牧民が移動していた。遊牧民は「都市国家を持たない、家を持たない。都市国家を知らない、家を知らない。人のように家を建てない、人のように都市を建てない。天幕に住んでいる」と、文化を持たない貧しい者どもとして、シュメル人から蔑視《べっし》されていた。

都市の賑わい

前二四世紀頃のシュメル・アッカド地方、つまりバビロニアには、およそ三五の都市国家があったようだ。

人々がなぜ都市に住んだかといえば、第一に防衛上の問題があげられる。次には、活発な経済交流がもたらす都市の賑《にぎ》わいもまた人々を都市にひきつけた理由の一つになるだろう。単調な農村での生活よりも、都市で生活することは楽しかったにちがいない。『アッカド市への呪《のろ》い』（前二〇〇〇年頃に書かれたシュメル語文学作品）にはアッカド市（所在地不明）が繁栄する

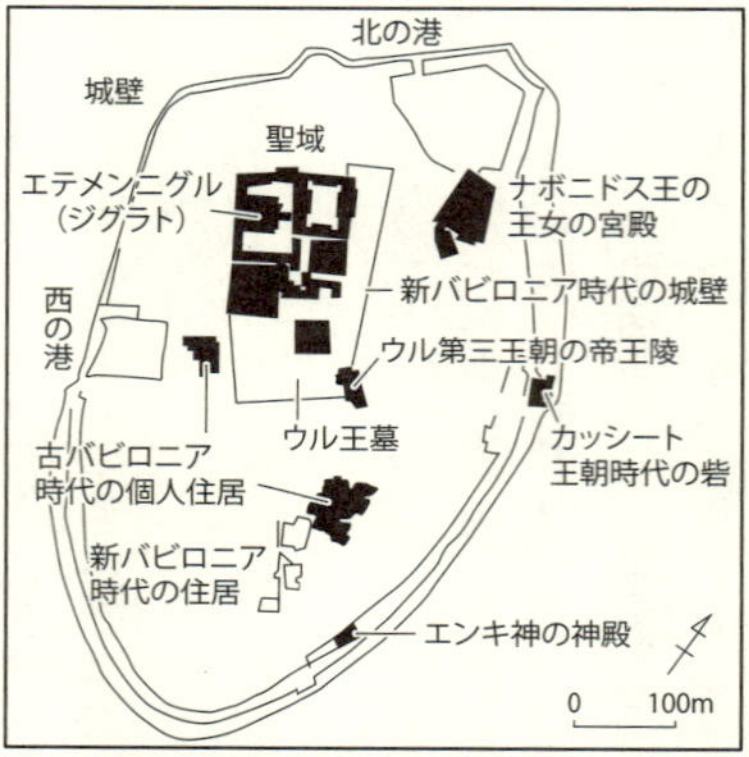

序—3　ウル市俯瞰図

様子が次のように描写されている。

倉庫が蓄えられるだろう、
住居がその都市に建てられるだろう、
人々はけっこうなごちそうを食べるだろう、
人々はけっこうな飲み物を飲むだろう、
（祝祭日のために）入浴した者たちは中庭で上機嫌
だろう、
人々は祝祭の場に押し寄せるだろう、
知り合いたちはともに食事をするだろう、
外国人たちは空の珍しい鳥のように歩き回るだろう、

このように、繁栄する都市は人々を魅了したが、珍しく、貴重なもののあふれる都市の富を狙う人々も当然のことながらいた。そこで、都市を防衛するための城壁（周壁、囲壁）が必要となり、城壁なしに都市は存立しえなかったのである。

二　都市国家の城壁

城壁が形づくる都市国家

シュメル地方の都市国家は、都市神（都市を守護する最高神）を祀《まつ》る神殿を中心に形成されていた。都市神は理念上の都市の所有者と考えられ、都市破壊は都市神に対する罪であった。都市神を祀った神殿は都市の中心に位置し、場所が変わることはほとんどなかった。

シュメルの都市国家で最も古いエリドゥ市（現代名アブ・シャハレーン）では、都市神エンキ神の神殿がウバイド文化期（前五〇〇〇—前三五〇〇年頃）からウル第三王朝時代（前二一一二—前二〇〇四年頃）まで、同一の場所で連続して建て替えられ、時代を追うごとに拡大されたことが発掘によってわかった。

ニップル市は運河が都市の真ん中を流れ、二つの地区に分かれており、それぞれが長方形の城壁に囲まれていた。神殿は中心部にあり、その外側に、人々の居住地区があった。

ウル遺跡は南北一〇三〇メートル、東西六九〇メートルの卵形城壁に囲まれ、中心部は新バビロニア王国時代（前六二五—前五三九年）の城壁で囲まれた聖域である。

日本人にとっての城壁

ユーラシア大陸では城壁のない都市国家はありえないが、「城壁」といわれて、日本人が一般的に思い浮かべるとしたら、大名の居城である城に見られる石垣になるであろう。

戦国時代（一四六七―一五七三年）に石垣をつくった近江《おうみ》の職人集団穴生衆《あのうしゅう》（穴太衆《あのう》とも書く）は、安土城《あづちじょう》などで採用された野面積《のづらづ》みといわれる耐震性の優れた石積みの技術を持っていた。現在でも末裔がこの技術を伝え、なおかつ使われていることはもっと注目されてよい。

この技術で積まれた石垣は東京都のまん真ん中、皇居にも残っている。皇居は百数十年前までは徳川家《とくがわけ》の居城、江戸城（江城、千代田城《ちよだじょう》ともいう）で、環濠と石垣がある。一四五七年（長禄元年《ちょうろく》）に太田道灌《おおたどうかん》（一四三二―八六年）が築いた江戸城は、一六〇四年（慶長《けいちょう》九年）に徳川家康《いえやす》（将軍在職一六〇三―〇五年）が動員発令し、以後断続的に修築され、「天下普請」といわれた。江戸城の石垣はほとんどが伊豆《いず》半島の東岸から海路運ばれた「伊豆石」である。一六〇六年には約二〇の大名が動員され、約三〇〇〇隻の船によって毎月一万二〇〇〇個もの大石が伊豆半島から江戸へ運ばれていたことが記録に残っている。

一方で、天皇の明治維新以前の住居、京都御所の塀は薄く、戦闘をまったく想定していないかのようで心もとないが、さすがに江戸城は武家の居城であったことが、石垣によってよく示されている。

ニュータウンは新城

このように、城といえば江戸城や大坂城（明治以降はおおむね大阪城と表記）のような武家の居城を日本人は思い浮かべるだろうが、これはむしろ特異な考え方で、ユーラシア大陸でいわれる城や城壁はちがっている。

　興味深い例を一つ紹介しよう。京成高砂《けいせいたかさご》駅と印旛《いんば》日本医大《にほんいだい》駅を結ぶ北総《ほくそう》鉄道北総線に「千葉ニュータウン中央駅」がある。最近の駅名の表示は漢字、平仮名、ローマ字表記のほかに、ハングルと中国語簡体字の表示がつけ加えられている。ニュータウンを漢字で表記するとしたら、

序―4　皇居（江戸城）富士見櫓の石垣

序―5　千葉ニュータウン中央駅の駅名板　千叶新城中央と簡体字で表記されている

日本人は「新町」と書くのが普通だろう。ところが、駅名の中国語表記は「新町」ではなく、「新城」なのである。

「城」の意味を漢和辞典で見ると、「㋐都市のまわりを囲んでいる壁。もと、土で作り、後に煉瓦《れんが》で作った。城壁。内側のものを城、外側のものを郭という。㋑城壁をめぐらした町。都。国都」（諸橋轍次他著『広漢和辞典』大修館書店、昭和五十七年）と説明されている。多くの中国の都市は、城壁によって囲まれていた。つまり中国では都市イコール城なのである。ことに異民族の侵入が頻繁にあった華北では、城壁は欠かせなかった。城壁も最初から堅固だったわけではなく、地形や棘《とげ》のある植物を利用したような例もある。城壁の建設は土を固めて基礎をつくり、塼《せん》、磚《せん》（大型の煉瓦）で覆う。費用がかかるので、外側は塼、磚で覆っても、内側は土がむき出しであったりもした。

ビルガメシュ神が建てた城壁

シュメル・アッカド地方でも都市は敵の侵攻にさらされていた。そこで都市は環濠城塞《じょうさい》化せざるをえなかった。都市の周囲を掘り下げて環濠をつくり、その土を日乾煉瓦にして積み上げ、城塞をつくった。都市国家はその周囲を取り囲む、煉瓦を積み上げた城壁なしには存在しえないものであった。

前一九世紀頃のウルク市のアン・アム（ディンギル・アムと読むかもしれない）王のシュメル

語王碑文は「ウルク市の城壁、ビルガメシュ（ギルガメシュ）神の古《いにしえ》の仕事を修復した」と、記されている。城壁こそが安全保障の根幹で、城壁の造営や補修は誇りうる王の功業であった。しかも、ウルク市は伝説のビルガメシュ王が治めた都市で、ビルガメシュが建てたといわれている由緒ある城壁を修復したことをアン・アム王は大いに自慢したかったのである。

『ギルガメシュ叙事詩』冒頭でも、「彼は囲いの町ウルクの城壁を建てさせた、また清い宝物殿、聖なるエアンナのそれ（＝周壁）もまた。銅とまがうように造［られた］その周壁を見よ」（月本昭男訳『ギルガメシュ叙事詩』標準版、第一の書板第一欄九―一一行）と、書かれている

序―6　㊤現代の煉瓦づくり　土に細かく切ったわらと水を混ぜて、型に入れて抜く。㊦煉瓦の乾燥　煉瓦づくりは収穫後の夏におこなわれ、数週間乾かす。古代もおそらくこのようにつくられたのだろう

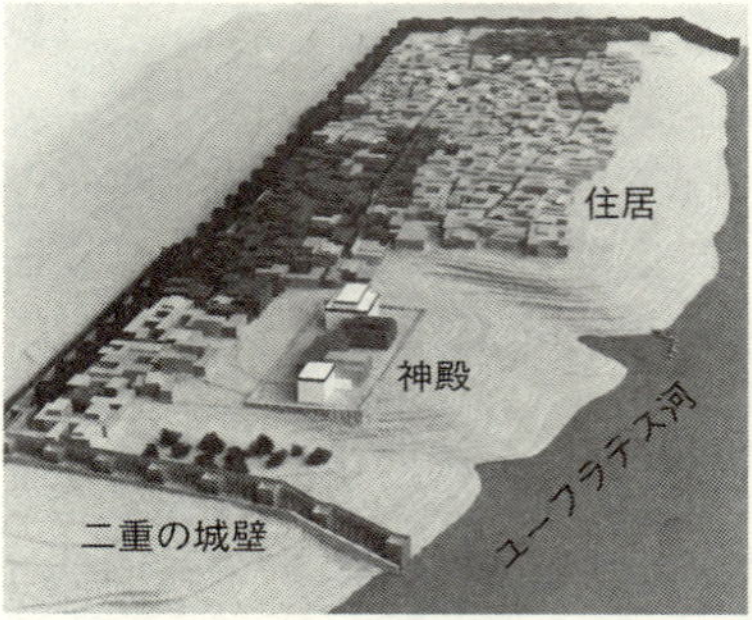

序―7　ハブバ・ケビラ南遺跡復元図　二重の城壁で囲まれ、ユーフラテス河に面したところは港が開かれた18haの長方形の町

（［　］内は原文欠損箇所で、訳文は復元）。ギルガメシュが城壁を建てたことは、物語の終盤「第一一書板」になって、ふたたび出てくる。不死を求めたが、得られなかったギルガメシュは王としての責務を果たすことになり、それが城壁を建造することであった。

　このような伝説のあるウルク市の城壁は、約九・五キロメートルもの長さにおよんでいた。ウルク市の植民都市ハブバ・ケビラ南遺跡では、その周囲を日乾煉瓦製の城壁で二重に囲んでいたことが知られている。

見張りが置かれたラガシュ市の城壁

　ラガシュ市はギルス地区（現代名テロー）ほか複数の地区からなるが、それぞれの地区にも城壁があった。前二五〇〇年頃に、ラガシュ市に登場したウルナンシェ王からその後六代にわたる世襲王朝（ウルナンシェ王朝）がつづくことになる。王朝の創始者、ウルナンシェ王は神殿建立、運河開削などとともに城壁建造もおこなった。これらの事業によって、国内整備に尽力したことを王碑文で誇示している。

前二三五〇―前二三三五年頃のラガシュ市のエミ（后妃《こうひ》の経営体。四三、二二三頁参照）の会計簿によれば、賦役で刈り取られた葦《あし》の束が倉庫に保管されていた。この葦束支出を記録した会計簿には「門の城壁の仕事に用いられた」と、用途の一つが書かれている。つまり、城壁工事では葦を土に混ぜていて、現代の西アジアでもわらを混ぜている。また、こうした技術は中国でも知られていた。

また、前二三四〇年頃にラガシュ市を支配したウルイニムギナ王は「城壁の警備」をウグラ職（小グループの監督）、ガラウク職（集団労働の隊長）、ヌバンダ職（組織運営の責任者。三七頁参照）、牛飼い、羊飼いなどとともに、ナンシェ女神神殿のような宗教機関にも割り当てている。あたりまえのことだが、城壁には見張りを置く必要があった。

城壁建造の段取り

バビロン第一王朝（前一八九四―前一五九五年頃）のハンムラビ王（在位前一七九二―前一七五〇年頃）の子で、後継者サムス・イルナ王（在位前一七四九―前一七一二年頃）のシュメル語とアッカド語それぞれで書かれた王碑文の一つには、キシュ市の城壁を修復したことが書かれている。しかも、「そのとき強き男サムス・イルナは彼の軍隊の力によって、キシュの都市を建てた。彼は運河を掘り、濠で都市を囲んだ、（そして）大量の土で、山のようにその基礎を堅固にした。彼は煉瓦をつくり、その城壁を建てた。一年以内に彼は城壁の頂《いただき》を以前よりも高くした」と、城壁建造の段取りが詳しく書かれている。

こうした段取りは古代ギリシアの歴史家ヘロドトス（前四八〇―前四二〇年頃）が『歴史』で伝えているバビロン市（現代名バビル、カスル、メルケスほか）の城壁のつくり方と同じである。江戸では徳川家の居城だけを守るために莫大《ばくだい》な数量の石材を海路運んだが、同じ沖積平野に成立したバビロンでは、都市を守るために濠を掘ることで、その土を煉瓦の材料とする合理的な方法を選択していた。

ただし、江戸の町がまったく無防備ということではない。戦国時代になって、総構《そうがまえ》といって、城下町を濠や土塁によって囲む防御施設がつくられるようになり、江戸城外郭として、石垣や濠が配置された。総構は「関ヶ原《せきがはら》の戦い」（一六〇〇年）以降採用されなくなったが、今でも「外堀《そとぼり》通り」のような名前が残っている。

さて、バビロニアに話を戻すとしよう。自国の城壁建造とともに、当然のことながら王が誇示すべきは敵国の城壁破壊であった。城壁が破壊されれば、それはもはや都市として存立しえないことを意味し、つまり敗北であった。

ハンムラビ王の四三年間の「年名」（七五頁参照）のなかには、城壁を「建てた」あるいは「破壊した」がいくつかある。たとえば、第二五年「シッパル市（現代名アブー・ハッバハとテル・エッ・デール）の大城壁が建てられた年」、そして第三五年「アヌ神とエンリル神の命令のもとに、彼がマリ市（現代名テル・ハリリ）とマルギウム（ティグリス河東岸、エシュヌンナ市南方、遺跡は未確認）の城壁を破壊した年」のようにである。

バビロン市の城壁

前で少し紹介したが、ヘロドトスが伝えているバビロン市の城壁は「厚さ五十王ペキュス、高さ二百ペキュスの城壁が町を囲んでいる」（松平千秋訳『歴史』）というが、換算すると、五〇王ペキュス＝二四・九七五メートル、二〇〇ペキュス＝八八・八メートルになる。九〇メー

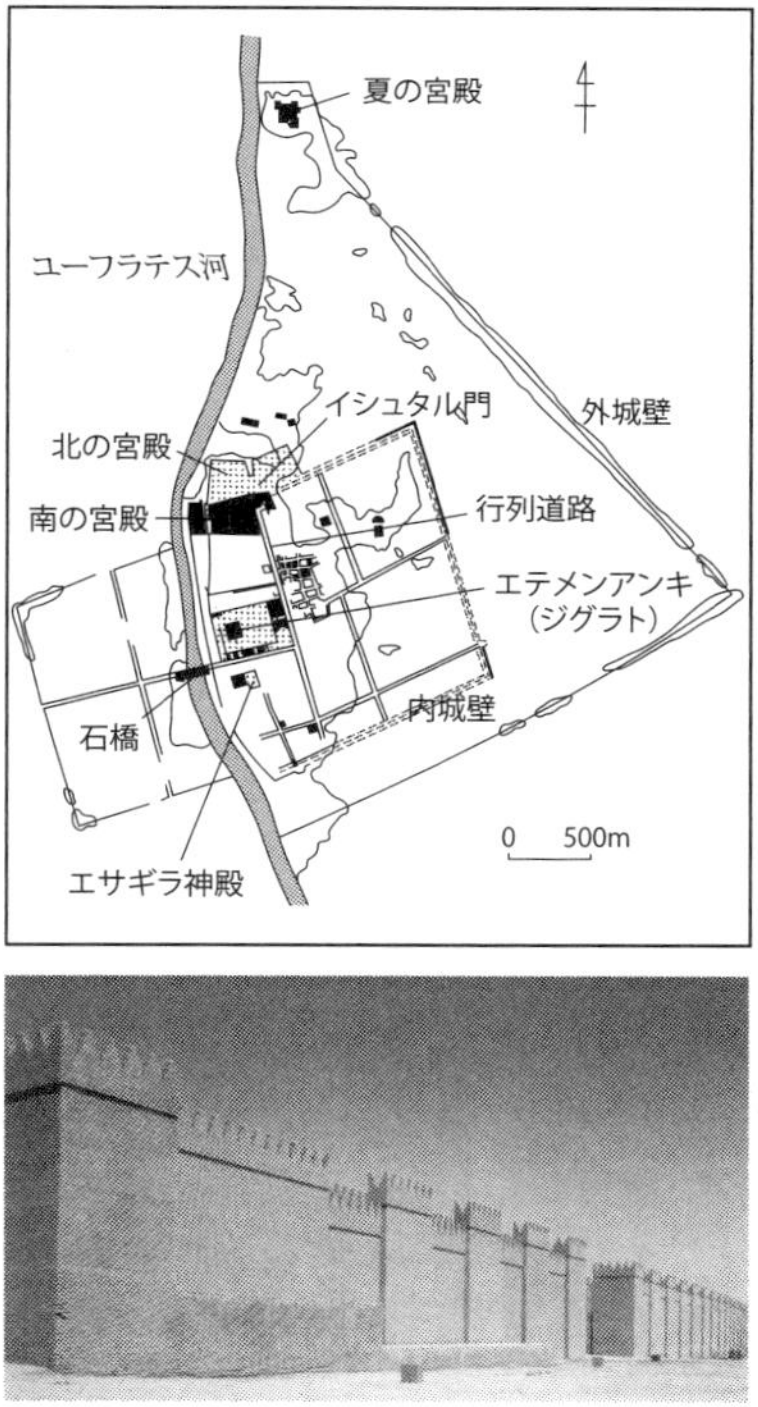

序―8　㊤城壁で囲まれたバビロン市復元図（新バビロニア時代）。㊦復元されたバビロン市城壁（新バビロニア時代）

トルぐらいといえば、通天閣（大阪市）が一〇三メートルの高さなので、これよりも約一〇メートル低いことになる。この数字はいささか信じがたい。

バビロン市の城壁は一説には「フィロンの世界七不思議」（前一五〇年頃の数学者フィロンが選んだという建造物の一大驚異）にも数えられていて、一〇〇の門と二五〇の塔が備えられていたという。ヘロドトスがあげた数字の真偽はともかくとして、かなりりっぱな城壁はあったのだろう。この城壁を壊したのはアケメネス朝ペルシア（前五五〇―前三三〇年頃）のクセルクセス一世（在位前四八六―前四六五年）ともいわれている。

アッシリアの攻城戦

城壁で囲まれた都市を落とすことはむずかしかった。すでに古アッシリア時代（前二〇〇〇―前一六〇〇年頃）のシャムシ・アダド一世（在位前一八一三―前一七八一年頃）は城攻めの際には、まず城壁の頂までの高さに勾配《こうばい》をつけた盛り土をすべきことを諭した手紙を息子に送っている。新アッシリア帝国（前一〇〇〇―前六〇九年）はエジプトまでふくむ大帝国を築いていったが、都市を攻略する際には、さまざまな手段を弄《ろう》した。

戦争ともなれば、当然のことながら、都市の門はとざされる。攻める側とすれば、ときには策略を用いて市内へ侵入しようとした。伝説の「トロイア戦争」でも、トロイア市（現代名ヒサーリク）の城門をあけさせるために知将オデュッセウスが「木馬の計」を用いたのは、まさ

序—9　㊧トロイア遺跡に立つ「木馬」。㊨新アッシリア帝国の破城槌車　「ラキシュ攻城戦」（部分）。一説には破城槌車が「木馬」のモデルといわれる

しく城攻めの要諦《ようてい》になる。

城門をあけさせるのに失敗したときには、城塞を攻撃することになる。破《は》城槌車《じょうついしゃ》を使っての城壁破壊や、多数の攻城梯子《ばしご》をかけて城壁を乗り越えようとした。このような上からの侵攻がむずかしいときには地下道を掘ることもした。また、弓兵や投石兵を配置して、雨霰《あめあられ》のごとく飛び道具をあびせた。こうした城攻めの様子はセンナケリブ王（在位前七〇四―前六八一年）がニネヴェ市（古代名ニヌワ、現代のモスール市東岸）の王宮の浮彫壁画に刻ませた「ラキシュ攻城戦」（前七〇一年）から詳しく知ることができる。ラキシュはパレスティナの都市で、エルサレム市南西七〇キロメートルに位置し、

序―10 ㊤城壁冠をかぶるアッシュル・シャラト后妃 「葡萄棚の下の饗宴」（部分）、ニネヴェ出土、前7世紀、雪花石膏、高さ1.34m、大英博物館蔵。㊦城壁冠をかぶるシャープール２世 ディナール金貨、直径1.9cm、イラン国立博物館蔵

現代名はテル・エド・ドゥウェイルという。

さて、ここまで話したような手段がすべて失敗したり、突撃は犠牲が大きいと判断したときには、都市を降伏させるために攻囲戦にふみきった。飢餓状態に陥れようとの企《たくら》みだが、食糧の備蓄が豊富なこともよくあり、こうした場合は二年あるいは三年もの長期戦を覚悟する必要があった。

また、城を囲んでいるときに、不覚にも反アッシリア同盟軍に背後を囲まれてしまったら、挟み撃ちになってしまうこともあり、厳密な意味でアッシリア軍は攻囲戦を避けていたという軍事史の専門家もいる。

「城壁冠」をいただく后妃

新アッシリア帝国最盛期のアッシュル・バニパル王（在位前六六八―前六二七年）といえば、

「ライオン狩り」の浮彫図などでも知られる帝王のなかの帝王である。いつも武ばった王が、アッシュル・シャラト后妃と仲睦《むつ》まじく、酒宴に臨んだ場面の浮彫がある。ここで、注目したいのは后妃の頭上の「城壁冠」である。城壁を象徴した冠で、政治的中心としての都市の重要性を誇示し、前九世紀以降に出現した。

この冠は後代になって流行した。ササン朝ペルシア（二二四―六五一年）のシャープール一世（在位二四一―二七二年頃）やシャープール二世（在位三〇九―三七九年）などの硬貨に刻まれた王が「城壁冠」をかぶっている。西方世界にも伝わり、今日でもヨーロッパの王族の頭上

序―11　㊤都市の模型を持参する朝貢者　先頭の朝貢者が都市の模型を手にしている。背後は貢物の馬。ドゥル・シャルキン出土、前8世紀、雪花石膏、高さ1.62m、ルーヴル美術館蔵。㊦都市および大聖堂の模型を奉献する皇帝たち　聖母子を囲んで、向かって右にコンスタンティヌス大帝、左にユスティニアヌス大帝。両帝はそれぞれコンスタンティノープル市と聖ソフィア大聖堂を奉献。聖ソフィア大聖堂のモザイク

には「城壁冠」が見られる。

また、都市を放棄することは、支配を断念すると の考え方の、目で見える形の表現として、勝者である アッシリアの征服者に、敗者は自らの都市の模型を差し出したことが浮彫の図像に残されている。支配者が都市の模型を差し出す表現は後代のビザンツやルネサンス美術でも見られ、この場合は神への服従の象徴となった。

イスタンブル市のアヤ・ソフィア博物館、かつての聖ソフィア大聖堂の南西入口扉上には、「エンニケア」とは「再献堂式」と訳され、都市や聖堂を毎年新たにキリストや神に奉献する式のことである。

序—12　通称「セルウィウスの城壁」　ローマに残る城壁で、1周8kmにおよび7つの丘を取り囲んだ。創建時前4世紀末の高さは8.5m、厚さ4.5mと推測される

三　ヨーロッパの城壁

「テオドシウスの城壁」を攻略したオスマン帝国

ヨーロッパには、古代ローマが建てた城壁がローマやロンドンそのほかに、今も残っている。

また、その起源が城塞であった都市がかなりあり、たとえばハンブルク、アウグスブルク、ローテンブルクのように、地名に「ブルク」をふくんだ都市である。ブルクとはドイツ語で「城」「城郭」などの意味がある。これらの都市も、街全体が城壁で囲まれていて、城壁が破壊されれば負け戦で、人々は略奪の対象となる。このことは近代以前のヨーロッパでは普通のことであった。

さて、一四五三年五月二九日、若きメフメト二世（在位一四四四—四五、四五一—四八一年）率いる一〇万のオスマン帝国（一三世紀末—一九二二年）軍は二カ月の包囲ののち、コンスタンティノープル市（現代名イスタンブル市）西側の城壁を破って、市内に侵攻した。

序—13　コンスタンティノープルの地図　ラテン語写本に描かれた地図で、城壁に囲まれている。パリ国立図書館蔵

このとき、三重構造で難攻不落といわれた「テオドシウスの城壁」（テオドウス二世〔在位四〇八—四五〇年〕建造）を破ることに貢献大であったのが、「ウルバン砲」であった。一五世紀には大砲が使われるようになり、従前の城壁では対処できなくなっていた。これ以降、ヨーロッパでは城と要塞の機能が分離して

序―14　ウィーン包囲　1529年9月27日の包囲、手前のオスマン軍は大砲をウィーンの城壁に向けている。トルコ人画家作（1588年）、トプカピ宮殿図書館蔵

いくことになる。

防戦むなしくビザンツ帝国（三三〇？―一四五三年）皇帝コンスタンティノス一一世（在位一四四九―五三年）は討ち死にし、ここにビザンツ帝国一〇〇〇年の歴史は幕をとじた。

一四世紀末以来、コンスタンティノープルを落とすために周到に準備を重ねてのオスマン帝国の勝利であった。アジアとヨーロッパ、黒海とエーゲ海および地中海を結ぶ交通の要衝に位置するこの都市を得たことは、オスマン帝国が東西にまたがる大帝国へと発展する礎となった。

惨憺たる「ウィーン包囲」

一度は城攻めに大勝利したオスマン帝国であったが、一五二九年、一六八三年の二度にわたり、大軍を率いての「ウィーン包囲」は惨憺《さんたん》たる結果であった。第一次は一二万を超える兵と三〇〇門近い大砲を率いての、スレイマン一世（在位一五二〇―六六年）の親征で、ウィーンを包囲した。迎えるウィーン防衛軍は五万数千に過ぎなかったが、よく守り、包囲が長期化するなか、寒気の到来でオスマン軍は包囲を解き、退却にいたる。

ついで、一六八三年、大宰相メルズィフォンル・カラ・ムスタファ・パシャ（一六三四／三五―八三年）率いる三五万の兵と三〇〇門の大砲による「ウィーン包囲」は約二カ月間に一八回にわたる攻撃となった。第一次の教訓から、堅固な防御がほどこされていたこともあり、包囲が長引くなか、ポーランド王ヤン三世ソビエスキ（在位一六七四―九六年）率いる一〇万のヨーロッパ混成軍が到着、オスマン軍は敗退する。オーストリア軍は守りきったのである。二度にわたる包囲失敗により、以後オスマン軍はヨーロッパに対して守勢に立つようになった。

城攻めの勝敗こそが、オスマン帝国の命運にかかわっていたのである。

一方、オスマン軍からウィーンを守った城壁であったが、時代の流れには抗せず、一九世紀の半ばには近代化の名の下に壊されることになる。

城壁は観光資源

城壁で囲まれた都市といえば、古くはギリシアのポリス（都市国家）があげられる。ギリシ

序—15　「テミストクレスの城壁」

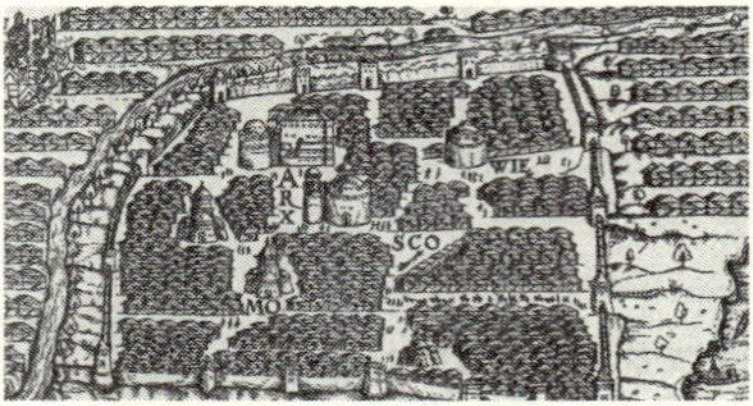

序—16　城壁で囲まれたモスクワ市
1530年頃のモスクワ大公国の首都モスクワ

アはバルカン半島南端に位置し、山がちの地形で、ここに国をつくるとすると、小国分立にならざるをえない。前八世紀頃に成立したポリス社会は、前三三八年にアテネ・テーベ連合軍が「カイロネイアの戦い」でマケドニア王国（？—前一四八年）に敗北するまでつづいていて、ポリスは城壁で囲まれていた。

アテネ市のパルテノン神殿が建つアクロポリス近くに、日本人観光客もよく利用するディバニーパレス・アクロポリス・ホテルがある。ホテルは遺跡の上に建っていて、地下の食堂と土産物店の横に、ガラス越しに灯に照らされた「テミストクレス（政治家で軍人。前五二八／五二七—前四六二／四六〇年）の城壁」を見ることができる。アテネならではの観光資源の一つである。

もっとりっぱな城壁が保存、公開されているのは、ルーヴル美術館である。その前身はセーヌ河下流に建てられた城塞で、ルーヴルの語源もサクソン語（五、六世紀頃にドイツ北部にいたサクソン人の言語）でロヴェール「要塞」だともいう。その後、宮殿に変貌《へんぼう》し、さらに「フランス革命」（一七八九年）後の一七九三年に「民衆のための美術館」が誕生する。現在でも、ルーヴル美術館の地下で、城壁を見ることができる。

また、クレムリンもロシア語ではクレムリで、「城塞」を意味する。ロシアでは、多くの都市の中心部にはクレムリンがあるが、なんといってもモスクワ市のクレムリン（ユネスコ世界文化遺産）が有名である。クレムリンの起源は一一五六年に遡り、モスクワ河左岸の小高い丘に砦《とりで》がつくられたのが、そのはじまりになる。総延長二・二五キロメートルの城壁に二〇の城門がある。

一九一七年の「ロシア革命」で、ソビエト連邦（一九一七—九一年）の最高会議（国会）と閣僚会議（政府）が置かれたことから、「クレムリン」といえばソ連の「最高指導部」を指すことになった。一九九一年に保守派のクーデターが失敗におわり、その後ソ連邦は解体し、現在のクレムリンにはロシア共和国の大統領府が置かれている。

あってはならない壁

さて、ここまで、いくつかの例を紹介してきたが、都市の城壁はシュメル人の時代から自国民防衛のために建てられていた。「一朝事ある秋《とき》」は、都市住民たちが逃げ込んで来るのが城壁の内側であった。だが、そうではない壁もあった。逃げようとする人を阻止するための「ベルリンの壁」である。

序―17　ベルリンの壁崩壊

一九六一年八月一三日に建設がはじまり、一九八九年一一月九日に東ドイツが旅行の自由化を発表したことをきっかけに、東西のベルリン市民によって壊されはじめたベルリンの壁は、コンクリート製で高さが三メートルもあり、西ベルリンを「陸の孤島」にした。ぐるりと取り囲んだ壁の総延長は一五五キロメートルにもなって、この距離は日本橋（東京都中央区、一〇二頁参照）を起点とした国道一号線を西方へ向かっていくと蒲原《かんばら》あるいは由比《ゆい》（ともに静岡県静岡市清水《しみず》区）のあたりになる。あってはならない壁が二八年以上もの間、ベルリン市を東と西に分け、東ドイツ国民が西ベルリン経由で西ドイツへ逃げることを阻止していた。

「東西冷戦」の象徴ともいわれ、いくつもの悲劇を繰り返した壁は、現在では一部が記念に残されているだけである。

第一章
職業と身分の分化
——シュメル版「職人尽」

「職業名表」
　この粘土板の表（23.2×24× 5 cm）はアブ・サラビク遺跡（古代のエレシュ市か）から出土した。職業だけでなく、人名もあげられ、280行にわたって書かれている表である。後代の粘土板にあわせて、90度横にしてある。詳しくは本文で紹介しよう。
　前2600－前2500年頃、イラク博物館蔵

都市生活者白書

都市国家にはどのくらいの数の人々が住んでいて、なにを生業《なりわい》にして生きていたのだろうか。行政組織が完備した現在ならば、国勢調査がおこなわれ、人口が算出される。この結果は、我が国ならば、総務省統計局のホームページを見ると、人口だけでなく、職業や通勤時間など、詳細な項目に分けて、公開されている。日本のような先進国であっても、国勢調査は一大事業であって、五年に一度の実施になっている。

文明社会ともなれば、それが古代であったとしても、徴税や徴兵のための基本的情報を得るためには、人口を把握する必要が行政府にはある。

また、都市国家に暮らす人々の多くは農民であったが、それ以外にもさまざまな職業があって、人々の間に格差が生じていたことなども紹介しよう。

本章は最古の都市生活者白書である。

一　都市国家の人口調査

アウグストゥス帝の「ケンスス」

人口を正確に知るには、ひとりひとり数えて調査しなければならない。

英語では人口調査のことを「センサス」というが、この語源はラテン語で、古代ローマではケンソル職と呼ばれる専門官が「ケンスス」と呼ぶ人口調査（戸口調査）をした。ローマ市民権を持つ一七歳以上の男性の人口と各市民の財産の調査である。戸口調査は前六世紀のセルウィウス・トゥリウス王に遡るともいわれるが、共和政期（前五〇九―前二七年）には五年に一度、ケンソル職が選出されるごとにおこなわれた。選ばれたケンソルたちは夜間に神殿で「鳥占い」（第九章参照）をして、吉と出れば、触れ役に命じて市民たちを招集した。

1―1　アウグストゥス帝
ユリウス＝クラウディウス朝時代、白大理石、高さ53cm、グレゴリウス世俗美術館蔵

今から約二〇〇〇年前に、初代ローマ皇帝アウグストゥス帝（在位前二七―後一四年）自らが記した『神君アウグストゥス業績録』のなかで、戸口調査を三度おこなったことを業績にあげている。「第六次執政官のとき（前二八年）、マルクス・アグリッパを同僚として、国民の戸口調査を行ない、その修祓《しゅうふつ》式を、四十一年ぶりにあげた。この修祓式で四百六万三千人のローマ人が調査名簿に登録された」（国原吉之助訳『ローマ皇帝伝』）と記されている。

二度目（前八年）は四二三万三〇〇〇人、そして三度目（後一四年）は四九三万七〇〇〇〇人のローマ市民が調査名簿に登録されたと記されていて、戸口調査は新たに編成された市民団を浄《きよ》めるルストゥムと呼ばれる儀式がおこなわれて終了した。

約二〇年の間隔を置いて実施されている。一〇〇万単位の市民の登録ともなれば、始終できることではなく、その治世がよく治められていたことの証《あかし》ともなり、当然のことながら皇帝の功業に数えあげられることであった。なお、アウグストゥスの戸口調査は女性、子供、奴隷にまでおよんだともいうが、『神君アウグストゥス業績録』には記されていない。

タキトゥス（歴史家、政治家。五六頃―一二〇年頃）の『年代記』には、クラウディウス帝（在位四一―五四年）治下、紀元四八年の調査結果が、「ついで彼（クラウディウス）は大祓《おおはらい》を済ませた。その時の国民登録では、ローマ市民権所有者は、五百九十八万四千七十二人であった」（国原吉之助訳『年代記』）と、書かれている。

五九八万四〇七二人は市民権を持つ一七歳以上の男性の数である。女性や子供そして市民権を持たない人を数えれば、一世紀中頃のローマの人口はこの数字の数倍にふくれあがることになる。

「ジムリ・リムが国土の人口調査をした年」

アウグストゥス帝治世から約一八〇〇年も遡った時代、今から三八〇〇年前にユーフラテス河中流で栄えていたマリ市でも、ジムリ・リム王（在位前一七七五―前一七六一年頃）治世に、人口調査がおこなわれ、そのことが「年名」（七五頁参照）にされていた。「ジムリ・リムが国土の人口調査をした年」は治世何年かは特定できないが、「年名」にするほどの大々的な調査だったようだ。「人口調査」を意味するアッカド語テービブトゥムには「浄化」などの意味もある。人口調査にもとづいて徴兵がおこなわれ、ともに戦う神々のための軍隊を編制するに際して、宗教儀式があったことにちなんでいたようだ。

人口調査は為政者の都合でおこなわれることなので、住民の利益と一致することではなく、むしろ反することであった。遊牧民も調査対象だった。住民が調査を拒むと「神々へ誓い」を立てることが強いられた。

半遊牧民のハナ人は人口調査になると、どこからともなく集まってくる人々だった。集まってくるのには理由があった。土地保有者である農民が死亡したりして放棄された耕地は、人口調査時に遊牧民に再配分されていたからである。遊牧民は農作物の作づけの時期に限って耕地付近に一時的な野営地をつくっていたのだろう。集まってくる遊牧民は為政者にとっては好都合だが、仮に遊牧民が土地分配を必要としなかったりすると、人口調査に応じさせることはむずかしかった。

また、ジムリ・リムからマリ市を一時期奪ったアッシリアのシャムシ・アダド一世はチャガル・バザル（シリア北部、ハブル河流域の遺跡）も支配していたようで、高官との間で交わされた手紙などが出土していて、それによれば人口調査がおこなわれていた。

このように、マリほかで人口調査がおこなわれていたが、それでは具体的な人数はとなると、現時点ではわからない。

ウルク市の人口を試算すると

都市文明が開花したウルク文化期の人口については、研究者たちが試算している。ウルク文化期のウルク市の都市の規模は約二五〇ヘクタールと推定され、このうち、約二三〇ヘクタールを人々の居住空間と想定している。現在の西アジアの都市における人口密度が一ヘクタールあたり一〇〇〜二〇〇人であることから推算すると、当時のウルクの人口は二万三〇〇〇人から四万六〇〇〇人程度と推定できるという。

こうした試算は研究者によってちがっていて、R・M・アダムスは一ヘクタールあたりの人口を一〇〇〜四〇〇人と試算している。

一方、J・N・ポストゲートの試算は家族の人数から割り出している。一家族の人数を五人と考えて、一ヘクタールあたり四〇軒で、二〇〇人と見る。城壁で囲まれた地域を約一〇ヘクタールとすると、旧市街の人口は二〇〇〇人と試算できることになる。だが、仮に一家族を一〇人と考えると、倍の四〇〇〇人になってしまう。

リムシュ王が打ち破った敵

都市国家の人口を考える際に、手がかりになりそうな史料がある。アッカド王朝（前二三三四—前二一五四年頃）のリムシュ王（在位前二二七八—前二二七〇年頃）の王碑文（古バビロニア時代の写本）で、敵を「打倒した（殺害した）」「捕虜にした」際に、次のように実数と考えられるような数字が書かれている。

リムシュは戦闘でアダブ市（現代名ビスマヤ）とザバラ市に勝利し、一万五七一八人を打倒した。彼は一万四五七六人を捕虜にした。
さらに、彼はアダブ市のエンシ（王）、メスキガラとザバラ市のエンシ、ルガルガルズを捕虜にした。
彼はそれら二都市を征服し、［そしてそれら両方の城壁を破壊した。］

ほかにも、たとえばウル市と、おそらくラガシュ市に勝利し、八〇四〇人を打倒し、五四六〇人を捕虜にし、またカザル市（所在地不明）との戦闘では一万二〇五二人を打倒し、五八六二人を捕虜にしたなどと記している。

都市国家の人口を考える際に基本にできる数字かもしれないが、いくつかの問題がある。一都市だけでなく、二都市にまたがる数字であって、しかも戦闘の記録であるから、戦闘員である男性の人数になるであろう。非戦闘員であった女性、老人、子供などを入れると、人数はかなりふえることになる。
ということで、さまざまなこころみはなされているものの、現時点では都市国家の人口を正確に知ることはむずかしい。

二　さまざまな職業

「職業名表」

人間がこの世を生きていくにはなんらかの仕事をして、生きるための糧を得なければならない。個々の人間が各自の食糧を生産する時代から、なんらかの仕事をすることで、他人がつくった食糧を入手することが可能になった、つまり分業体制の成立、発達こそが文明社会である。灌漑《かんがい》農耕によって、穀物が多く生産されるようになると、都市はより多くの人々を食べさせることができるようになる。流通や交易が活発になり、珍しい品々が輸入され、製作されるようになった。生産と流通および交易には、王権が大きな役割を果たした。各種の専門職が誕生し、生産された商品の流通・交易は王宮に属す商人によって担われていた。

それでも、都市人口の大部分は農民であったが、一方で分業が発達していて、多種多様な生業《なりわい》、つまり職業があった。

さまざまな職業があったことを知ることができる貴重な史料「職業名表」が残っている。

「職業名表」は職業だけでなく、行政府の官職名なども入っている。なかには人名も入っている表（扉図）もあり、いくつかの種類があった。

たとえば、「初期王朝期表A」は「標準的職業名表」とでもいえる表で、行政府の官職名と職業名が書かれている。表の意味と起源は確実ではないが、今から五〇〇〇年以上も前のウルク第四a層と第三層から先駆けとなる内容の文書が出土していて、ウルク古拙文書の多くは神殿ないし王宮の行政・管理のために書かれていたので、おそらくこうした用途の表であろう。写本は古バビロニア時代（前二〇〇〇―前一五九五年頃）まである。

表はそれぞれ異なる時代に書かれたにもかかわらず、王ではじまり、職業名はすべて同一順序で配列され、一二九行になる。まだ解読不可能な部分もあるものの、これらの表は千数百年間にわたって各地で伝えられていたのである。

二二〇の職名

「初期王朝期表E」はアブ・サラビク遺跡からいく枚かの写本が、そしてガスル市（後代のヌジ、現代名ヨルガン・テペ）からも一枚の写本が出土している。行政府の官職名にはじまり、二二〇行になる。以下に拾い読みして一部を紹介する。なお、数字は研究者が便宜上つけたものである。

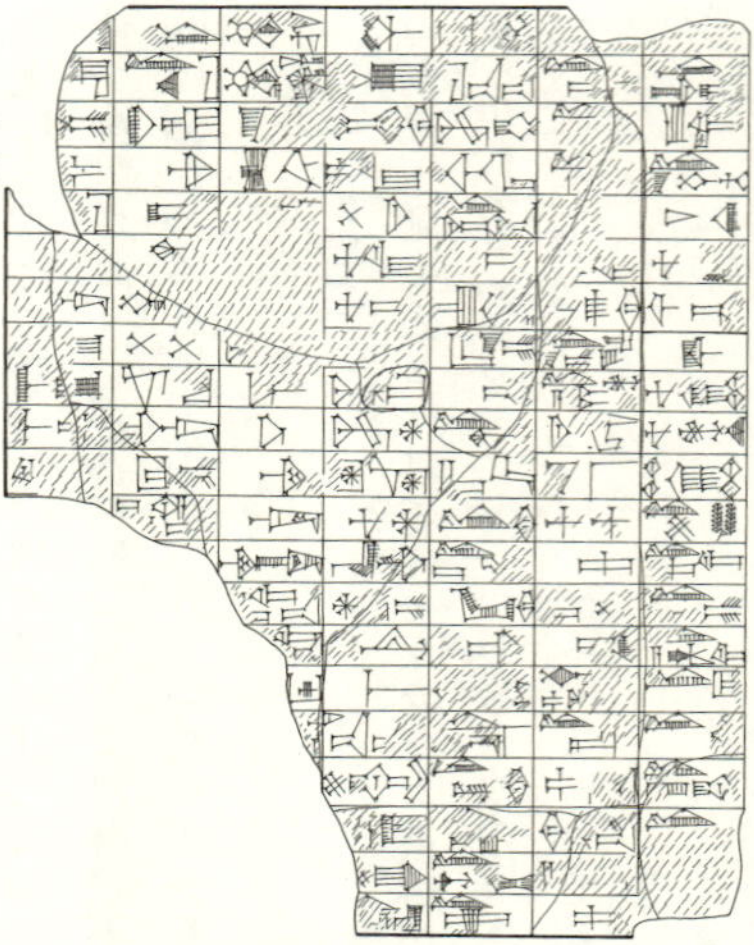

1—2 「初期王朝期表E」 後代の粘土板にあわせて、90度横にしてある

一［エンシ］、二 サンガ職、四 監督官、六 ヌバンダ職、七 将軍、八 小姓、九 大スッカル職、一一 通訳、一三 料理人、一六 外科医、一七 ニムギル職、一八 大工、一九 銅工、二三 革なめし、二四 印章彫師、二五 宝石細工師、二六 鍛冶《かじ》屋、二七 歌手、二八 蛇使い、三二 縮充《しゅくじゅう》（縮絨）工、三三 漂白人、三四 藺草《いぐさ》のマットづくり、四〇 陶工、四五 漁師、四八 理髪師、四九 執事、五三 女奴隷、五四 男奴隷、八六 船乗り、八七 商人、九一 校長、一一七 祓魔師《ふつまし》、一三二 庭師

ここには、官職だけでなく、さまざまな職業があげられている。冒頭は粘土板が欠損しているが、エンシと書かれていたようで、これは王の称号の一つである。冒頭にナメシュダ、「メースの君主」つまり王と書かれている表もあるが、いずれにしても王が最初にあげられている。

ざっと見て、今でもいる料理人や大工などのほかに、シュメル社会ならではの職種もある。サンガ職は神殿の最高行政官である。ヌバンダ職は一つの組織運営の責任者で、ラガシュ市のエミのヌバンダ職にはエンイグガルという人物がいた。会計簿末尾にはヌバンダ職エンイグガルの名前がしばしば書かれている。スッカル職（二四六頁参照）は高位だと宰相、下位だと従者にあたる職名である。ニムギル職は法の執行吏にあたる。

蛇使いは芸人ではなく、蛇を使った呪術《じゅじゅつ》師である。ラガシュ市のウルナンシェ王（前二五〇〇年頃）の宮廷には、「蛇使い長」バルルなる人物が侍《はべ》っていたことが王の「奉納額A」（ル

1―3　エンイグガルの円筒印章印影図　この図では「エンイグガル、エミの書記」とあり、ヌバンダ職でなく、書記の称号を使用している

1―4　ウルナンシェ王の御前に立つ「蛇使い長」バルル　「ウルナンシェの奉納額A」（部分）、ルーヴル美術館蔵

1―5　身元確認バッジ　前1790～前1750年頃、粘土、高さ3.3cm、ルーヴル美術館蔵

ーヴル美術館蔵）と「奉納額C」（イスタンブル考古学博物館蔵）からわかっている。

祓魔師（二〇七頁参照）はエクソシストのことで、古代のみならず、なんと現代でもカトリックの聖職者のなかにいる。第二回ヴァティカン公会議（一九六二―六五年）で廃止されたものの、人間の営みはそのすべてを科学や理性で割りきることはできず、エクソシストは必要なようで、二〇一四年には「国際エクソシスト協会」がヴァティカンで承認されている。

『ハンムラビ「法典」』に見られる職業

職人についてのいくつかの規定が『ハンムラビ「法典」』に記されている。第一八八条、第一八九条には、職人が養子に仕事を教え込まないと、養子縁組を破棄されてもしかたなかったことが、第二七四条には大工、印章彫師などの一日あたりの労賃が明記されている。

職業とその報酬の規定はハンムラビ王の時代になってはじめて決定されたことではなく、すでにシュメル人の時代にその起源がある。というのも、「シュメル法」約二〇条が書かれた文書（前二〇五〇―前一八〇〇年頃）断片から、医者の治療費が定められていたことがわかってい

る。

ところで、現代の日本では、企業の警備や安全の問題から、社員が身元を証明するＩＤカードを首からぶらさげていることがある。こうした例が古代にもあった。古バビロニア時代の労働者の「身元確認書」（ルーヴル美術館蔵）で、小さな粘土製品が出土（シッパル市か）していて、これにひもを通して首からかけた。これは一種の雇用証明で、労働者の仕事許可書である。労働者の職種、名前、雇用の月日が書かれていた。シッパル市からは、粘土製四面体の「支払証明書」（前三〇〇〇—前二〇〇〇年紀）も出土し、日付と人名が書かれていて、この証明書と引き換えに大麦が支給された。

「職人尽絵」西東

我が国でも、さまざまな職業を紹介することがこころみられている。ちょうど職人が台頭した中世に書かれたのが「職人尽絵《しょくにんづくしえ》」で、「職人歌合《うたあわせ》」ともいう。職人が番《つが》いになって歌合をする形式で、絵が描かれている。鎌倉時代（一一八五—一三三三年）、室町時代（一三九二—一五七三年）にそれぞれ二作品ずつ残っている。

なかでも、『三十二番職人歌合』は一五世紀末に描かれた絵巻物で、千秋万歳師、絵解《えとき》、獅子舞《ししまい》、猿牽《さるひき》、鶯飼《うぐいすがい》といった大道芸人のほかに、庭掃《にわはき》といわれた清掃作業員や菜売、竹売などの行商人があげられている。職人の「芸能」には文士、博士、禅律僧、天台《てんだい》、真言《しんごん》の僧まで入れることがある。文士以下を職人とする扱いに、やや違和感はあるものの、僧として身過ぎ世過ぎをしているということになるのであろう。

似たような「職人尽絵」はヨーロッパにもある。ヨースト・アマン絵、ハンス・ザックス詩『西洋職人づくし』（原題は『身分と手工業者〔工人〕の本』、フランクフルト、一五六八年）は木版・銅版の挿絵に八行の詩が書かれている。一二〇の職種があげられ、教皇、枢機卿《すうききょう》にはじまり、仕立屋、櫛屋《くしや》、指抜きづくり、床屋、紙すき、絵師などの手工業者だけでなく、守銭奴や大食いまでもが職人として扱われている。金貸しも入っているが、これとは別に守銭奴は高利貸しのことである。また、大食いは金持ちに呼ばれて、なんでも食べてみせる芸人のことである。現代日本のテレビ番組でも、大食いの芸人たちが出演しているところを見ると、大食いは古くからある伝統的な芸の一つということになるようだ。

1—6 ㊧猿牽 鎌倉時代にすでに見られる門付芸人。猿は馬の厄病に呪力ありとされ、特に正月の厩舎祭に猿牽が訪れ、祝言を述べ、厩で祈禱をした。『三十二番職人歌合』。㊨バビロニアの猿回し メソポタミア原産ではない猿を連れた猿回しがバビロニアにはいて、町から町へと渡り歩いていた。猿回しの肩に1匹の猿、足元の猿は笛を吹いている。前2000年紀はじめ、テラコッタ、高さ11.5cm、ルーヴル美術館蔵

1—7　㊧室町時代の櫛挽き　『七十一番職人歌合』。㊨16世紀ヨーロッパの櫛屋　『西洋職人づくし』。ヨーロッパ、日本ともに似たような工具を使用している

1—8　㊧16世紀ヨーロッパの守銭奴。㊨大食い　『西洋職人づくし』

三　半自由人と奴隷

身分制社会のはじまり

現在の日本は収入などによって経済的格差が拡大している社会であるが、法の下には平等であって、身分制社会ではない。

最古の文明社会シュメルは法の下に平等ではない身分制社会であった。そもそも王が支配する社会にあって、王と王以外の人々が平等ということはありえず、人々は平等ではなく、自由人と非自由人がいた。後者には、半自由人や奴隷がいる。

住民がほぼ農民であった村落社会では人々はあまり差のない生活をしていたはずである。ところが、おそらくは万単位の人々が暮らすようになった都市では、さまざまな職業で生計を立てる人々の収入は一律ではなく、当然貧富の差があった。

後で述べるが、シュメル社会では経済的格差が拡大すると、格差を是正することもおこなわれていた。拡大すれば社会そのものがもたなくなるのである。一方で、特定の人々を拒否あるいは排除するなどの差別があった社会だが、現代社会とちがって、差別そのものを是正すべきと認識していた社会ではない。

「クルを定められた人」

ラガシュ市をエンエンタルジ（前二三五〇年頃）、ルガルアンダ（前二三四五年頃）、ウルイニムギナ三代の王が支配していた頃（前二三五〇年頃から前二三三五年頃まで）のエミで記された行政経済文書が出土している。エミはシュメル語で「女の家」の意味だが、「後宮」（ハレム）ではない。「后宮」と和訳することもあり、后妃の経営体である。エミの行政経済文書の多くは会計簿（一三頁参照）、つまり物品の出し入れの記録で、おもに人名と物品の数量が羅列され、合計の欄に用途などが簡潔に説明されている。この会計簿は今から四四〇〇年ぐらい前の都市国家分立時代最末期のシュメル社会、経済などを知ることができる貴重な史料で、エミに属した人たちについての情報が得られる。

エミの会計簿に「クルを定められた人」と総称される人々がいた。クルとは本来は「山もりの籠《かご》」の意味で、食物などを指し、転じてクルと呼ばれた一定の耕地を支給された人々がいたのである。

この人たちのなかには、購入された者や外国出身者はいない。家内奴隷ではないものの、自由人、つまりラガシュ市民と同等の地位にあったとは考えられず、家産体制下における半自由人つまり王宮隷属民であった。

彼らはエミで定期的に大麦や衣類の支給を受け、一定の耕地も支給されていた。この耕地は使用権のみが認められ、毎年割り替えられた。本人が死亡し、後継者がいないとその土地は没収された。また、耕地を支給されるかわりに、灌漑用水路の工事、直営地の収穫作業、城壁増築の賦役と軍役に従事する義務があった。

彼らはおもに次のような仕事に従事していた。

宮廷内　倉庫長などの管理職や酒杯官、執事、理髪師、道化（第七章参照）など
土地関係　直営地、小作地の耕地や管理、菜園の管理など
家畜の飼育関係　ろば、牛、豚、山羊《やぎ》、毛用羊など
日常必需品の製造　ビール醸造、パンづくり、織物など

職人は一カ所に集められ、一人の監督の下に置かれた。織物、ビール醸造、パンづくり、布の漂白、菜園では、イギヌドゥ（後述）などを配下としていた。

耕地の支給制度はウル第三王朝時代になると、変質している。耕地だけでなく、大麦でも支給されるようになり、耕地を持たない所属民もいた。定期的な耕地割り替えは文書から証明できなくなる。

このことは、私的経済の発展によって、家産体制の維持が困難になったことを意味する。具体的には、王室経営体で官職を得、土地を受領することで、社会的地位を高め、経済的にはむしろ裕福になる半自由人がいる一方で、自由人である都市市民の階層分化が進んで、下層に落

ちた者が賃雇いにならざるをえないようになっていたことを示している。

階層分化の進展で、自由人である市民のなかには経済的に零落する者も出た事態を受けて、イシン第一王朝時代（前二〇一七—前一七九四年頃）以降、王はたびたび「徳政令」を出して、市民に対する負債、課税、賦役を免除する必要が生じた。

「母に子を戻す」

「徳政」はすでに前二四〇〇年頃のラガシュ市のエンメテナ王がおこなっていた。これが歴史上最古の「徳政」である。日本史の用語「徳政」は一般には徳のある政治の意味だが、債権破棄や売却地の取り戻しなども指す。なかでも、「永仁《えいにん》の徳政令」（一二九七年）は名高い。元寇《げんこう》（一二七四年「文永《ぶんえい》の役」、一二八一年「弘安《こうあん》の役」）後に疲弊した御家人《ごけにん》救済のために鎌倉幕府が採用した。所領の売却や入質などを禁止し、すでに売却、入質した所領の取り戻しを認めるなどがなされた。

これに先立つこと約三七〇〇年も前に、似たような政策がすでにシュメル地方でおこなわれていた。王碑文は市民にアマギ「自由」を与えたことを伝えている。アマギは字義通りにはアマ「母」に子をギ「戻す」であることから、本来あるべき姿に戻すことを意味するので、「自由」と翻訳されている。いうまでもなく、近代以降の自由とはちがい、奴隷から都市共同体の成員へ戻ることで、神々が定めた本来あるべき姿に都市を戻すことを意味している。次にこのことを記した王碑文の一部を引用する。

ラガシュ市に自由を確立した。母を子に戻し、子を母に戻した。債務からの自由を与えた。

そのときエンメテナはルガルエムシュ神のためにバドティビラ市（現代名アル・マダーイン）に彼の愛する神殿、エムシュ神殿を建て、再建した。ウルク市の子（市民）、ラルサ市の子（市民）、バドティビラ市の子（市民）の自由を確立した。イナンナ女神にウルク市を返し、ウトゥ神にラルサ市を返し、ルガルエムシュ神にエムシュを返した。

エンメテナ王は神殿完成の慶事に、奴隷解放をおこなったのである。ここで解放された奴隷は債務奴隷と犯罪奴隷である。世界史のうえで奴隷といえば、古代ギリシア・ローマが典型的な奴隷制が発展した社会だといわれているが、シュメルにも奴隷はいた。現時点で最古の『ウルナンム「法典」』（第六章参照）には、自由人と奴隷がいたことが明記されているが、ギリシア・ローマのような大規模な奴隷交易や奴隷市場はなかった。なお、シュメル社会では負債によって自由人が債務奴隷に落ちることが多く、自由人と奴隷との間が流動的であった。

エンメテナ王治世時から、一八〇〇年ぐらい後に、古代ギリシアのアテネ市で、ソロンの「重荷おろし」（前五九四年）、いわばギリシア版「徳政」がおこなわれた。これはポリス社会の分解をくいとめるために、債務奴隷に身を落とした市民を救済する政策である。

こうした政策は弱者救済を意図した人道的政策の面は否定できないものの、むしろこうした人々を放っておくと社会の崩壊を招くことになり、強者の足元をも揺るがしかねないとして、政権強化のために選択された政策でもあった。

弱者を庇護する王

エンメテナ王の王碑文以外にも、初期王朝時代ラガシュ市の最後の王であったウルイニムギナ王のひどく破損した王碑文には「ギルス（つまりラガシュ）の王権を授かったとき、その自

1—9　ウルイニムギナ王の改革碑文　ギルス地区出土、テラコッタ（素焼き粘土）、高さ27cm、ルーヴル美術館蔵

古拙文字	前2400年頃の楔形文字	前1000年紀の楔形文字	音価	意味
		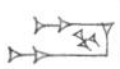	ir_{11}	（男）奴隷
			$geme_2$	女奴隷

1—10　奴隷の文字

由を確立した」と即位の慶事に際して奴隷解放がおこなわれたことが記されている。

また、同王の「改革碑文」は長文で、前任者たちは神々の財産を横領し、役人たちは重い税をかけ、強者は弱者の財産を横領したという。そこで、ラガシュ市の都市神ニンギルス神の命令によって、ウルイニムギナは横領された神々の財産を返還して、各種の税を軽減し、強者から弱者を守り、そしてラガシュ市に自由をもたらしたと次のように記している。

ラガシュ市の市民、（つまり）負債で（苦しんで）生きている者、小作料未納の者、返却すべき大麦を負う者、盗人、殺人者たちを（ウルイニムギナは）彼らの牢獄《ろうごく》から解放し、彼らに自由をもたらした。孤児や未亡人を有力者は捕らえてはならない。
ニンギルス神とウルイニムギナは契約を結んだ。

ここに、はじめて「契約」という言葉があらわれる。神と人との契約思想は『旧約聖書』にはじまった考え方ではなく、シュメル社会に遡るのである。現時点で、人類の歴史で最初の「契約」である。

負債で（苦しんで）生きている者、小作料未納の者、返却すべき大麦を負う者は債務奴隷で、一方、盗人、殺人者たちは犯罪奴隷になる。この二種類の奴隷は同一社会の出身であるから解放の対象になっていた。

前二二世紀中頃にラガシュ市を支配したグデア王もまたニンギルス神を祀ったエニンヌ神殿落慶に際して「彼の王（ニンギルス神）が神殿に入ったときから七日間、女奴隷は女主人と同等であり、男奴隷はその主人と並んで立った」と、一時的な奴隷解放をしている。

王は武力に優れているだけではなく、未亡人や孤児のような社会的弱者を庇護《ひご》することが求められた。こうした考え方は継承され、『ウルナンム「法典」』序文のなかでも、「私（ウルナンム）は孤児を富める者に引き渡さない。私は未亡人を強き者に引き渡さない」と明文化されている。

「徳政」は『旧約聖書』「レビ記」第二五章第八―五四節などに見られる「ヨベルの年」につながっていく。「ヨベルの年」とは、安息の年を七回経た後の五〇年目の年のことで、この年には全耕地が休閑地とされ、売られた土地は戻され、負債は免除され、イスラエル人の奴隷になっていたものの解放が定められていた。

四　差別された人たち

イギヌドゥ「目が見えない人」

ここまで話してきた犯罪奴隷と債務奴隷はもともと同じ都市国家の市民だった人だが、奴隷解放の対象になっていない外国人の奴隷もいた。購入奴隷と捕虜奴隷である。

戦争捕虜や戦利品には女性が多かった。また、エラム地方(イラン南西部)から購入されてくる女性も多く、これらの女性(女奴隷)は王宮の織物工房、製粉所、ビール醸造所などで働かせたり、豚や山羊の飼育をさせた。

男性捕虜は目をつぶして奴隷にすることもあったようだ。イギヌドゥと呼ばれた人々がシュメル社会にはいた。字義通りには「目が見えない人」で、捕虜奴隷や購入奴隷があてられていた。惨《むご》いことをしたのはシュメル人だけではない。殷《いん》(前一六―前一一世紀頃)でもまた奴隷の逃亡を防ぐために奴隷の目をつぶし、足首を切ったことが知られている。

我が国でも似たようなことがあったようだ。森鷗外《もりおうがい》(一八六二―一九二二年)著『山椒《さんしょう》大夫《だゆう》』のもとになる説経節『さんせう太夫』は悲しく、残酷な物語である。安寿《あんじゅ》と厨子王《ずしおう》(説経節ではづし王)の盲目となった母は足手のすじを切られ、鳥追いをさせられていた。この通りではないにしても、この話に近いことがおそらくあったと考えられる。

さて、ラガシュ市のウルイニムギナ王治世四年の文書末尾は、「合計一二人のイギヌドゥ、彼らはウルアズ市の子(市民)である。ラガシュ市の王ウルイニムギナが王宮から出し、シャシャ(后妃)に与えるものである。園丁たちが分けた。治世四年」と、総括されている。エラム地方のウルアズ市(所在地不明)からイギヌドゥは購入されてきていた。購入奴隷は、草取りや水汲《みずく》み、布の漂白などをさせられた。

クルに住む蛮族

シュメル人は人間が住む地域をカラムとクルに分けた。地上の中心がカラム「国土」で、文明の領域になる。豊饒《ほうじょう》が約束された平野であるカラムでは、シュメル人とアッカド人は共存した。一方、周辺地域はクル（四三頁のクルとは同音異字）と呼ばれ、蛮族の住む土地と考えられていた。クルはフルサグ（シュメル語で「山」の意味）とも表現される荒地である。奴隷もクルに関係する。「男」に「山」（クル）を加えた文字が「男奴隷」（イル）、「女」に「山」を加えた文字が「女奴隷」（ゲメ）を意味した。

クルに住む異民族は文化を持たない者と考えられていた。グティ人はアッカド王朝を衰退に追い込んだ山岳民で、「人としてつくられているが、その知は犬のようであり、その顔は猿のようだ」と、後代まで蛮族の代名詞のようにいわれた。

アモリはシュメル語でマルトゥ、つまり西方を指し、アモリ人は「火を通した食事をせず、一生家に住まず、都市を知らない。死んでも埋葬されない」とさんざんないわれようである。北方のスビルは「天幕に住み、神の場所を知らず、獣のようにつがい、神への奉献を知らない」と馬鹿にされ、東方のエラムも「いなごのように群れるが、生きた人には数えられない」と蔑視されている。

このように蛮族と決めつけられた人々の反対が文明人であるとシュメル人は考えていたことになる。つまり、都市を知り、家に住んで、火を通した食事をし、神に奉献し、そして死後に埋葬されることが、「カラム」に住む文明人の要件になる。

差別は元来、差をつけて区別することで、特定の個人や集団を拒否、排除する行為で示される。現代人から見れば、シュメル人は差別しているが、シュメル人自身はそのことを是正するつもりはなく、当然のことと思っていた。

都市住民内の差別

異民族を差別するだけでなく、同じ都市に住む人を差別することもあった。ラガシュ市のグデア王はニンギルス神のためにエニンヌ神殿を建てる際に、次のような「穢《けが》れた人々」を都市から追放した。

グデアは正しき牧人として国土のなかでそこで選んだときに、二一万六〇〇〇人のなかから彼の手をつかんだときに、都市を火で浄めた。煉瓦型を置いた。煉瓦を占いで選んだ。恐れを起こさせる不潔な人（悪魔憑《つ》き）、性的に不潔な人（不能者）、女占い師を都市から追放した。その籠を女性は運ばなかった。

（グデア王像B、三欄八行―四欄五行）

その籠とは都市から追い出された人々が運ぶべき籠の意味で、工事に女性をかかわらせることを避けていて、不浄視していたようだ。

現代人のまなざしで見れば差別になるものの、古代社会における差別は「する方」にも、「される方」にも深刻な問題意識はない。こうした意識の時代から、「フランス革命」（一七八九年）初期に「人権宣言」が憲法制定国民議会で採択されるまで、約四〇〇〇年もの時間が必要であった。

第二章
時は力なり——暦と王朝表

『シュメル王朝表』

図は『シュメル王朝表』の古バビロニア時代に書かれた最も重要な写本「ウェルド・ブランデル・プリズム」で、保存状態が良い。『シュメル王朝表』は王権がある都市から別の都市へと次々に移っていったことや支配した王の名前と治世年が記されている。ウル第三王朝時代に編纂《へんさん》され、後にイシン第一王朝が追加された。王の治世年、王朝によって時間を区切ることがはじまっていた。

焼成粘土製角柱、高さ20cm、アシュモール美術館蔵

時間は支配の道具

徳川将軍家の厚い庇護を受け、江戸っ子が崇敬する神田明神《かんだみょうじん》（東京都千代田区）には平将門《たいらのまさかど》（?—九四〇年）が祭神として祀られている。また、都から将門の首級《しるし》がとんできて、落ちた場所と伝えられている「将門塚」（将門の首塚。東京都千代田区大手町）には今でも詣《もう》でる人が絶えない。将門は「天慶《てんぎょう》の乱」（九三九年）でまず常陸国衙《ひたちこくが》を襲い、ついで坂東《ばんどう》諸国を占領し、「新皇《しんのう》」を称し、文武百官を任じたものの、暦博士《れきはかせ》を任命できなかった。暦博士とは律令《りつりょう》制《せい》の陰陽寮《おんみょうりょう》に属し、暦の作成と暦生に暦法を教える職務で、暦博士がいないことには、政府の体をなさないことになるのである。将門は関東の独立をはかったものの果たせないまま、翌年には乱は鎮定されてしまう。

時間を支配することは「天皇大権」で、これを織田信長《おだのぶなが》（一五三四—八二年）が奪取せんとしたのではないかとも考えられている。天正《てんしょう》十年（一五八二年）に閏《うるう》十二月を置くべしとの強硬な要求に、翌十一年に閏一月を置くとしていた朝廷側はうろたえたが、「本能寺《ほんのうじ》の変」が起こるにおよび、沙汰《さた》やみになった。この説には反論があるものの、時間支配の重要さを物語っている。

文明社会に生きる人々は気ままに生きるのではなく、時間によって管理されるのである。それは今も昔も同じことで、時間もまた為政者にとっては支配の有効な「道具」であり、自らの権威を示すためにも、暦や年号、時制などを定めることに熱心であった。

暦がつくられ、時間が決められ、人々はそれに則《のっと》って暮らす。一方で、為政者は自らが時間を支配する者であることを「年名」などで誇示したことを本章では紹介しよう。

一　時間をはかる

2—1　将門塚

規則正しい生活

「ぼくを朝には（早く）起こしてください。遅刻できないのです。ぼくの先生に鞭《むち》で叩《たた》かれます」。これは前二〇〇〇年頃のシュメル語文学作品『学校時代』のなかに書かれている話である。鞭で叩かれることはないにしても、一昔前の日本でも、学校の廊下に立たされるぐらいのことはあった。

文明社会には文字があり、その文字の読み書きにはじまる教育を効率的に授けてくれる場所が学校である。書記（役人）になろうとする少年は学校に通う。具体的な始業時間はわからないが、決まった時間に通学したようだ。生徒は月三〇日のうち二四日登校した。四日通学して、一日休日だった。王宮で働く労働者ともなれば五日労働して、一日休日であって、あたりまえのことだが、労働力を提供することで、穀物などを現物支給される労働者の方がきつく、時間を長く拘束されることになる。シュメル社会には、生きるためには労働力を商品化し、企業で給料をもらう現代人の先駆けがすでにいたのである。

文明社会は為政者が、近代以降ならば資本家も加わって、時間によって民衆を管理する社会である。時間によって、規則正しく暮らすことが求められ、それは子供の頃から躾《しつけ》られていたのである。

水時計ではかる

目では見えない時間を可視化し、はかる術《すべ》があった。ヘロドトスは「ギリシア人は日時計(ポロス)、指時計(グノーモーン)、また一日の十二分法をバビロン人から学んでいる」(松平千秋訳『歴史』)と伝えている。バビロニアでは、時間をはかる目安になったのは月(太陰)であったことから、一日は日没にはじまり、これを一二分していた。

このバビロニアで使われていた「時間の分割」を継承しているので、現代は一日を二四時間に分けているものの、時計は一二分割の文字板になっているのである。

さて、ポロスとは中空の半球の縁に棒針を立てたもので、棒の投げる影によって時間のみならず季節をも示すように工夫されている。グノーモーンはポロスを簡略にしたようなもので、単に針棒が平面に立ててあるものをいう。

だが、日時計は夜間使えないし、昼間でも雨だったり、曇ったりしたら使えない。そこで、エジプト、ギリシアおよびバビロニアでも水時計が使われていた。

『アトラ（ム）・ハシース物語』は前二〇〇〇年紀にアッカド語で書かれた「洪水神話」の一つで、このなかで「彼は水時計を開き、そしてそれを満たした」（第三書板、i欄、三六行）と書かれている。実際に使われていた水時計が物語に反映されたのだろう。

水時計そのものは残っていないが、その使用法を書いた粘土板（前七世紀、大英博物館蔵）が

2—2　エジプトの日時計　ルーヴル美術館蔵

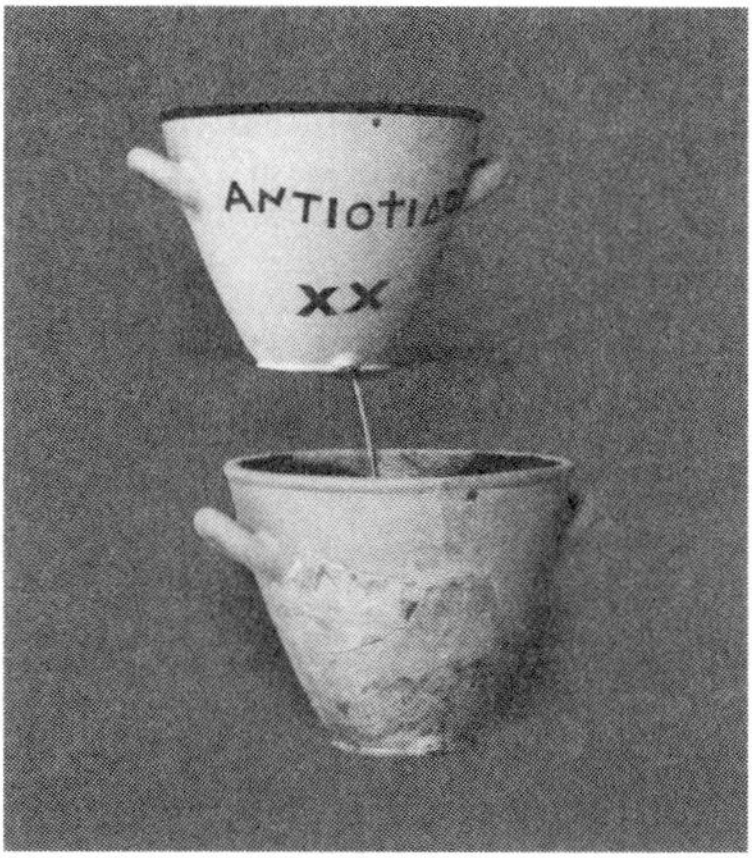

2—3　アテネの水時計　下部の穴から流れ出す水で時間をはかった。5リットルで6分に相当し、集会、裁判などで公平な発言時間を与えるために使われた。前5世紀末、テラコッタ、アゴラ博物館（アテネ）蔵

2―4　水時計の使用法を書いた粘土板　前7世紀、大英博物館蔵

出土している。粘土板には、夜を三等分する時間的単位をはかるために、五日ごとにどれだけの水を容器に入れるべきかが書かれ、短い時間の計測に使われたようだ。水を入れる容器の縦の目盛によって、流出する水の量から一定の時間的間隔がはかれたので、「時間計量器」と呼ばれていた。そして、水の体積と高さの関係を問う数学の問題も残っていて、学校で教えられたようだ。

漏刻

水時計は古代日本でも使われていた。漏刻《ろうこく》といい、中国から伝播《でんぱ》した。『日本書紀』（七二〇年）によれば、斉明《さいめい》天皇（在位六五五―六六一年）六年（六六〇年）五月条に、漏刻は皇太子によってはじめてつくられていた。皇太子とは後の天智《てんじ》天皇（在位六六八―六七一年）のことで、天智天皇は「称制《しょうせい》」といって、先帝没後、即位しないまま、政務をとったので、実際には在位期間よりも長く天皇の地位にあった。

さらに、天智天皇一〇年（六七一年）四月二五日に、「漏刻を新しき台に置く。始めて候時を打つ。鐘鼓を動《とどろか》す。始めて漏剋を用ゐる。此《こ》の漏剋は、天皇の、皇太子に為《ましま》す時に、始めて親《みずか》ら製造《つく》れる所なり」（坂本太郎他校注『日本書紀』巻第二十七）とも、書かれている。この日が、西暦（グレゴリオ暦）で六月一〇日にあたり、現在「時の記念日」になっている。

漏剋は水を入れた銅壺《どうこ》の小さな孔《あな》から水が出るにしたがって、なかに立てた銅箭《どうせん》の目盛が水上にあらわれる仕掛けである。目盛は昼夜一二時を各四剋ずつ均等に刻まれている。

水落《みずおち》遺跡（七世紀、奈良県明日香《あすか》村）から、大がかりな漏剋の跡が見つかっている。水を流す木樋《もくひ》（木製パイプ）とこれを埋設した跡が発見されていて、直線的に七〇～八〇メートル延びていた可能性があるようだ。漏剋は鎌倉時代まで使われ、その後廃れてしまったという。だが、戦国時代に日本へやって来たポルトガル人イエズス会宣教師L・フロイス（一五三二―九七年）

２―５　水落遺跡に復元された漏剋台

２―６　16世紀ヨーロッパの時計師　『西洋職人づくし』の詩では、旅行用の時計をつくっている

は「われわれの修道院には鉄製の時計がある。日本の時計は水時計ばかりである」と書いているので、かなり長期にわたってある種の水時計が使われていたらしい。ヨーロッパでは、すでに一五世紀後半には後代の懐中時計の前身になる携帯時計があったことから、フロイスは日本の技術の遅れが目についたのかもしれない。

二　暦のはじまり

ラガシュ市の多い月名

シュメルでは、一カ月は新月にはじまった。新月とは天文学上の「朔《さく》」の後で、はじめて月が「見える」ときである。前もって新月の出現を定めるために、占星術師たちは長期間にわたって観測を推算暦の形で記録していた。

暦月の名前、つまり月名が最初にあらわれたのは初期王朝時代で、その後、各月に宗教行事や農作業にちなんだ季節感あふれる名前がつけられた。月名の多くは農作業が重ねられていたが、シュメル地方で最古（前三〇〇〇年紀中頃）の月名はシュルッパク市（現代名ファラ）で発見された、「アドゥギル（ほかの読み方もありうる）魚の月」である。アドゥギル魚はこの月に経済的あるいは文化的に重要であったにちがいなく、だから月名に名づけられたようだ。

前二四〇〇―前二二〇〇年頃には、限定的な暦が使われていたことが、ラガシュ市ほか各市から出土した粘土板文書から知ることができる。ラガシュ市出土のエミの会計簿には三〇以上のちがう月名が書かれていた。ラガシュ市はギルス地区、ラガシュ地区（現代名アル・ヒバ）ほかから構成されていたが、それぞれの地区で別個の暦が使われていたのである。

たとえば、ギルス地区では「ニンギルス神の大麦を食べる祭」がおこなわれ、月名は「ニンギルス神の大麦を食べる月」になる。同じ月にシララ地区（現代名スルグル）では「ナンシェ女神の大麦を食べる祭」がおこなわれ、月名は「ナンシェ女神の大麦を食べる祭の月」となる。

また、ラガシュ市ではなにか事件があると月名に入れた。ある会計簿の末尾には、支配者名がなく、ただ六年と書かれ、その前に「ウルク市の人が三度目に来た月」と書かれている。これはおそらくウルイニムギナ王治世末の戦争を記録した月名であろう。

さらに、興味深い月名といえば、ラガシュ市のウルイニムギナ王治世四年の月名、「輝く星が高い（所）から落ちて来た月」で、これがおそらく流星・隕石《いんせき》についての最古の記録になるだろう。なお、ここであげた事件がらみの月名は一度限りの、臨時の月名である。

太陰太陽暦

シュメルの暦は太陰暦、厳密には太陰太陽暦であった。

エジプトの暦は「シリウス星の朝出」を目安とする太陽暦だったが、シュメルにはそのような目安がなかったこともあり、変化と周期性がわかる月（太陰）の満ち欠けを基準にしていた。

一太陰月（朔望月《さくぼうげつ》）は二九日一二時間四四分二・八八秒で、これを一二倍すると、三五四日八時間四八分三四秒が一太陰年になる。

一太陰年の一二カ月のそれぞれの月の長さが交互に二九日と三〇日とすれば（つまり一太陰月の長さを二九日一二時間とすれば）、一年の長さは三五四日となり、約三六五日六時間の一太陽年よりも一一日あまり短くなる。これでは、種蒔《たねま》きや収穫などの農作業をおこなうのに困るので、閏月《うるうづき》を導入した。

ハンムラビ王治世の閏月

前三〇〇〇年紀から前一〇〇〇年紀末にいたるまで、バビロニアでは王の布告で閏月を挿入した。閏月は穀物の成熟ぶりから得た経験や必要と思われたときに、適宜挿入された。むずかしい調整が必要とされたが、文明社会バビロニアに生きる人々は優れた計算能力があったので、どの古代国家よりも成果があがった。

閏月（二九日か三〇日）は先行する月と同様の名前で、月名の後に「余分」「追加」の語あるいは数字の「第二」を添えて、たとえば、「メキガル神の祭の追加の月」のように表記された。

バビロン第一王朝ハンムラビ王のある手紙には、次のように閏月についての情報がある。

この年は不足しているから、はじまっている月は第二ウルール月として記録されなければならない。

バビロン市で「タシュリート」ゥ月の第二五日に貢納するかわりに、バビロン市に第二ウルール月の第二五日に納めさせよ。

「第二ウルール月」が閏月である。閏月はウルール月（第六月）の後に入れ、「第二ウルール月」とするか、あるいはアドダルゥ月（第一二月）の後に「第二アドダルゥ月」を挿入するかのいずれかの方法が採用された。

閏月を入れる方法

何年目ごとに閏月を入れるかは、最初から決まってはいなかった。

後代になると、閏月を八太陰年周期で規則的に挿入する方法が知られるようになった。これは「八年三閏の法」といって、八年間に三〇日の閏月を三回挿入して九九ヵ月を設け、このうち五一ヵ月が三〇日ずつ、四八ヵ月が二九日ずつにすると、一年の長さの平均は三六五・二五〇日になって一太陽年の長さに非常に近い。ウル第三王朝時代にすでに知られていたともいうし、正式に採用されたのはずっと後代の前六世紀のことだともいう。

このほか、「メトーン周期」と呼ばれている方法もあり、この方法はヘレニズム時代（前三三四―前三〇年、はじまりについては諸説あり）に一般的におこなわれていた。

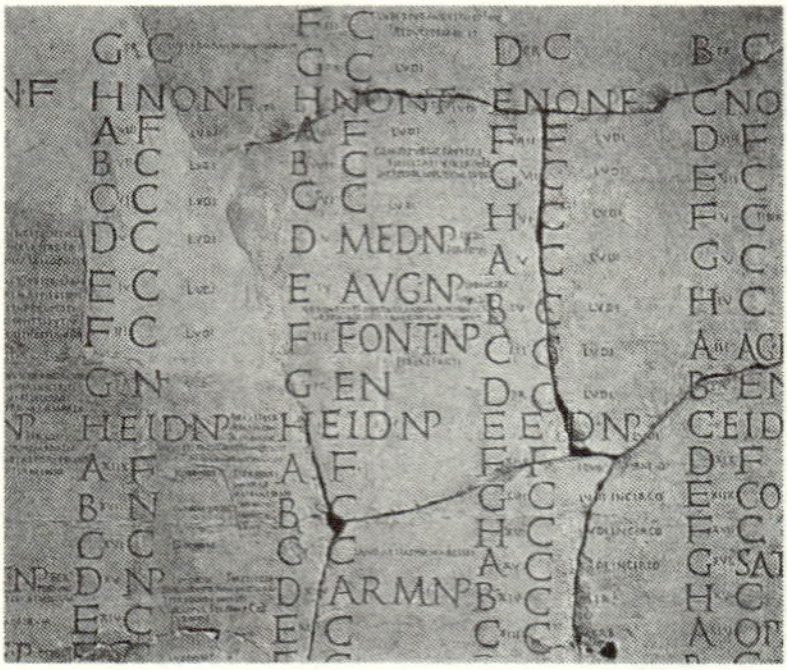

2—7 ㊧ローマの暦 市民の活動記録のような役目を果たしていた。暦は大神官が定め、市（いち）の周期（A～H）、吉日（F）、祭祀日（NP）、集会日（C）が記されていた。ローマ文明博物館蔵。㊨ユリウス・カエサルの肖像 通称「キアラモンティのカエサル」、前30～前20年頃、大理石、高さ56cm、ピウス・クレメンス美術館蔵

ローマでも、暦と季節のずれが問題になった。ローマでは太陰太陽暦が採用されていたが、大神官団の不調法で、閏がかってに挿入された結果、収穫祭と夏の季節がずれ、ぶどうのつみとりが秋の季節とあわなくなってしまったので、ユリウス・カエサル（前一〇〇—前四四年）が是正したと、スエトニウス（伝記作家。後七〇—一三〇年頃）が伝えている。前四五年に、カエサルは太陰太陽暦から太陽暦（ユリウス暦）に変更したのである。

新年と新年更新祭

新年は春分に置かれることが多かった。前三〇〇〇年紀のシュメル諸都市、たとえばラガシュ市、ウル市そしてニップル市の暦も春分正月であった。一方で、アッカド王朝時代（前二三三四—前二一五四年頃）のウンマ市（テ

ル・ジョハが遺跡とされていたが、近年同遺跡南東約六キロメートルのウンマ・アル・アクァーリブ説が出されている）の夏至正月や古バビロニア時代以前のシッパル市の秋分正月のような例もあった。

新年は重要な節目で、王の即位儀礼や神殿竣工《しゅんこう》の儀式、さらに主要神官の選任などがおこなわれ、会計年度、宗教および農業年の周期のはじまりであった。新しい年が無事にはじまることを祈る祭が「新年更新祭」で、最も重要な祭に位置づけられる。農耕社会では季節変化にあらわれる自然の循環を保証し、円滑にするための季節祭が欠かせなかった。自然のなかに人間と同様な生殖力を認めたことから、新年に大地の生殖力を喚起する豊饒儀礼の一つとして「聖婚儀礼」がおこなわれた。

週のはじまり

年月日は観察可能な天体観察にもとづいての、時間の区分であるが、一方で文化的な時間の区分もある。たとえば週である。

シュメルでは七日目ごとに月を祀っていて、これが七日ごとに区切る一週間の起源である。だが、週日を日月や惑星の名（七曜）で呼ぶようになったのはずっと後代の前一世紀のことで、これはユダヤ教の安息日と世界創造の物語、カルディア（新バビロニア）の占星術ほかが結びついたためである。

2―8　㊧パルティア時代の七曜神の一柱（日曜）高さ22cm。㊨七曜神の一柱（金曜）　高さ20.3cm。どちらもハトラ出土、２世紀、大理石、イラク博物館蔵

パルティア時代（前二四七―後二二四年頃）のハトラ市（現代名アル・ハドル）から、二世紀頃の大理石製の七曜神立像が出土している。小さな神像七体（高さは均一ではなく、大きい像でも高さ二二センチメートル、イラク博物館蔵）は日月および五つの惑星（火星、水星、木星、金星、土星）を象徴する神像である。

七日からなる「週」は、三二一年にコンスタンティヌス一世（大帝）（在位三〇六―三三七年）によって公式にローマ帝国に導入された。

三　「標準暦」の採用

統一できない暦

ウル第三王朝は統一国家であったが、暦の統一はできなかった。たとえば、第六月はラガシュ市では「ドゥムジ神の祭の月」、ウンマ市では「播種《はしゅ》の月」、そしてウル市では「ニンアズ神の祭の月」であった。

播種や収穫にちなむ月名はそれぞれの都市で採用されている。「播種の月」はラガシュとニップルが第四月、ウンマが第六月、ウルが第七月である。「収穫の月」はラガシュでは第一一月、ニップルでは第一二月、ウンマでは第一月、ウルでも第一月である。なぜ播種と収穫が都市によってちがう月かといえば、いうまでもなく一年のはじまりがちがうからである。

また、神格化された王を祀る月がウル王家支配下の都市の暦に加えられていた。シュルギ王（在位前二〇九四—前二〇四七年頃）が神格化され、「シュルギ神の祭の月」はラガシュの第七月、ウンマの第一〇月、そしてウルの第八月であった。

アマル・シン王（在位前二〇四六—前二〇三八年頃）も神格化され、「アマル・シン神の祭の月」はウンマの第七月に、そしてつづくシュ・シン王（在位前二〇三七—前二〇二九年頃）の「シュ・シン神の祭の月」はプズリシュ・ダガン（現代名ドレヘム）の第九月に置かれた。

ところで、ニップル市の暦には、王を祀る月が置かれていない。それもそのはずで、ニップル市のエクル神殿には、シュメル・アッカド全体の最高神エンリル神が祀られていたので、当然のことながらエンリル神への遠慮と考えられる。

己を知っていたティベリウス帝

シュメルの王たちだけでなく、ローマの皇帝たちも暦に自分の名前を入れることに熱心だった。皇帝ではなかったものの、ユリウス・カエサルは自分の誕生した七月をユリウスと改め、初代皇帝アウグストゥス帝もまた八月をアウグストゥスと改めた。アウグストゥスは八月生まれではなく、九月生まれだったが、最初に執政官になった月で、特に輝かしい勝利を収めたのも八月だったことにこだわっての改名だった。この二人は傑出した指導者とローマ人に認識されていたこともあって、月名は残り、しかも約二〇〇〇年もの長きにわたって使われつづけ、英語ではジュライ、オーガストと今も呼ばれている。

実際には、二人以外の何人かの皇帝たちも自分の名前を月名にしたものの、死後に元に戻されてしまい、後代まで残らなかったのである。

ところで、アウグストゥス帝の養子で、後継者のティベリウス帝（在位一四―三七年）に、九月をティベリウスの月に、一〇月をリウィア（前五八頃―後二九年）の月に改称したらとの

2―9　㊤ティベリウス帝　鋳造貨幣の肖像。後15年、黄金、直径1.9cm、ローマ国立博物館蔵。㊦リウィア皇妃　カメオの肖像。前27～前10年、高さ6.3cm、王立貨幣室蔵（ハーグ）

進言があった。リウィアはアウグストゥス帝の皇妃で、ティベリウスの実母である。ティベリウスはこの進言を退けたとスエトニウスが伝えている。その治世が陰気だとか、暗いとか評判の悪いティベリウスだが、この件については己を知っていたといえよう。

「標準暦」の成立と採用

表２—Ａ　「標準暦」の月名

第１月（３—４月）	ニサンヌ
第２月（４—５月）	アヤル
第３月（５—６月）	シマーヌ
第４月（６—７月）	ドゥーズ／タンムズ
第５月（７—８月）	アブ
第６月（８—９月）	ウルール／エルール
第７月（９—10月）	タシュリートゥ
第８月（10—11月）	アラフサムナ／マルカシャン
第９月（11—12月）	キスリム
第10月（12—１月）	テベートゥ
第11月（１—２月）	シャバートゥ
第12月（２—３月）	アドダルゥ

ウル第三王朝から独立して、イシン第一王朝を建てたイシュビ・エラ王（在位前二〇一七—前一九八五年頃）はニップル暦を採用し、これが「標準暦」（「統一暦」ともいう）のもとになった。ニップル暦の月名は「標準暦」で月を示す表語文字になった。春分（あるいはその少し前）を起点とし、三〇日を一カ月とする一二の月と、残りの日をふくむ閏月が導入された（表2—A）。

バビロニアで「標準暦」が使用されはじめるのは、バビロン第一王朝時代のことだが、周辺地方はなお独自の暦を使っていた。秋にはじまるアッシリアの暦には閏月がなかったので、季節がずれ込む結果となった。そこで、ティグラト・ピレセル一世（在位前一一一四—前一〇七六

2—10　現代イランのノウルーズの飾り　鏡、芽を出した麦、彩色した卵、金魚鉢などを並べて祝う

年頃）治世にバビロニアの「標準暦」を採用した。

元旦はニサンヌ月一日で、バビロン第一王朝以来、日の出時におけるフンガ星（おひつじ座のα星）の「最初の出現」のときと決められた。ニサンヌ月一日は年代によって九日またそれ以上前後することもあった。前二一〇〇年頃のニサンヌ月一日は昼夜平分時（春分の日）に九日間先行し、新バビロニア王国時代には九日後になった。バビロン第一王朝が元旦を春分に定めたことで、宗教的および経済的に生活のすべての仕組みが組織化され、また固定された。「標準暦」はアケメネス朝ペルシア時代に古代オリエント世界全域に普及した。伝統的なアラビア暦やユダヤ暦にも継承されている。さらに、現代のイラン・イスラーム共和国はイスラム教の国でありながら、暦はイスラム暦（西暦六二二年を暦の元年とする太陰暦）ではなく、春分正月のイラン暦（太陽暦）をずっと使っていて、元来はゾロアスター教の祝祭であった「ノウルーズ」（ペルシア語で「新しい日」の意味）が春分の日に今でも祝われている。つまり、「標準暦」の春分正月を継承しているのである。

四　帝王の時間支配

元号

天体の運行を正確に計測し、年月日の時間を決めた文明人が次にしたことは帝王による時間の支配、いいかえれば、時間によって人々を支配し、そのことを書き記すことであった。

我が国では新聞を見ると、「二〇一五年（平成二十七年）」のように、西暦（キリスト教暦）と元号が併記されているが、公文書は西暦ではなく、元号で表記されている。

元来中国では年の表記に十干十二支が使われていたが、元号は前漢《ぜんかん》（前二〇二—後八年）の武帝《ぶてい》（在位前一四一—前八七年）が「建元《けんげん》」の元号を使ったのがはじまりで、建元元年は前一四〇年のことになる。元号は君主の即位時にあらためられる、または治世途中に改元がおこなわれることもあり、君主が時間をも支配するとの考え方である。そして、中国の王朝から冊封《さくほう》を受けた朝鮮や琉球《りゅうきゅう》などでは中国の元号をそのまま使用していた。

日本では、六四五年に大化《たいか》の元号を採用したのがはじまりである。次の白雉《はくち》を経てその後断絶したが、大宝《たいほう》（七〇一年）以降、現在の平成までつづいている。明治改元以降は「一世一元の制」が定められ、践祚《せんそ》にともなう改元に限定された。

「第二次世界大戦」（一九三九—四五年）敗戦後の一九四六年（昭和二十一年）に、政府は「元

号法」を閣議決定したが、GHQ（連合国軍最高司令官総司令部）の反対で閣議決定を撤回した。GHQは元号が天皇の権威強化につながると判断していた。「元号法」が復活したのは一九七九年（昭和五十四年）で、元号制定に関する権限は内閣に属することになった。

また、我が国では短期間（一八七二―一九四八年）だが、橿原宮《かしはら》での伝説の神武《じんむ》天皇即位（前六六〇年）を元年とする「神武紀元（皇紀）」が使われていた。

キリスト紀元

「神武紀元」のような、王朝成立や特定の王の即位などを紀元とし、起算した数で年号を記す方法を紀年法という。

たとえば、「セレウコス紀元」はセレウコス朝（前三一二―前六四年）のセレウコス一世（在位前三〇五―前二八一年）の王国支配開始の年（前三一二年）を元年とする紀年法である。

また、古代ギリシアでは、民族的な祭典競技がはじめて開かれた前七七六年を紀元とする「オリュンピア紀元」、そして古代ローマではロムルスがレムス（双子の弟）を殺害して王位についた前七五三年にはじまる「ローマ建国紀元」が使われていた。こうした紀元は後代になって決められ、そのはじまりは史実とはいいがたい。

現在、西暦は世界的な「時間のものさし」として使われているが、五二五年にローマの司祭ディオニュシウス・エクシグウス（四七〇頃―五五〇年頃）が創始したもので、イエス（前四―

後二八年頃、諸説あり）が生まれた年を元年とする年の数え方、つまり「キリスト紀元」である。イエスの生まれた年と、実際にはずれているといわれているが、今さら直しようもなくそのまま使われている。

というわけで、西暦はキリスト教の暦なので、この暦だけを使うことにはこだわりがある民族や国も少なくない。イスラム教を国教とする国などではイスラム暦を使っている。中華民国（台湾）では「辛亥《しんがい》革命」（一九一一年）までは元号が使われていたが、廃止され、翌年、一九一二年の中華民国の成立を紀元とする「民国紀元」が採用され、現在でも公文書は「民国紀元」で表記されている。そして、同様に我が国でも公文書は元号をいまだに使っているのである。

王の功業を並べた「年名」

シュメルでも、君主が時間を支配すると考えていた。

初期王朝時代第三B期（前二五〇〇―前二三三五年頃）には、王の治世年で数えるのが一般的で、たとえば、「ラガシュ市のエンシ（王）、エンエンタルジ（治世）三年」のように使われていた。後代のカッシート王朝時代（前一五〇〇―前一一五五年頃）にも、治世年で数えていた。

治世年の次には「年名」が使われた。シュメルの初期王朝時代から古バビロニア時代にかけて、王は自らの治世年をその年（ウル第三王朝時代）、もしくは前年（古バビロニア時代）に起きた重要事件で表した。

最古の「年名」はウルク市のエンシャクシュアンナ王（前二三四〇年頃）の「エンシャクシュアンナがアッカド市を武器で倒した年」「エンシャクシュアンナがキシュ市を占領した年」である。本来の使い方はシュメルの最高神エンリル神に統治義務をつつがなく実行したことを報告するための一形式であった。したがって、洪水や飢饉《ききん》などの災厄は「年名」には採用されず、王の功業つまり戦争での勝利や神殿建立などが採用されていた。

アッカド王朝のナラム・シン王（在位前二二五四―前二二一八年頃）以降には、支配下の諸都市に同じ「年名」の使用を強制し、支配の一手段とした。

「年名」は王の功業の誇示であって、注意して扱う必要はあるが、貴重な史料でもある。シュルギ王は四八年、ハンムラビ王は四三年と、二人の王たちの「年名」はほぼ全部わかっているので、「年名」から王一代の業績を復元することができるのである。

『シュメル王朝表』

シュメル・アッカド地方には前二四世紀頃に約三五の都市国家があったと推測されているが、すべての都市が発掘されてはいない。したがって、初期王朝時代の通史を、一等史料からだけで書くことは現時点ではむずかしい。そこで後代に書かれた『シュメル王朝表』（『シュメル王名表』ともいう）を注意深く使って、この時代の歴史をまず語ることになる。

複数の都市に伝わる伝承をもとにウル第三王朝時代に成立した『シュメル王朝表』だが、現存の写本は古バビロニア時代以降に書かれ、イシン第一王朝の部分が追加されている。

次のようにはじまる。

王権が天から降ったとき、エリドゥ市が王権（の場）となった。アルリムが王であり、二万八八〇〇年支配した、アラルガルは三万六〇〇〇年支配した。（合計）二王で、その年数は六万四八〇〇年であった。エリドゥ市は捨てられ、その王権はバドティビラ市へ運ばれた。

このように内容は単純な構成である。シュメルの「王権」は天からまずエリドゥ市へ降る。一六―一八世紀ヨーロッパの絶対王政の時期に、王権は神の恵みにより授けられたとする政治理論がいわれたが、まさしくシュメルでも王権は天に由来すると、王権の正統性が主張されているのである。

王権はエリドゥからバドティビラ、ララク（現在地不詳）、シッパル、そしてシュルッパク市と移る。以上の部分は後世の加筆と考えられている。その後に、理由は書かれていないが、洪水があって、天からふたたび王権が降るが、今度はキシュ市へ降った。「洪水が襲った。洪水が襲った後で王権が天から降ったとき、キシュ市が王権（の場）となった」。

その後、「武器で打たれた」キシュ市（第一王朝）から王権は次から次へと諸都市を移っていき、ウル第三王朝にいたり、そして最後にイシン第一王朝が追加された。

王権はA市からB市へ、B市からC市へと移っていくが、実際はA、B、C市は並存していたこともあった。また、有力都市であったウンマ、ニップル、ラガシュ市などが、なぜふくまれていなかったのだろうか。ラガシュ市には『ラガシュ王名表』（古バビロニア時代の写本）があり、これが『シュメル王朝表』に採用されなかった理由はわからない。

『シュメル王朝表』には個々の王名と治世年数および王の数の合計と治世年数が記されている。王の治世年は洪水前には万単位の数字であるが、徐々に短くなり、実際に人間が統治することが可能な数字となる。ウルク第五王朝はルガルザゲシ王（ウンマ市の王、のちにウルク市の王。前二四世紀後半）が唯一人だけあげられていて、その治世は二五年と書かれている。この頃になると多少の修正はあるものの、ほぼ史実と考えられている。

記録の継承

なにごともお手本があると、後がつづくもので、『シュメル王朝表』を継承して、いくつかの王名表がつくられた。

バビロニアの王名と統治年数を即位順に記した『バビロニア王名表』で、A、B、Cと三つの版がある。このほかに、『バビロニア歴代記』『初期バビロニア年代記』などがあり、バビロニアの王朝や王名を知ることができる。またアッシリアとの関係を書いた『アッシリア・バビロニア関係史』もある。

アッシリアには、独自の王名表『アッシリア王名表』がある。アッシリア王の名前と治世年を書いた記録で、四つの写本がある。初代から第一〇九代シャルマネセル五世（在位前七二六—前七二二年）までの王名と治世順がわかる。最初に編纂したのはシャムシ・アダド一世で、やはり『シュメル王朝表』を取り寄せて手本としていた。この王以降、一〇〇〇年もの長きにわたって書き継がれていたことになる。すべてが史実ではなく、確実なのは、第三〇代以降の古アッシリア時代の王や第六七代以降の王についてである。

2—11　『アッシリア王名表』ドゥル・シャルキン出土、前738年に記された写本

ここまで紹介したような、王や王朝についての記録は王の命令で書かれ、その多くに王の功業が綴《つづ》られている、いわば「大本営発表」である。だが、それでも、こうした記録が伝えられていたことで、たとえば、これらを史料としてベロッソス（前三世紀のバビロンの神官）はギリシア語で『バビロニアカ（バビロニア史）』三巻を書いて、セレウコス朝のアンティ

オコス一世（在位前二八一―前二六一年）に献上した。原本は存在しないが、エウセビオス（教会史家。二六〇／二六五―三三九年）のような歴史家に引用された部分が一部現存している。このようにしてバビロニア、アッシリアの帝王の名前や事績がローマ世界の人々の知るところとなり、記憶されるにいたったのである。

帝王の一代記

こうした帝王の業績を年代順に並べ、記述内容を充実させれば、中国正史（紀伝体）の帝王一代の年代記（紀）に相当し、我が国の『日本書紀』にはじまる天皇の一代記につづく。天皇の一代記は朝廷内で編纂をこころみたものの、完成にいたらない時代がつづいた。約一〇〇〇年もの空白の後に、明治以降に復活した。そして最近では『昭和天皇実録』が二〇一四年（平成二十六年）に完成した。二四年五カ月の期間、一一二人の職員が編纂した口語体六一冊の一代記で、経費は人件費を除いて約二億三〇〇〇万円になる。このように、時間、費用がかかることからも、国力が充実していないとなしえない事業でもある。もはや世界中で、帝王の一代記を編纂することなぞありえなくなった時代に、貴重な東アジアの文化遺産の継承ともいえる。しかしながら、内容をうのみにするのではなく、批判的な目をもって読むことはいうまでもない。

第三章
交通網の整備——「下の海から上の海まで」を支配したサルゴン王

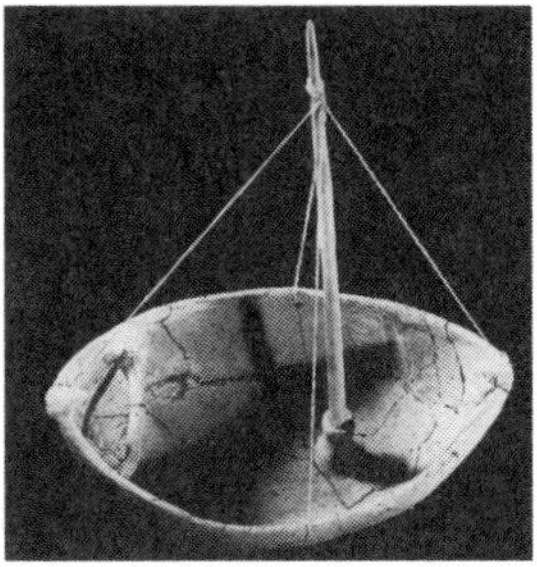

船の模型

㊤は「ウル王墓」の1基、789号墓から出土した模型である。シュメルの小舟は葦束でつくられ、平底で舳先《へさき》と艫《とも》が上向きに曲げられていた。「10人の労働者が1日で平底船をしばった」と書かれたウル第三王朝時代の造船の記録がある。葦をしばって、防水には瀝青《れきせい》が使われたようだ。この形の小舟は現在もペルシア湾付近に住むマーシュ・アラブ（湿原のアラブ人）が使っている船の一種である。

また、ウバイド文化期の遺跡から、比較的底の深い帆船の模型（㊦）が出土している。実際の船の大きさは不明だが、ペルシア湾から外洋へ赴いたのは帆船であろう。

㊤船の模型　前2600年頃、「ウル王墓」789号墓出土、銀、長さ64cm、イラク博物館蔵

㊦帆船の模型　ウバイド文化期、エリドゥの墓から出土、素焼き粘土、長さ26cm、イラク博物館蔵

交通の要衝ラッカ市

西アジアについては、国際的に大きなニュースであっても、多くの場合「対岸の火事」を決め込んで、我が国では一般的にあまり関心はない。

それでも二〇一四年に、急に報道されるようになった過激派集団ＩＳＩＬ（イラクとレヴァントのイスラム国）は勝手にラッカ市を「首都」と称したことから、テレビ画面および新聞紙面上の地図にシリア北西部の都市ラッカが示されるようになった。河川が描かれていれば一目瞭然《りょうぜん》であるが、この都市はバリフ河がユーフラテス河に合流する付近の西岸に位置し、交通の要衝であって、ＩＳＩＬが「首都」にしたのもうなずける。

イラクおよび近隣国がニュースになったときに、地図に都市と国境線は描いてあっても、ユーフラテス河、ティグリス河の両河を描いてあることは少ない。国境線は必要だが、現在の西アジアの国境線はオスマン帝国崩壊（一九二二年）の過程でヨーロッパ列強が引いた国境で、未来永劫《えいごう》つづく国境線ではなく、消滅することもある。これに対して、河川こそは流れが多少移動することはあるにせよ、よほどの気候変動でも起こらない限り、消滅することはない。メソポタミアに暮らす人々は古来両河に依存し、その周辺に暮らしている。河は灌漑用水であり、物流を担う交通路でもあり、そして河畔には道路もつくられていた。

都市国家は他市との経済的交流なしには存立しえず、文明生活を維持できない。「点」の都市国家が、水路、陸路を「線」として結び、「面」を支配する、つまり統一国家や帝国をつくっていったことを、本章では話すとしよう。

一　ユーフラテス河とティグリス河

「山は隔て、海は結ぶ」

古代史の特徴は「山は隔て、海は結ぶ」といわれる。

旅行でも、物流でも、人々は陸路よりも、水路を選んでいた。現代日本ならば、公共交通が発達していて、路線さえまちがわずに電車に乗れば、目的地の駅まで連れていってくれる。自動車に乗れば、カーナビ（カー・ナビゲーション・システム）によって道に迷うことなく、目的地へ着くことができる。ところが、これから話すのは、今から約五〇〇〇年も前の話である。先史時代には、村落の狭い地域で人々は暮らしていた。これが文明段階の都市国家ともなれば、文明生活を維持するためのさまざまな物資が必要になる。人は遠方へ旅をせざるをえず、木材や鉱物を大量かつ安全に運ぶとなれば、陸路をいくよりも水の浮力を利用した船での旅であり、運搬にならざるをえなかったのである。

水路では、一般論としてまず河川を利用した。ついで内海、そして大洋へと行動範囲をひろ

3—1　ユーフラテス河　トルコ領内

3—2　ティグリス河　トルコ領内

げていった。シュメル人の場合はまず両河を利用し、ついでペルシア湾（アラビア湾）へ出かけた。やがてペルシア湾を出て、アラビア海そしてインド洋を知るにいたったはずである。

ユーフラテス河の筏流し

シュメル諸都市はユーフラテス河の畔《ほとり》にあった。巻頭の地図を見ると、古代都市はユーフラテス河から離れているが、これはメソポタミア南部の沖積平野を長い歳月にわたって流れているうちに、河が西方へ移動したことによる。

ユーフラテス河はアナトリア東部のアララト山付近の水源から河口付近の都市バスラまで約二八〇〇キロメートルもある西アジア最長の河川で、船舶交通が発達した。文明生活を営むのに必要な金属、銅の鉱石がペルシア湾を遡って運ばれて来た。交易の大動脈であったことはウルドゥ河（シュメル語で「銅の河」の意味）の別名が物語っている。シュメル諸都市だけでなく、前二〇〇〇年紀のはじめからヘレニズム時代までオリエント世界第一の都市と謳《うた》われたバビロン市もまたユーフラテス河畔の都市であった。

ユーフラテス河下流のウルク市は交易活動を円滑にするために、中流の、河が南東へ流れを変える湾曲点の西側に植民都市（ハブバ・ケビラ南遺跡ほか、現在はダム建設で水没）を持っていた。ここはアマヌス山脈の木材やタウルス山脈の銀などをウルクに送る拠点であった。

木材は筏《いかだ》にして、ユーフラテス河に流していた。グデア王は、神殿を建立する際にアマヌス山脈など諸外国から木材を運ばせていた。「建築家グデア王の像」王碑文には、「ウルス市の町とエブラ市（現代名テル・マルディーク）の山から、杜松《ねず》、大きなもみの木、松、山の木材を彼（グデア）は筏にして（持ち出した）。エニンヌ神殿で（ニンギルス神のために）それらを屋根の梁《はり》にした」（五欄五三行―六欄二行）と、木材を筏に組んでユーフラテス河に流したことが記されている。

筏流しは我が国でもおこなわれていた。京都の桂《かつら》川《がわ》水系では一九四六年（昭和二十一年）には見られなくなり、最後は東京オリンピックが開催された一九六四年に、米代川《よねしろがわ》でおこなわれた秋田杉の筏流しであった。

ティグリス河を遡るギリシア人

ユーフラテス河に比較して短いティグリス河は水源から河口まで約一九〇〇キロメートルで、アッシリアの古都ニネヴェ市やアッシュル市（現代名カルアト・シェルカート）はティグリス河

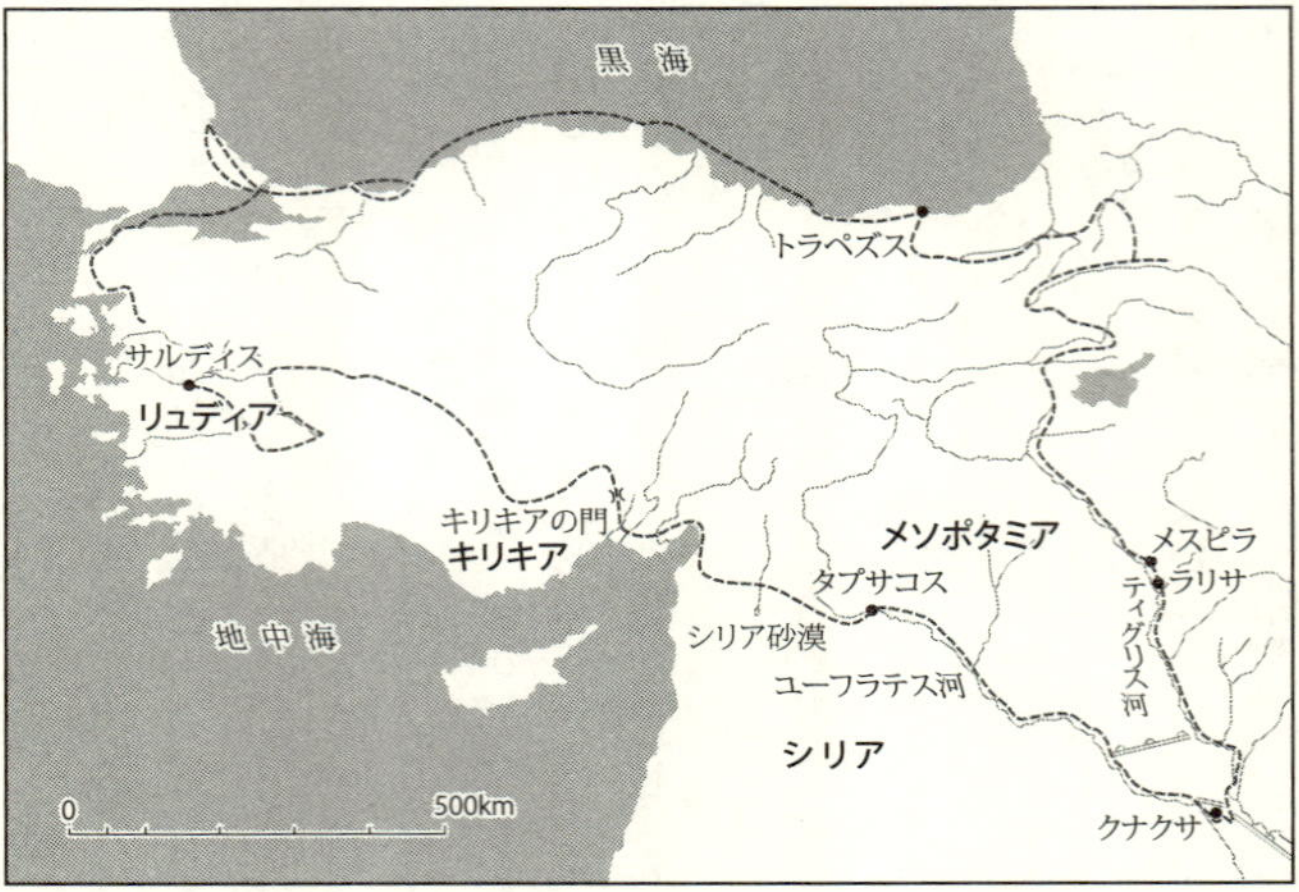

3—3　ギリシア人傭兵の道程

畔に発展した。イラク共和国の首都バグダードもティグリス河畔にある。

　両河は重要な輸送・交通路で、アナトリア東部の水源からペルシア湾まで下って来る。そこで、旅人は下りは船を利用し、上りは船よりも河に沿った道を利用したらしいが、行軍ともなれば、上り、下りともに河沿いの道を利用したようだ。

　クセノフォン（前四三〇?―前三五四?年）の『アナバシス』には、前四〇一年から前三九九年にかけて、アケメネス王家の内輪もめに巻き込まれたギリシア人傭兵《ようへい》一万数千人が雇い主小キュロス（前四二七頃―前四〇一年）の戦死によって黒海をめざして脱出する際の話が綴られていて、両河をどのように旅したかをたどることができる。

　兵士たちはサルディス市（現代のイズミール

市近郊）に集合し、アナトリアおよびシリア砂漠を横断して、ユーフラテス河にたどりつき、全軍がタプサコスという大きな町のあたりで、ユーフラテス河を渡る。船で渡るのが普通だが、敵に焼かれてしまったので、徒歩で渡ることになった。「渡河の際、胸乳《むなぢ》より上が水に濡《ぬ》れた者が一人もいなかった」（松平千秋訳）と書かれているが、これは決して水位が浅いことを意味するわけではなく、危険をともなう渡河である。そして、ユーフラテス河を右手に見て、流れに沿ってペルシア湾付近のクナクサまで大勢のギリシア人たちが進軍していった。

小キュロスの戦死後の敗走では、ティグリス河を左手にして、流れに沿って遡っていく。途中で、無人の町ラリサ、メスピラを通過する。ちなみに、ラリサはカルフ市（現代名ニムルド）、メスピラはニネヴェ市のことで、クセノフォンはギリシア人だからかもしれないが、両市の過去についてはなにも語っていない。前六一二年のニネヴェ陥落から二〇〇年余で、新アッシリア帝国の栄華はすっかり忘れ去られてしまっているようだ。

ところで、クセノフォンは細かいところに気がつく人で、「ここから前進してゆく道すがら、馬の足跡と糞《ふん》が目についた。それはおよそ二千頭の馬が通った跡であろうと推定された」（松平千秋訳）と書かれている。街道を動物が歩けば、当然排泄物《はいせつぶつ》が残される。その量や臭気はかなりのもので、不衛生であったことはまちがいない。

二　王たちの河川政策

ウルナンム王の最古の交通政策

ラガシュ市のエアンナトゥム王（前二四五〇年頃）は武勇に長《た》けた王で、「ウンマ市を武器で倒した」「ウルク市を武器で倒した」などの王の戦闘の記録が王碑文に縷々《るる》書き連ねられているが、文末では「ニンギルス神のために新しい運河を掘り、ルンマギンドゥ（ルンマ〔王の別名〕のようによいの意味）と命名した」と、灌漑農耕社会の王にとって重要な運河開削を明記している。さらに、この後に運河の浚渫《しゅんせつ》と堰《せき》の建造にも触れて王碑文をしめくくっている。

これらのことは都市国家時代の王が誇るべき事業であった。

今から四一〇〇年ぐらい前に、統一国家を樹立したウル第三王朝のウルナンム王（在位前二一一二―前二〇九五年頃）になると、統一国家にふさわしい政策を採用している。治世何年のことかはわからないが、「王ウルナンムが下から上まで道をまっすぐにした年」という「年名」がある。この「年名」は実際の陸路、水路の整備とともに、ペルシア湾から地中海にいたる地域を支配したことを意味しているかもしれない。

また、『ウルナンム「法典」』（第六章参照）「序文」でも、次のように書かれている。

そのとき［私（ウルナンム）は］ティグリス河の河岸で、ユーフラテス河の河岸で、すべての河の河岸で船舶の交通を［整備した］。［私は］使者たちの［ために安全な街道を保障した］。私は（街道沿いの）家を［建てた］。［私は］果樹を［植え］、王はそれらの監督のために園丁を置いた。

ここでは水路、陸路とともに王は整備したといっている。王の強固な支配は大規模な運河建設と整備を可能にし、南方のペルシア湾をはじめ、北方および西方との交易によって大きな繁栄をもたらしたのである。

ウルナンム王は息子のシュルギ王が父王に劣らぬ有能な人物であり、しかも四八年もの長い治世を誇ったこともあって、二番手の印象になってしまうが、世界史上に登場する王として、その最初にもっと評価されてよい王である。

ハンムラビ王が命じた運河浚渫

運河は開削してもそのままにしておくと、泥やゴミがたまるので、常に浚渫や補修を必要とした。ラルサ市から、バビロン第一王朝のハンムラビ王の名前で書かれた一五〇通の手紙が出土している。ハンムラビは治世三一年にラルサを支配することになり、役人たちを派遣していた。ある手紙には「(汝《なんじ》の人々にとっては)わずか三日間の作業にすぎない。それゆえ、汝はこの粘土板を見たら、汝の命令で人々の集団とともに三日間でウルク市からきている運河を浚渫すべし」と、書かれている。

ハンムラビ王は運河の浚渫について、三日でできる仕事なのだから、人員を動員してできぱきと仕事をするように命令している。新設以上に浚渫や補修などの管理は重要なことで、このことこそ王権維持の要諦と、賢明なハンムラビ王は承知していたのである。

三　船が衝突したときには

「マリ文書」が伝える水運

「マリ文書」は古バビロニア時代のマリ市の水運の実態を伝えてくれる。

ユーフラテス河の流路の一部分でも支配している領主は、船を無料で通すようなことはしない。航行する商人から手数料（関税）をしっかり取り立てていた。商人は、マリ王国の一地区であったテルカ地区（現代名テル・アシャラ）で手数料を払って、マリ市まで河を下って来た。主要な商品はぶどう酒、大麦そして石臼《いしうす》であった。沖積平野のバビロニアでは、石材がなく、麦を粉にするのに欠かせない石臼のような重いものは陸路よりも、水路の方が運びやすいであろう。

「通行許可書」もあって、船の積載量、船主名、目的地、自由通行の指令および日付が書かれていた。

マリ市周辺のユーフラテス河は砂州が多く、河の流れが変わりやすい。しかも水量は季節によって変動するので、航行はむずかしく、水先案内人がいた。船が難破して、乗組員の一人が死亡したことを伝える手紙もある。

遡る船の責任

船や航海についての知識がないと、広い海でどうして船が衝突するのかと不思議に思うが、実際に衝突はあり、国際規則の規定に準拠して「海上衝突予防法」が制定されているし、「国際海上物品運送法」「船舶の所有者等の責任の制限に関する法律」が現代日本にはある。河川の交通がさかんだった古代社会でも、当然のように法が整備されていた。

シュメルにはじまるバビロニア社会には「道路交通法」はなく、たとえ陸路で事故があったにせよ、水路における事故にくらべれば、ささいなことであったのだろう。一方で、河川こそは交通、物流の大動脈であって、利用する人々がもめごとを起こすことがあり、法を整備しておく必要があった。

「シュメル法」が書かれた法律文書断片（前一七〇〇年頃）には、次のような条文がある。

もし流れを遡る船が流れを下る船を沈めたら、彼（遡る船の船長あるいは所有者）は（失われた）船を返すべし。

もし流れを下る船が流れを遡る船を沈めたら、彼（下る船の船長あるいは所有者）は（失われた）船を返さないだろう。

船が衝突することがあり、こうした場合に遡る船に責任があるとされた。同じ考えは『ハンムラビ「法典」』第二四〇条にあり、遡る船の船長が相手の船となくなった積み荷のすべてを償うと規定されている。現在は「海上衝突予防法」第九条ほかで、原則として右側通行および動力の有無で裁かれる。

このほか、『ハンムラビ「法典」』では、第二三四—二三九条は船舶に関する法で、第二三四条は船大工が水密化工事をした際の料金を定め、第二三五条は船大工の「製造物責任」で、工事不充分で船が劣化したら、つくり直す責任があることが明記されている。

四　「下の海から上の海まで」

「下の海」からメルッハへ

シュメル人やアッカド人はペルシア湾を「下の海」と呼んでいた。

「下の海」の重要性はシュメル人の時代から二一世紀になっても変わらず、海上交通の要衝である。ペルシア湾からアラビア海そしてインド洋への出入り口にあたるホルムズ海峡が仮に封鎖されるような事態になると、石油の輸出が止まることになる。石油輸入国の日本にとっては死活問題で、もちろん国際政治の大問題になる。

シュメル人はペルシア湾へ出て、まずディルムン（アッカド語でティルムン）へ向かった。「ディルムン船で外国から木材を輸送した」と、ラガシュ市のウルナンシェ王が王碑文に書いている。ディルムンは交易の中継地で、現代のバハレーンやファイラカ島（クウェート国）周辺地域にあたる。古くからシュメル、アッカド地方と関係があった。

アッカド王朝初代サルゴン王（在位前二三三四―前二二七九年頃）はシュメルの都市国家群を統一し、ペルシア湾を舞台にした交易を再開し、交易権を掌握したことを「彼（サルゴン）は諸都市の城壁を海の岸まで破壊した。彼はアッカド市の港（船着き場）にメルッハの船、マガンの船そしてティルムンの船を停泊させた」と誇らしげに書いている。アッカドはいまだに発見されていないが、おそらくユーフラテス河沿いに位置し、河を遡って外国船がやって来ていた。

アッカド市（所在地についてはシッパル市とキシュ市の間、ディヤラ河とティグリス河の合流点付近など諸説あり）は発見されていないものの、古バビロニア時代にアッカドの王たちの王碑文がシュメル語やアッカド語で写されていたことで、アッカドの王たちの功業が今日に伝えられることになった。

3—4　㊤サルゴン王　下段先頭に立つのがサルゴン王。上段では裸の捕虜を連行。「サルゴン王の戦勝記念碑」。スサ出土、閃緑岩、高さ46cm、ルーヴル美術館蔵。㊧ナラム・シン王　「ナラム・シン王の戦勝記念碑」（部分）。スサ出土、砂岩、高さ２m、ルーヴル美術館蔵

ディルムンよりも遠方にあったマガンとメルッハはサルゴン王の王碑文が初出になる。これはアッカド王朝時代になって交易圏が拡大したからで、マガンは現代のオマーンにあたる。銅や閃緑岩《せんりょくがん》の産地でもあり、ここからは木材も輸入されていた。メルッハはマガンよりもさらに遠方にあった。「黒い外国」と呼ばれ、後代に猿や象牙《ぞうげ》がもたらされたことから、インダス河流域と考えられているが、エティオピアを指しているとの説もある。

「下の海から上の海まで」

サルゴン王の別の王碑文には「国土の王「サルゴン」にエンリル神は敵対者を与えない。エンリル神はサルゴンに上の海から下の海まで与えた」と書かれている。また、さらに別の王碑文では「国土の王サルゴンに、エンリル神は敵を与えず、上の海と下の海を与えた。さらに、下の海から上の海まで、ア

ッカド市の市民たちは（国土の）支配権を持った」とも書かれていた。

「上の海から下の海まで」、つまり地中海からペルシア湾までの広大な地域を支配したとサルゴン王は豪語しているのである。だが、一説にはサルゴン王が実際に支配したのはせいぜいユーフラテス河中流のマリ市と、東方のエラム地方までであって、実際に地中海からペルシア湾までを支配したのは孫で四代目のナラム・シン王（在位前二二五四－前二二一八年頃）であったともいう。

地中海からペルシア湾までを支配することは、その後の帝王たちによって繰り返された世界制覇の野望の先駆けになる。

地中海とインド洋を結ぶ

両河を使わずに、紅海《こうかい》経由で地中海とペルシア湾のかなた、インド洋を結ぼうとしたのが、スエズ運河である。

一〇年間の難工事の末に、地中海→紅海→アラビア海・インド洋の海上ルートが機能するようになったのは、一八六九年のことで、北端のポートサイド市から南端のスエズ市まで、つまり地中海と紅海を結ぶ全長一六二キロメートルのスエズ運河をF・レセップス（フランスの外交官。一八〇五－九四年）が完成した。当時エジプトを支配していたムハンマド・アリー朝（一八〇五－一九五三年）のムハンマド・サイード総督（在位一八五四－六三年）は信じがたいこと

3―5　スエズ運河の開通記念式典　先頭をいくのはフランスの宮廷ヨット

3―6　アテネの三段櫂船　古典時代の浮彫の壺断片。漕ぎ手の席を三段に重ね、航行速度と攻撃力を向上させた

だが、スエズ運河会社に土地を事実上無償で与え、しかもエジプト農民を賦役で動員することまで同意している。こんな人物が支配者であっては、民衆はたまったものではない。スエズ運河は一八五九年に着工し、一八六九年に完成するが、この間数年にわたって、二万五〇〇〇人から四万人が賦役で働かされ、難工事のこともあっておびただしい数の死者が出ている。

　開通したばかりのスエズ運河を一八七三年（明治六年）に通過したのが、岩倉具視《いわくらともみ》（一八二五―八三年）を全権大使とする遣外使節団で、記録係の久米邦武《くめくにたけ》（明治・大正期の歴史学者。一八三九―一九三一年）はレセップスの事業に感嘆する反面、「未開化ノ国」エジプトの人々の労苦についても「役夫厭苦《えんく》ノ声ハ、暑熱ト共ニ盛ンニ」などと詳細に『特命全権大使米欧回覧実記』で伝えている。

砂漠を横断した船

スエズ運河開削を遡ること二三〇〇年以上も昔に、地中海とインド洋を結びつけようと考えたのが、ヘロドトスによれば、アケメネス朝ペルシアのダレイオス一世（在位前五二二―前四八六年頃）である。すでにエジプト第二六王朝（前六六四―前五二五年）のネコ二世（在位前六一〇―前五九五年）の代に開削にあたっていて、中止したものの一二万人もの死者を出したという。近代も古代も、実際の工事にあたる人々の大きな犠牲を払っての大事業であった。エジプトへ親征したダレイオス一世はナイル河と紅海を結ぶ運河を掘り直し、完成した。ヘロドトスによれば、「その長さは舟航四日の行程に及び、幅は二隻の三段橈船《かいせん》が並んで漕《こ》ぎ通れるほどにして開鑿《かいさく》された」（松平千秋訳『歴史』）という。

だが、ダレイオス一世の完成した運河は百数十年で砂漠の砂に埋もれて機能しなくなったのか、あるいはギリシア人は知らなかったのか、アッリアノス（ギリシア人歴史家。前二世紀頃）によれば、「ポイニキア出来の五段橈船二隻、四段橈船三隻、三段橈船十二隻それに三十人橈船およそ三十隻、これらは船体を分解されてポイニキアからタプサコス市へと、エウプラテス川まで運ばれ、そこであらためて組み立てられたうえ、バビュロンまで川を下ってきたのである」（大牟田章訳『アレクサンドロス大王東征記』）と書かれている。この話が本当だとすると、フェニキア地方からシリア砂漠を横断して船が運ばれて来たことになるだろう。

五　帝王の街道整備

シュルギ王の街道整備

水路がまず使われていたことからも、両河沿いの道はかなり古くから使われていたはずだが、バビロニアは沖積平野で、石材はなく、後代の宗教行事で使われた「行列道路」は別にして、道路整備といっても地面をつき固めた程度のようだ。

ウルナンム王の道路整備については、本章第二節で紹介した。王の子で、第二代シュルギ王は四八年の長い治世を誇り、ウル第三王朝時代のほぼ半分がこの王の治世で、父王の道路整備を継承し、発展させた。シュルギ王の「年名」のなかにも道路に関する「年名」がある。「ニップル街道を［整備した］年」で、治世七年の「年名」になる。この年には別の「年名」「王がウル市［から］（ニップル市へと往来した）年」もあり、どちらも街道整備が前提になるような「年名」である。

帝都ウル市から、シュメル・アッカド全体の最高神エンリル神が祀られた聖都ニップル市を結ぶ街道は、いわばシュメルの「国道一号線」であった。前一五〇〇年頃のニップル市を表す粘土板の地図には、楔形《くさびがた》文字で「ウル市に面した門」と書かれていて、おそらくこの門を通過する道がウル市へ通じていただろう。聖都ニップル市へつながる街道を整備したことは重要なことであった。都市国家とちがって広い版図を持つ統一国家ともなれば、中央の命令が地方に速やかに伝えられるように、首都と地方を結ぶ基幹となる道路の整備が不可欠である。『シュルギ王讃歌《さんか》A』のなかでは、「私は足を動かし、国土の諸街道を行進した。私はダンナを決め、家を建て、それのそばには庭園を設け、休憩場を設けた」と謳っている。

シュメル語のダンナ（あるいはダナ）は約一〇キロメートルにあたる距離を指し、徒歩で二時間の距離に相当したようで、「街道」として整備された。約一〇キロメートルごとに家つまり「宿駅」が置かれ、そのそばに庭園を設置して休憩場を設けたので、その涼しい木陰で憩うことができたといっている。単に道路を整備するだけでなく、旅人の安全を保障し、かつ便利さにも配慮していたのであろう。そこで、シュルギ王が設けた「宿駅」を現在でもトルコやイランなどにその遺構が残っている「隊商宿」（キャラバン・サライ）の元祖だともいう。

3—7　バビロン市「行列道路」復元　新バビロニアのネブカドネザル2世は「山から切り出した石で舗装した」と敷石に王碑文を残した

シュルギ王の街道整備こそが、父ウルナンム王のはじめた事業を継承し、現時点でその内容が具体的にわかる最古の街道整備の例になる。これを、道路建設とその維持管理に抜きん出ていたアッシリアが継承し、さらにアケメネス朝ペルシアやローマ帝国が発展させたことになる。

「王の道」

古代オリエント世界の道路の集大成といえば「王の道」である。

アケメネス朝ペルシアの帝都スサ市（現代名シューシュ）と支配下の主要都市を結ぶ幹線道路が「王の道」であった。二〇―三〇キロメートル間隔で宿駅が設けられた。行政区の境界地点や渡河地点など要衝の地には関所や衛兵所が設置され、交通の便と安全がはかられていた。ヘロドトスによれば、サルディス市からスサ市までの間は、四五〇パラサンゲスで、一一一の宿場があって、九〇日かかるという。

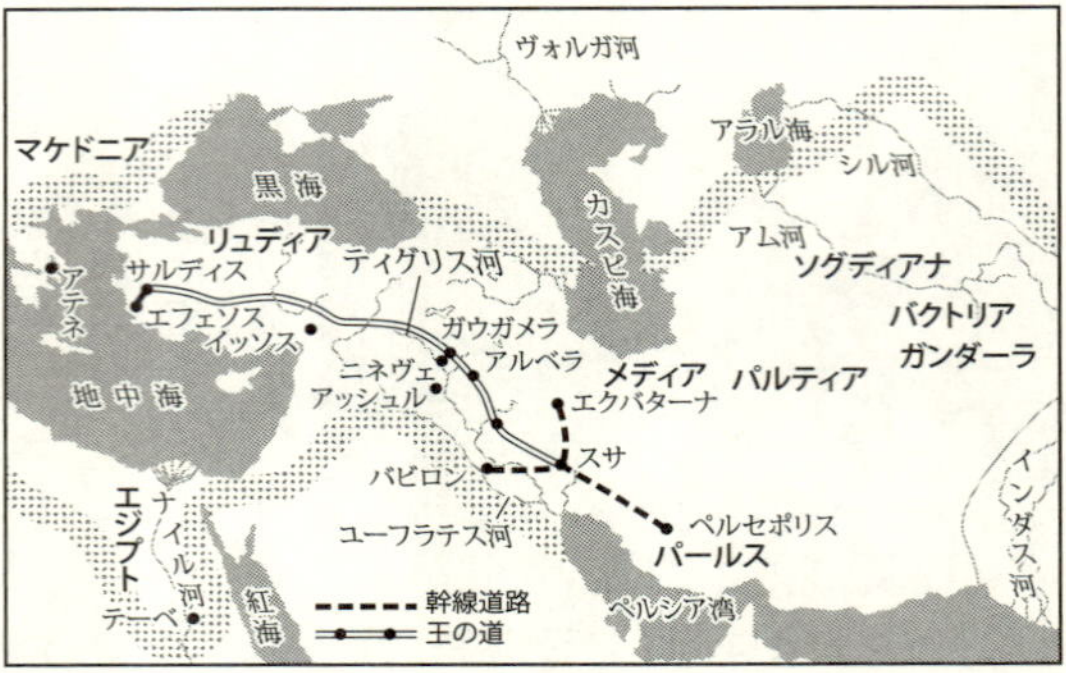

3―8　「王の道」

四五〇パラサンゲスは約二四〇〇キロメートルになる。ヘロドトスは一日の旅程一五〇スタディオン（一スタディオン＝一七七・六メートルで換算すると約二六・六キロメートル）、全行程九〇日といっているが、宿駅は普通の徒歩旅行者が一日で歩けるように配置されたにちがいなく、全行程は一一一日と考えるべきだとの説もある。

幹線道路の一部にはすでに路面に切石や砂利・砕石が敷き詰められていたともいわれ、この整備された幹線道路網を利用して、王（中央政府）の伝令や使節が旅立ち、逆に各地からの情報が王にもたらされた。王や王族の巡行、そしてペルセポリス宮殿の謁見殿（アパダナ）の浮彫に見られる朝貢の人々も、整備された道路網があったからこそ往来できたのである。

アンガレイオン（早馬の飛脚制度）

伝令制度はすでに新アッシリア帝国にはあったが、こうした制度がより整備されたのはアケメネス朝ペルシアである。

前四八〇年、ギリシアとの「サラミスの海戦」に敗北したクセルクセス一世は苦境を伝える飛脚をペルシアに送った。アンガレイオン（早馬の飛脚制度）についてヘロドトスは「このペルシアの飛脚より早く目的地に達しうるものはない。これはペルシア人独自の考案によるものである。全行程に要する日数と同じ数の馬と人員が各所に配置され、一日の行程に馬一頭、人員一人が割当てられている」（松平千秋訳『歴史』）と伝えている。

このようなリレー方式をとれば、徒歩で一一一日行程のスサ―サルディス間も、一週間前後で走破できたと推測されている。この頃、ギリシアはまだ飛脚や狼煙《のろし》に頼っていた。騎馬急使による情報伝達はすでにアッシリアでも一部知られているが、幹線道路の整備、宿駅制度の充実、そして公用馬の利用を前提とする制度が帝国統治の一環をなす制度として確立したのはアケメネス朝においてであった。

3—9　ローマの商船　オスティア商人の集会所に描かれたモザイク画

「すべての道はローマに通ず」

ローマは地中海を「我らの海」と称すようになったことからも、水上交通は発達していたが、ローマといえばなんといっても街道である。All roads lead to Rome.「すべての道はローマに通ず」は、よく知られた英語の諺《ことわざ》である。いわずもがなだが、「方法はいろいろあっても結局は一つの所に達する」(『ライトハウス英和辞典』第二版、研究社、一九九〇年)との意味である。この諺の語源こそは、ローマ帝国がヨーロッパ、アジアそしてアフリカの三大陸にまたがる領土に、街道(軍用道路)を張り巡らしていたことに由来する。軍用道路だから、生活道路とちがってまっすぐにつくられている。日本古代の「七道」も軍用道路であって、まっすぐにつくられた。

我が国の道路の原点は日本橋上の「道路元標」だが、ローマ街道の起点はアウグストゥス帝のフォールムに立つ円柱「ミリアルム・アウレルム」であった。主要な街道として、ティヴォリへ向かう「ティブルティーナ街道」(前二八六年頃建設)、ティレニア海に沿って北西方へ向かう「アウレリア街道」(前二四一年頃建設)、そして北方へ向かう「フラミニア街道」(前二二

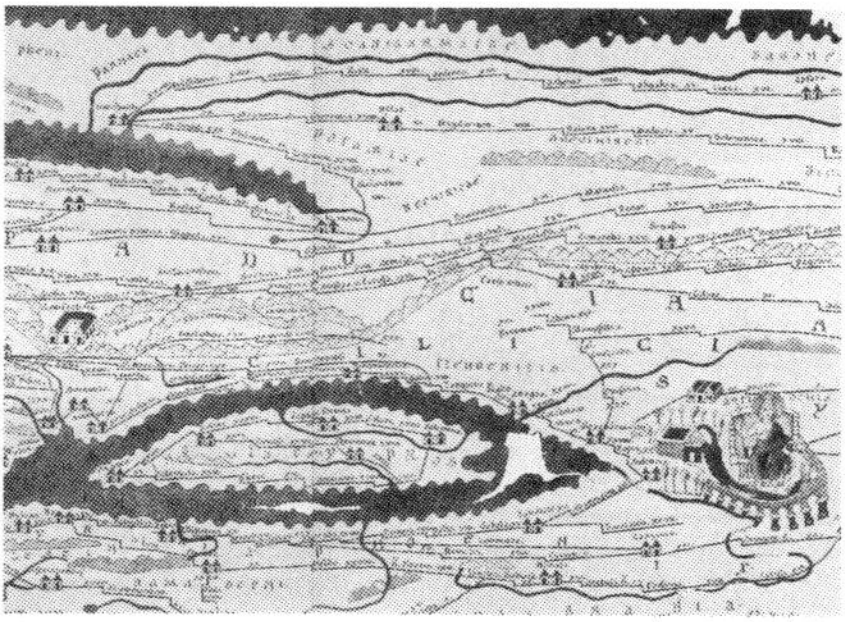

3―10　㊧まっすぐなローマ街道。㊨「ポイティンガー図」　3～4世紀頃のローマの道路地図、エジプト、アナトリア、西アジアを描いた部分。道路のほか、宿駅、都市、都市間の距離などが書かれている。13世紀の写本（羊皮紙、34×680cm）、パリ国立図書館蔵

〇年頃建設）などがある。舗装された街道だけで、一〇万キロメートルにもおよび、道路地図も作られた。

プルタルコス（ギリシアの哲学者、著述家。四六―一二〇年頃）によれば、ガイウス・グラックス（共和政期の政治家。前一五三―前一二一年）は道路建設に熱心だった。道路はまっすぐで、石で舗装した。そして次のように伝えられている。

「工事は全体にわたって一様で美しい外観を呈した。それに加えて、どの道路もローマ・マイルすなわち八スタディオン弱をもって分ち、その距離を示す里程標石をたてた」（長谷川博隆訳『プルタルコス英雄伝』）

街道にはローマあるいは主要都市からの距離を刻んだ里程標が置かれた。里程標にはローマからの距離だけでなく、道路を整

備した人物名も書かれている。里程標の多くは円筒形で、帝政期のものは約六〇〇〇も出土している。

アウグストゥス帝はローマの幹線道路の要所に宿泊施設と乗り継ぎ用の馬を備えた公共郵便制度を本格的に導入した。一日に平均して八〇キロメートル、最速で二四〇キロメートルを走破できた。これは原則として、公務のみに使用が許された。

「街道の女王」アッピア街道

ローマ街道といえば、なんといっても「アッピア街道」である。一九六〇年（昭和三十五年）の「ローマ・オリンピック」ではマラソン競技にこの道が使われ、エティオピアの「裸足《はだし》

3—11 ㊤伝「ミリアルム・アウレルム」の台座。㊥日本国道路元標 日本橋（東京都中央区）のたもとに置かれているレプリカ。オリジナルは日本橋の中央部分に存在する。㊦アッピア街道の第1里程標 ローマから南方に1ローマ・マイル（1482m）のところに立てられた

の英雄」アベベ・ビキラ（一九三二—七三年）が優勝したことで、近代オリンピックのなかでも忘れがたい場面として記憶されている。なお、アベベは次の「東京オリンピック」では靴をはいて優勝したが、走ったのは甲州《こうしゅう》街道であった。

さて、「アッピア街道」とは、前三一二年、監督官アッピウス・クラウディウス・カエクス（前三四〇—前二七三年）がローマ市から南方カンパニア地方のカプア市までの全長二一一キロメートルを、ローマ市民を総動員してつくらせた軍用道路で、後に延長され五四〇キロメートルにもなった。幅三メートル、両側に一段高い縁石があって、その外側は歩道である。多角形の玄武岩の石畳を敷き詰めてあって、現在の土木工学から見ても理に適《かな》った道づくりがなされ、「街道の女王」と讃《たた》えられた。

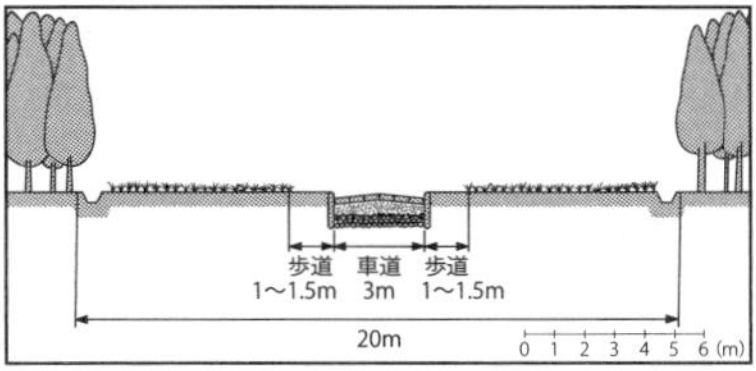

3—12　㊤アッピア街道　よく保存されているローマ〜ベネウェントゥム間。㊦アッピア街道断面図

アッピア街道は現代まで残ったが、ローマが張り巡らした道路はどうなったかといえば、西ローマ滅亡（四七六年）後には、あるいは一部はそれ以前から、崩壊していたという。ヨーロッパの中世初期の道路建設や維持につい

３—13　東山道武蔵路（とうさんどうむさしみち）址　古代七道の一つ東山道の支線。長さ340m、2010年に史跡指定

て、はっきりしたことはほとんど知られていないが、南部よりも湿気が多く寒いヨーロッパ北部ではなおさらで、しかも、道路は広範な補修管理が必要とされ、それをおこなう強力な中央政府も、地方勢力さえもなかったのである。

　ローマ街道のような軍隊を動かすための道路は宿駅などが整備されていても、軍用道路をつくった政権が崩壊すると、そのすべてではないにしても、人々は古くからある生活道路を利用するようになるようだ。古代日本の「七道」も同様に使われなくなっていった。

　アッピア街道は例外ともいえ、西ローマ帝国滅亡後、実に長い間使われなかったが、ローマ教皇ピウス六世（在位一七七五—九九年）の修復によって、使われるようになったのである。

第四章
金属の利用――銀と銅

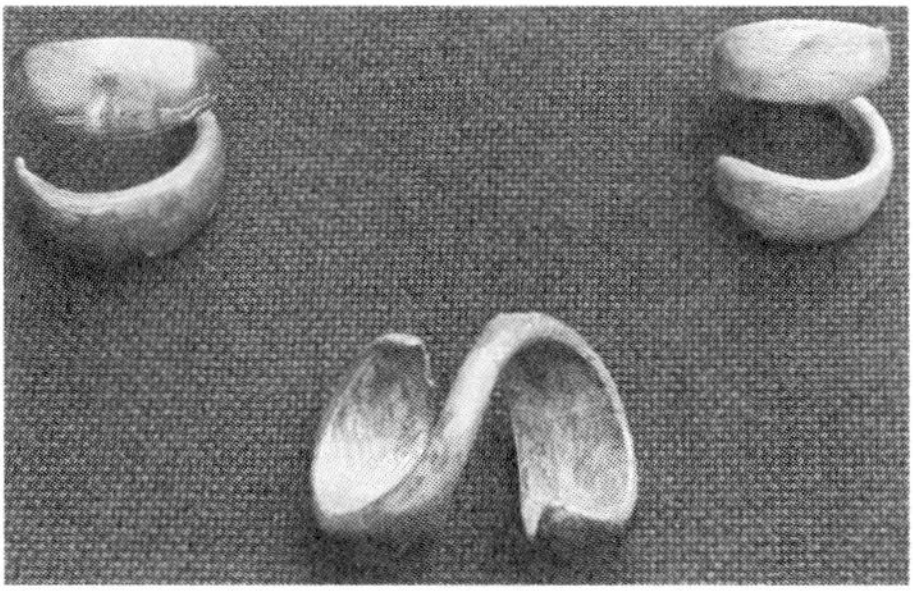

ハル

シュメル語でハル、アッカド語でシェヴェルといわれた銀の「螺《ら》旋《せん》」で、アッカド王朝時代から古バビロニア時代にかけて使われた「銀貨以前の銀貨」である。上の２つは２分の１マナ（約250グラム）、下の１つは１マナ（約500グラム）の重さで、旅行時に携帯して、支払い時に必要な重さを切ることができる優れ物である。

テル・タヤ出土、アッカド王朝時代

古代世界の「レアメタル」

二〇一〇年(平成二十二年)九月に東シナ海の尖閣《せんかく》諸島(沖縄県石垣《いしがき》市)付近で、中国の漁船が海上保安庁の巡視船に衝突を繰り返す事件が起きた。この事件が推移するなかで、中国はレアアース(希土類元素)の事実上の禁輸措置に出た。レアアースをふくむレアメタル(希少金属資源の意)は情報技術などのハイテク(高度な科学技術)産業に欠かせない素材で、日本はもっぱら中国から輸入していたため、大きな問題となったのである。

金属は時代を動かす重要な資源である。文明が興ったシュメル地方は沖積平野で鉱物資源はなく、遠方から運んで来ざるをえなかった。金属なしでは、文明を維持することはできない。すべての金属がシュメル人にとっては希少な金属「レアメタル」ともいえた。

文明社会がはじまった頃に重要な鉱物資源は、祭器や武器などをつくるための銅であり、重さを量って支払う秤量《ひょうりょう》貨幣として使われた銀であったことを本章では話すとしよう。

一 「強き銅」

鉄を知っていたシュメル人

有用な金属といえば、その筆頭にあげられるのが鉄である。最古の文明社会シュメルでは大量に鉄器を使うことはできなかったが、鉄そのものを知ってはいた。

鉄のなかでも、人類が最初に使ったのは隕鉄《いんてつ》だった。すでに第二章で流星・隕石を記録した月名があったことを紹介したが、隕鉄は隕石の一種で、鉄を主成分とし、ニッケルを五パーセント以上ふくむ合金である。鉄の融点は一五三五度と銅などにくらべると非常に高く、初期の段階の技術では鉄鉱石や砂鉄などを溶かして鉄製品をつくることは不可能だった。そのため、希少な隕鉄が使われたのである。

ウバイド文化期の彩文土器の文様は、顔料として隕鉄から採取した鉄錆《てつさび》を使って描いたともいう。また、隕鉄は護符としても使われていた。所持することが病気予防になると信じられていたともいう。後代には隕鉄についで鉱石（磁鉄鉱、赤鉄鉱、菱《りょう》鉄鉱）が使われるようになった。周辺諸地方にあたるアナトリア、アルメニア、イラン北部、カフカス山脈およびタウルス山脈で、鉱山が開発された。赤鉄鉱製の分銅をシュルッパク市からドイツ隊が発掘したが、これは前三〇〇〇年紀前半のものと考えられている。

銅とその合金

最古の文明社会でもっぱら使われたのは鉄ではなく、銅やその合金である青銅であった。銅が使われはじめても、道具の材料として石も使われていた。石にくらべて銅は長持ちし、さまざまな形に加工できることから、銅製品への需要がより大きくなった。当初の銅製品は石器の形をそのまま写して、つくられていた。このことは、ほかの技術にくらべて簡単な開放式鋳型に溶かした銅を流し込むだけだったことを意味している。

銅の融点は一〇八四・五度と高い。一方、錫《すず》は融点が二三一・九六八一度と低いので、混ぜると融点が下がって鋳込みやすくなる。ちなみに、オリンピックの「銅メダル」も実は銅と錫を混ぜた青銅製で、銅に五―一五パーセントの錫を加えている。英語では正確にブロンズ・メダルといっている。

銅と人間とのかかわりは古く、長い。都市文明がはじまった頃、さまざまな金属が知られていたが、シュメル人は特に銀と銅を重要視していたことは次のような「討論詩」からもわかる。

「強き銅」

『銀《しろがね》と銅《あかがね》』と題した「討論詩」がある。「討論詩」はシュメル文学の一分野で、『魚と鳥』『タマリクス（御柳《ぎょりゅう》）となつめやし』そして『夏と冬』などの、擬人化された一組が自分の方が優れていると主張しあう。はじめに討論者たちの創造された過程や属性などを紹介し、争いの原因が語られる。つづいて各々が自己の長所を並べ立てる一方で、他者を貶《おとし》める主張が展開される。最後には、神による判定の後で、討論者たちはめでたく和解にいたるといった筋立てである。

「討論詩」で対になりうる金属に選ばれたのは銀と銅である。秤量貨幣として使われる銀は、武器や農具にもなりうる銅とともに、実用的な金属であった。銀は単に「銀」と書かれているが、銅はほとんどの場合「強き銅」と「強き」の形容詞がつき、「父なるエンリル神の強き髪」とも褒められている。銅が「私（銅）の父エンリル神が一日にして私を創造した」とシュメルの最高神エンリル神とのかかわりを誇っていることからも、シュメル人は銅を最も有用な金属と考えていたようだ。

「強き銅」はシュメル語で書かれた『ルガル神話』にも出てくる。この物語はラガシュ市のグデア王の時代よりもあまり遅くない頃に現在の形になったようで、ニンウルタ神（ニンギルス神）が退治したものどものなかにも、「強き銅」がある。

実際に「銅」は、グデア王が建立した、ニンギルス神を祀ったエニンヌ神殿の門に記念物としても飾られていたようだ。この「銅」は銅製打楽器の可能性があるという。さらに、グデア王よりも約二〇〇年ほど前、前二三四〇年頃のラガシュ市でも、ある祭礼時に「銅」に対して供物が奉献されていた。詳細は不明だが、銅は「あかがね」といわれるように、赤色の美しい輝きが古代人を魅了したであろうし、祭器として使われていたこともあって、少なくとも銅という金属に対してシュメル人が崇敬の念を持っていたといえるだろう。

神聖な楽器、銅鐸

我が国でも銅を神聖視していた。我が国には鉄器、青銅器がほぼ同時期に伝播したので、本格的な青銅器時代はなかった。青銅器は祭器として使われ、神域に埋納されることもあった。加茂《かも》岩倉《いわくら》遺跡（島根県雲南《うんなん》市）から一九九六年（平成八年）に三九の銅鐸《どうたく》がまとまって出土し、大きな話題になった。青銅製の銅鐸は神聖な打楽器（振楽器）で、その音は神霊招魂であった。

また、銅鏡は神の依《よ》り代《しろ》（神霊が顕現する際の媒体）として、神社で祀られつづけている。銅鏡はガラス製とちがって割れないし、長持ちする。当然のことながら、「三種の神器」の一つ「八咫《やた》の鏡」はおそらく誰も見ていないであろうから青銅製とは断定できないものの、広い意

4―1　銅鐸　加茂岩倉遺跡出土

4―2　「景初三年」銘三角縁神獣鏡　島根県神原（かんばら）神社古墳出土

味の銅鏡であろう。卑弥呼《ひみこ》が魏《ぎ》（二二〇―二六五年）の皇帝から下賜された一〇〇面の鏡ともいわれる「三角縁神獣鏡《さんかくぶちしんじゅうきょう》」は、国内で五〇〇面も出土していて、中国では一面も出土していない。このことから、製作地について中国の魏、日本国内の二説が対立し、考古学者がいろいろと議論を展開しているが、青銅鏡との認識は一致している。なお、出土地は未確認ながらも、同じ型式の鏡が中国河南《かなん》省洛陽《らくよう》市で発見されたとする論文が地元の研究誌に掲載された（『朝日新聞』二〇一五年三月二日）。

「ウル王墓」出土の銅製品

一九二七年に、イギリスのC・L・ウーリー率いる発掘隊によって発見された「ウル王墓」

4―3　銅製剃刀　ウル王墓331号墓出土、長さ8.4cm

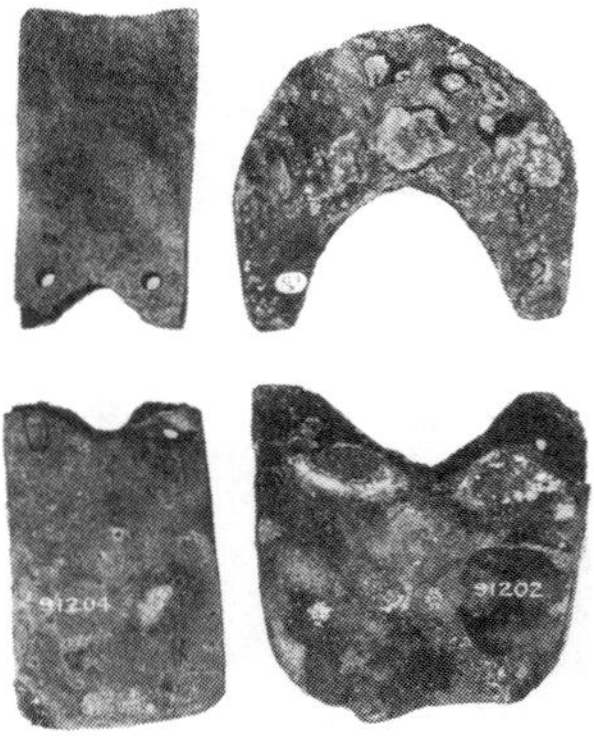

4―4　銅製工具、農具　テル・シフル出土

の副葬品は前二六〇〇年頃のシュメル人の美意識や技術の優秀さを、約四六〇〇年も後の人間に見せつけることになった。「ウル王墓」といえば、大勢の殉葬者とともに黄金製品について語られることが多いが、銅の合金の短刀、斧《おの》、剃刀《かみそり》や、殉死した兵士のつぶれた頭蓋骨《ずがいこつ》に貼《は》りついていた銅製兜《かぶと》などと、銅製品もけっこう出土している。

また、化粧用の緑色の顔料には藍銅鉱《らんどうこう》（アズライト）、孔雀石《くじゃく》（マラカイト）のような銅をふくんだ鉱物が使われていて、銅が広く活用されていたことがわかる。

さらに、後代になるが、前二〇〇〇年紀はじめ頃の銅製農具がラルサ市付近のテル・シフル遺跡から出土している。大切に使われていたようで、三日月形の刃にはむしろでくるんであった跡が残っていた。

銅交易の中継地、ディルムン

沖積平野のメソポタミア南部に銅鉱山はありようもなく、銅は外国へ求めざるをえなかった。ウバイド文化期末期に鋳造された銅製斧が出土しているが、これはイラン方面から輸入されたものであろう。前三五〇〇年頃になると、メソポタミアでも銅工芸が発達した。鉱石はイラン高原中央部のアナラク地方から輸入したものを使っていた。銅の鉱石がペルシア湾を遡って、ユーフラテス河へと運ばれて来たので、前章で話したようにユーフラテス河は一名「ウルドゥ河」ともいわれていた。

初期王朝時代になると、シュメル人はマガン付近に独自の鉱山を開発し、マガン産の銅はディルムンを経由してシュメルに運ばれていた。はるばるイラン高原から銅を運んで来る必要はなくなったようである。ディルムンは前三〇〇〇年紀にはマガンとメソポタミア間の銅交易の中継地であった。

銅の鋳塊（インゴット）を購入したことを記録した、次のような会計簿がある。

［……十一四］マナのアエンダ銅（の鋳塊）、購入された物（である）。ラガシュ市のエンシ（王）、ルガルアンダのために、商人ウルエンキがディルムンの国から持って来たものである。（ルガルアンダ王）治世一年

前二三四五年頃に、ラガシュ市を支配していたルガルアンダ王がディルムンから商人ウルエンキを通じて銅の鋳塊を購入した。数字の一部が欠けているが、一マナは約五〇〇グラムで、一四マナつまり七キログラム以上の銅の鋳塊を買ったことになる。

商人ウルエンキがディルムンから銅を買って来た、別の記録もある。

二三四マナのアエンダ銅（の鋳塊）。ディムトゥル（ほかの読み方もあり）の所有物。商人ウルエンキがディルムンの国から持って来た物である。ラガシュ市のエンシ（王）、ル

ガルアンダが王宮で量った。　　　　　（ルガルアンダ王）治世一年

ウルエンキが持ってきた銅がふさわしい量と純度の銅か確認するために、量り直された記録である。二三四マナは約一一七キログラムにもなり、かなりの量である。

この銅を所有していたエンエンタルジ王のディムトゥル后妃はルガルアンダ王のおそらく母であろう。ルガルアンダ王が治めていた時代は青銅器時代であった。近代ヨーロッパの国々が「鉄は国家なり」といい、優れた鉄を大量に入手することによって「富国強兵」をなしとげたように、シュメル人が活躍した前四〇〇〇年紀後半から前三〇〇〇年紀は「銅は国家なり」という時代になる。良質の銅を入手することは大切な国策であった。銅の鋳塊は贈物にも使われた。贈る方も、贈られる方も、ともに銅の価値を認めていたことになる。

ウル第三王朝時代にも、ディルムン経由でマガン産銅を取引していた。見返りに穀物、羊毛、織物、ごま油、皮革およびたまねぎなどをディルムンへ輸出していた。

アッシリア商人が運んでいった錫

青銅はシュメルでは前二五〇〇年頃に一般化していった。青銅は錫を混ぜるが、錫の量を加減すると、粘り強い刃がつくれたり、硬度を増したりできる。錫は銅と合金して青銅をつくるほかに、はんだ（鉛と錫の合金で、金属の接合剤）としても使われる。

錫は、原鉱は錫石として自然界に存在するが、西アジアではまれだったため、アフガニスタン西部からペルシア湾を経由してシュメル地方に運ばれていた。「エブラ文書」には、錫は「ディルムンを通過する」と書かれていることから、ディルムンで積み替えられたようだ。

古バビロニア時代の文書では、錫はイラン南西部のスサ市からシッパル市に送られ、そこから各種ルートを経由して西方に送られた。マリ市を通過する錫もあったが、そこからさらにパレスティナ北部のハツォル市とシリアの地中海岸の町ウガリト市（現代名ラス・シャムラ）へと搬送された。

4―5　ウガリト遺跡

4―6　㊤キュル・テペ遺跡。㊦カネシュのカールム想像図　ろばに荷を乗せた隊商がカールムに到着したところ

また、はるか東方から運ばれて来た錫を、遠路アナトリアまで運んでいったのはアッシリア商人だった。錫はバビロニア産の高級毛織物とともに、アッシリア商人が中継して、カネシュ市（現代名キュル・テペ）に運ばれ、販売されていた。アッシリア商人は前三〇〇〇年紀末から前二〇〇〇年はじめにかけて、カネシュ市にカールム（アッカド語で「波止場」の意味、商人居留区）を置いていて、ここから出土した「キュル・テペ文書」によってこうした活動がわかった。錫は地元産の銀とおもに交換された。一マナの錫は銀四シェケルに、五マナの毛織物一包みは銀五あるいは六シェケルに相当した。

二　銀は秤量貨幣

「銀の山」

アナトリアへやって来たアッシリア商人の目的の一つは銀の獲得であって、多量の銀がアッシリアへもたらされた。

古代オリエント世界で使用された銀はその多くがアナトリアからイランにかけての山岳部から産出した。各地から出土する銀製品を分類すると、純銀はまれである。というのは、当時の銀は白鉛鉱や方鉛鉱から精錬されていたので、銀製品には鉛が入っていることが一般的であった。アナトリア東部のユーフラテス河源流域には優良な白鉛鉱系鉱山が集中していて、「銀の山」の名で知られていた。

銀は黄金とともに、神や王の権威を表現する工芸品などに使われたが、銀には実用的な面もあった。

お金は銀

繁華街の代名詞、銀座（東京都中央区）の地名が江戸時代の銀貨鋳造の場所に由来することはよく知られている。世界史の教科書をめくると、次のような例が扱われている。ヨーロッパの中世後期の経済活動は胡椒《こしょう》を入手するために銀を東方世界へ見返りとして送った。一七世紀にはじまるイギリスの東インド会社と清《しん》（一六三六―一九一二年）との貿易は、イギリスが茶を買い、銀を支払っていた。ところが、イギリスは一六世紀中頃には銀にかえてインド産のアヘンを持ち込んだ。これが「アヘン戦争」（一八四〇―四二年）の原因であった。このように、銀が「お金」として使われていて、銀を「お金」として使ったはじまりはシュメル社会であった。

シュメルで「お金」の代用をしたのは銀の秤量貨幣であった。すでに初期王朝時代に、物価の相対基準や売買の対価などとして使われた。法律では銀を基準として物価や賃金、罰金規定が示されている（後述）。その後も、前一四世紀前半の「アマルナ時代」の国際交流が活発であった時期に、エジプトから大量の黄金が流入したカッシート王朝時代の一時期を除き、ほぼ銀本位の経済体制がつづいた。

ハル、「銀貨以前の銀貨」

ラガシュ市のルガルアンダ王治世の記録には、たとえば「一人の男奴隷は（その値段は）二〇ギンの銀であり、連れてきた。羊毛用羊の牧人ルガルダが（この奴隷を）連れていった。一人のイギヌドゥは（その値段は）一五ギンの銀であり、連れてきた。園丁のアンアムが連れていった」と、書かれ、奴隷などが銀でエラム地方から購入されている。

ところで、秤量貨幣として使われた銀はどのような形をしていたのだろうか。ルガルアンダ王時代から約一〇年で、アッカド王朝時代になるが、現時点で、このアッカド王朝時代に遡ることができるハルと呼ばれた銀製品がある。本章扉に紹介した銀製の螺旋で、輪のこともある。ハルはアッカド王朝時代から古バビロニア時代にかけて使われ、「銀貨以前の銀貨」とも考えられている。運ぶのに簡単なので、旅行時などに携帯し、いざ支払いともなれば、螺旋は必要な重さに切ることができる。

輪は文書のなかで、一シェケル（約八・三グラム）から一〇シェケルまでにおよぶ重さで言及されているが、その多くは五シェケルである。ウル出土の文書は二〇マナ（約一〇キログラム）の銀からつくられた、二四〇個の五シェケルの輪の製造（品）をあげている。

ウル第三王朝時代には、次のような記録がある。

各々八シェケルの銀の「輪」二つ。王がシュルギ神の醸造所（の落成式？）に関して、ビールを飲んだとき。ウタ・ミシャラム、役人。アル・シャルラキでプズル・エラによって支払われたもの（である）。

アマル・シン治世第一年、第一一月

この文書では、輪が行政府の役人によって酒代の支払いに使われている。

ハルを見たエジプト王

ハルはエジプトのルクソール市近くのトード遺跡からも発見されている。トードにはメンチュ神が祀られた神殿があり、その土台から銅製の箱が四つ発見された。ふたに第一二王朝（前一九七六—前一七九四／九三年頃）アメンエムハト二世（在位前一九一四—前一八七九／七六年頃）の銘があった。

ルーヴル美術館に収蔵されている「トードの遺宝」にはエジプトと諸外国の交流を物語る貴重な品が入っていて、ラピスラズリの原石や多くの銀製杯、楕円形《だえんけい》の銀の延板（インゴット。一二四から一三三グラム）などともに、銀の螺旋および輪（八五グラム）が入っていた。これらのものはエジプト産品と交換されたと考えられている。

さらに、ハルはエブラ文書のなかでも認められ、ウル、エシュヌンナ（現代名テル・アスマル）、マリなどの遺跡で発見されている。理由はわからないが、古バビロニア時代後に廃れてしまった。

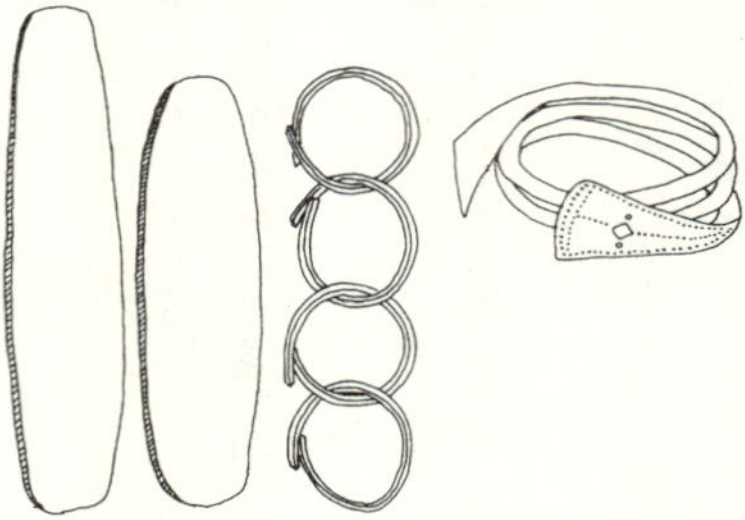

4—7　㊤「トードの遺宝」　上の方に輪、下の方に螺旋とインゴット。㊦左から銀のインゴット、輪と螺旋（線画）　インゴットは133gと124g、輪は85g

銀—ギン＝大麦—グル

このように、メソポタミアではおもに銀が秤量貨幣として使われ、錫、銅そして「アマルナ時代」には黄金も交換媒体に使われたが、全体としては物々交換の社会であって、羊（一七九頁参照）や大麦などでも支払われていた。

それでも、物品の価格は銀で表示された。初期王朝時代やウル第三王朝時代には大麦一グル（約三〇〇リットル）＝銀一ギン（約八・三グラム）の換算が公的な標準であった。これはあくまでも公的な標準で、個々の経済文書では穀物と銀の換算率が変動することもあった。ちなみにウル第三王朝時代の物価、銀一ギンで買えるものは表4—Aのようになる。

前二〇〇〇年紀はじめのイシン・ラルサ時代に、ウルク市を支配していたシン・カシド王（在位年不詳）は王碑文のなかで、「そのとき、我が王権の時代において、我が国土における価格として、銀一ギンにつき、大麦三グル、羊毛一二マナ、銅一〇マナ、植物油三バンとの交換（売買）を（定めた）」と、市場の標準価格を定めていて、大麦一グルが銀一ギンとの価格体系は崩れている。なお、油、植物油はごま油を指す。

ほかにも、ラルサ王朝（前二〇二五—前一七六三年頃）のヌル・アダド王（在位前一八六五—前一八五〇年頃）とその子シン・イディナム王（在位前一八四九—前一八四三年頃）も、前者は大麦、羊毛、油そしてなつめやしを、後者は大麦、羊毛、植物油、なつめやしそして豚油脂（ラード）の価格を表示している。

大麦、羊毛、ごま油などが当時の代表的な消費財で、銀一ギンで買え

表4—A　ウル第３王朝時代の銀１ギンで買えるもの

大麦１グル（約300リットル）
羊毛10マナ（約５キログラム）
銅１と６分の５マナ（約916.7グラム）
ごま油12シラ（約12リットル）
なつめやし１グル（約300リットル）

るものは表4―Bのようになる。

エシュヌンナ市で編纂された『エシュヌンナ「法典」』では、第一―二条が生活物資の公定価格、第三―一一条と一四条が各種公定賃金というように、物価についての規定からはじまるという特徴がある。

第一条には次のように書かれている。

一クルの大麦が銀一シェケルに相当し、三カの上質油が銀一シェケルに相当し、一(スト)二カのごま油が銀一シェケルに相当し、一(スト)五カの豚油脂が銀一シェケルに相当し、四(スト)の瀝青が銀一シェケルに相当し、六マナの羊毛が銀一シェケルに相当し、二クルの塩が銀一シェケルに相当し、一クルのカリウムが銀一シェケルに相当し、三マナの銅が銀一シェケルに相当し、二マナの精銅が銀一シェケルに相当する。

(一マナ=六〇シェケル=約五〇〇グラム、一クル=約三〇〇リットル、一スト=一〇カ=約一〇リットル、一カ=一リットル)

表4―B　イシン・ラルサ時代の銀1ギンで買えるもの

王名	大麦	羊毛	油
シン・カシド	3グル	12マナ	3バン
ヌル・アダド	2グル	10マナ	10バン
シン・イディナム	4グル	15マナ	3バン

ここまで見てきたように、前一九世紀頃の王たちはしきりに価格表示をしているが、この価

格は理念を表したのか、それとも実際の価格なのか、そもそも価格を表示する意図はなにかなどはまだ充分に解明されていない。

三　硬貨

リュディアの硬貨（コイン）

紀元前七世紀頃のアナトリアにいたリュディア人は金銀の貨幣を鋳造して使用した最初の民族だとヘロドトスが伝えているが、製造法はちがっていて、実際は鋳造ではなく打刻によって発行された。当初はエレクトラム（金と銀の自然合金）貨だったが、クロイソス王（在位前五六〇—前五四六年）の時代からは金貨、銀貨が発行されるよ

4—8　リュディアの金貨　裏にライオンと牡牛。コペンハーゲン国立美術館蔵

4—9　シグロス銀貨とダーリック金貨　銀貨にはライオンと牡牛。金貨には弓と矢を手にしたダレイオス1世

うになる。

リュディアの硬貨はでこぼこで、長円形をしている。大型と小型があったが、現存するものの大部分は小型のものである。一つの面に一個か二個のマークが刻印されている。大部分はライオン、牡牛《おうし》のような動物のデザインである。

リュディアの貨幣制度は、西方はギリシアのポリス社会へ、東方はアケメネス朝ペルシアへと伝わった。

王の姿を刻印したペルシアの硬貨

アケメネス朝ペルシアのダレイオス一世は帝国共通のダーリック（ダレイコス、ギリシア語で「ダレイオスの〔硬貨〕」の意味、約八・四グラム）金貨、シグロス（複数はシグロイ、約五・四グラム）銀貨を発行した。銀貨二〇枚で、金貨一枚になる。金貨は純度九八パーセント、銀貨は九〇パーセント以上と、きわめて良質であった。

金貨、銀貨の表面は片膝《かたひざ》をつき、弓などを手にし、王冠をかぶった王の姿に統一されている。硬貨の発行は画期的なこころみであったが、その純度の高さゆえにほかの貴金属とともに退蔵されることが多く、アナトリア西部などの一部地域を除いて流通することはなかった。バビロニアでは昔ながらの秤量貨幣が使われていた。

傭兵の給料

アケメネス朝の純度の高い硬貨が最も威力を発揮したのは、ギリシア本土の諸ポリスに対してであった。アケメネス朝後期にはギリシア人傭兵の給料支払いのために、あるいは軍事資金の援助を求めて使節を送り込んでくる諸ポリスを操る外交手段として、硬貨が狡猾に利用された。

前章でも紹介したが、小キュロスが兄の王位を奪わんとし、一万数千ものギリシア人傭兵を集めたが、その給料は硬貨であった。クセノフォンは「彼らは給料の増額を要求し、キュロスは従来の一倍半の額を払うことを約束した。つまり兵士一人当り、従来は月額一ダレイコスであったものを半ダレイコス三枚〔＝一ダレイコス半〕にするというのである」（松平千秋訳『アナバシス』）と、記している。

貨幣経済がオリエントに定着したのはヘレニズム時代で、硬貨の発行権を国王が握り、王の横顔が刻まれるようになった。この習慣は東方ではパルティア、バクトリア（前三世紀半ば―前一二〇年頃）などで、西方ではローマで継承され、さらにその後のヨーロッパ諸国でも採用された。現在でも、イギリスはＥＵ（欧州連合）に加盟しながらも、単一通貨ユーロを採用せずに、いまだにポンドを使い、硬貨にはエリザベス二世（一九五二年即位）の横顔が刻まれている。

銅から鉄へ

新しい技術によって、時代が転換させられることもある。V2ロケットはナチス・ドイツが開発した、世界最初の軍事用液体燃料ミサイル（弾道ミサイル）で、一九四五年にナチス・ドイツが崩壊すると、たちまちロケットとその技術者たちが米ソに獲得されていった。その後、一九九一年のソ連邦崩壊まで四〇年以上もつづくことになった「東西冷戦」のはじまりを告げるできごとでもあった。

これに比すべきできごとが、今から約三二〇〇年前にあった。前一二〇〇年頃にヒッタイト王国（前一六八〇—前一二〇〇年頃）が滅ぶと、ヒッタイトの職人たちが周辺諸国に雇われ、国家機密であった鋼《はがね》製造法が伝えられていったのである。鉄のなかには柔らかい鉄もあって、たとえば針金はペンチがあれば女子供でも切ることはできる。このような柔らかい鉄ではなく、人々が求めてやまなかったのは優れた利器になる硬い鉄、つまり鋼であった。

ヒッタイト人は先住民から製鉄技術を学んでいたが、前一四〇〇年頃に炭を使って鉄を鍛え、

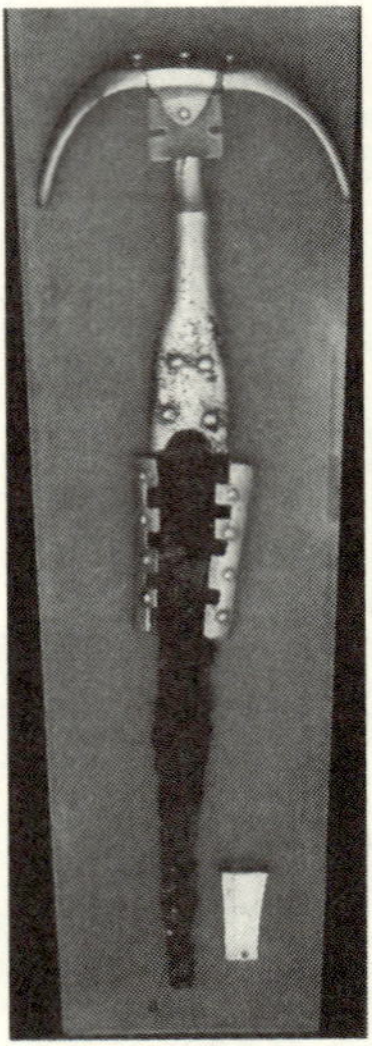

4—10　鉄剣
アナトリアの先住民が作製。アラジャ・ホユック出土、前3000年紀後半、鉄と黄金、長さ28.5cm、アナトリア文明博物館蔵

炭素を充分にふくんだ鋼を発明し、当時最先端の武器や道具をつくることに成功していたのである。青銅製の武器や農具もないではなかったが、鉄は銅や錫にくらべて、西アジア世界各地では、原料となる鉄鉱石を入手しやすく、用途が限定的であった銅よりも普遍的であった。鉄は支配者にとっては優秀な利器となり、庶民もまた道具、農具としても利用できた。鉄器が普及した前一〇〇〇年紀の世界はそれ以前とちがって、世界が広がり、生産力の増大と社会の発展をうながした。

鉄なしに、前一〇〇〇年紀の世界帝国はありえないことになる。鉄の使用によって、時代が大きく転換した。このときから、鉄器時代は約三〇〇〇年以上もつづき、現代は鉄器時代のおわり、あるいは軽金属、ニューセラミック時代のはじまりになるともいわれている。さらに、飛行機の機体の大部分に採用されている、軽くて強い炭素繊維（カーボンファイバー）などのような新素材も開発されている。

そうはいっても、建築資材などとしても鉄はいまだ重要であるし、銅も不要かといえば、そうではない。古代社会では銅の有用性を完全に理解することはできなかった。長い時間をかけての科学技術の発達が銅のさらなる有用性を現代人に知らしめ、銅の新しい需要をふやしたのである。自動車、家電製品から電線、建築資材まで幅広い分野で銅が使われている。たとえば、電気自動車はガソリン車の三倍もの銅を使うし、日本の家庭で欠かせない炊飯器にも、内釜に熱伝導率の高い銅が使われている。

最古の文明社会シュメルで人々が求めてやまなかった銅は、二一世紀になってもその「あかがね」の輝きを失ってはいないのである。

第五章
文字の誕生——楔形文字が結んだ世界

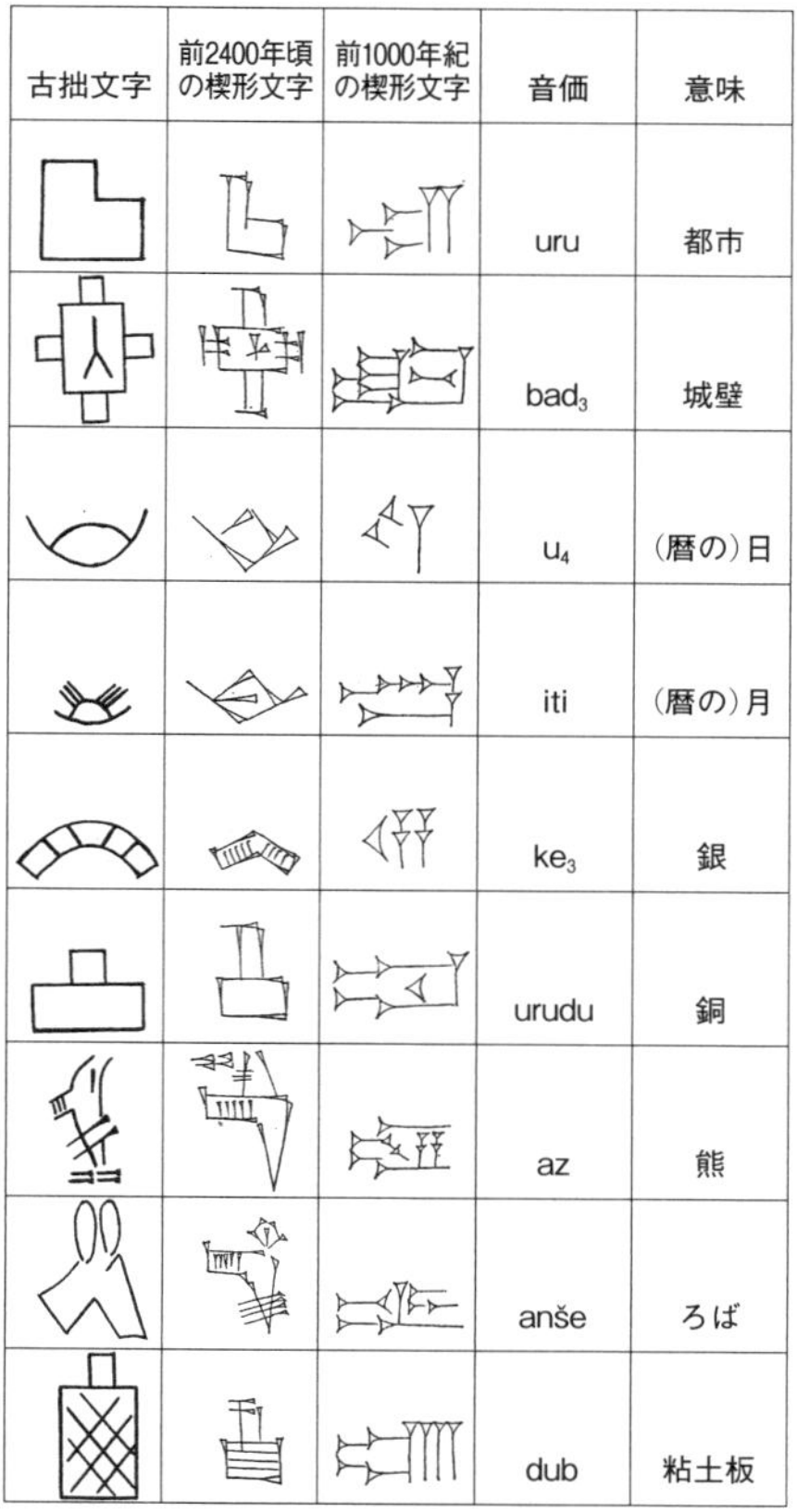

古拙文字	前2400年頃の楔形文字	前1000年紀の楔形文字	音価	意味
			uru	都市
			bad_3	城壁
			u_4	（暦の）日
			iti	（暦の）月
			ke_3	銀
			urudu	銅
			az	熊
			anše	ろば
			dub	粘土板

トークン、絵文字、楔形文字の表

聖刻文字よりも楔形文字

文明のはじまりとは文字による記録のはじまりであり、歴史時代のはじまりでもある。文字で書かれた記録があるからこそ、古代世界のことを知ることができるのである。

最古の文明社会をつくったシュメル人は、資源といえば泥しかないペルシア湾付近に暮らしていて、粘土を板あるいは円錐《えんすい》や円筒などの形にして、そこに葦ペンで楔形文字を書いた。文字という仕組みの発明は人類文明へのシュメル人の最大の功績である。この楔形文字はやがて古代オリエント世界各地で使われるようになる。

一方で、古代文字といえば、エジプトの聖刻文字（ヒエログリフ）もよく知られているが、古代オリエント世界の人々は聖刻文字よりも楔形文字を選んだのである。なぜだろうか。その理由もふくめて、本章では文字について語ろう。

一　トークンから絵文字そして楔形文字へ

トークンとブッラ

最古の文字はシュメルで誕生した。それも楔形文字ではなく、絵文字であって、誕生した場所はウルク市である。現在わかっている最古の文字は前三二〇〇年頃のウルク古拙文字（絵文字）だが、この文字に先行する段階がわかるようになった。

絵文字は複合トークンから発達したと、D・シュマント＝ベセラが大胆な推論を出した。トークン（あるいはクレイ・トークン）とは直径二センチメートル前後の幾何学形の小型粘土製品で、英語で「しるし」あるいは「代用貨幣」の意味がある。トークンとともに出土する一〇センチメートルぐらいの中空の土製球はラテン語で「球」を意味するブッラと呼ばれている。シュマント＝ベセラは次のように推論した。

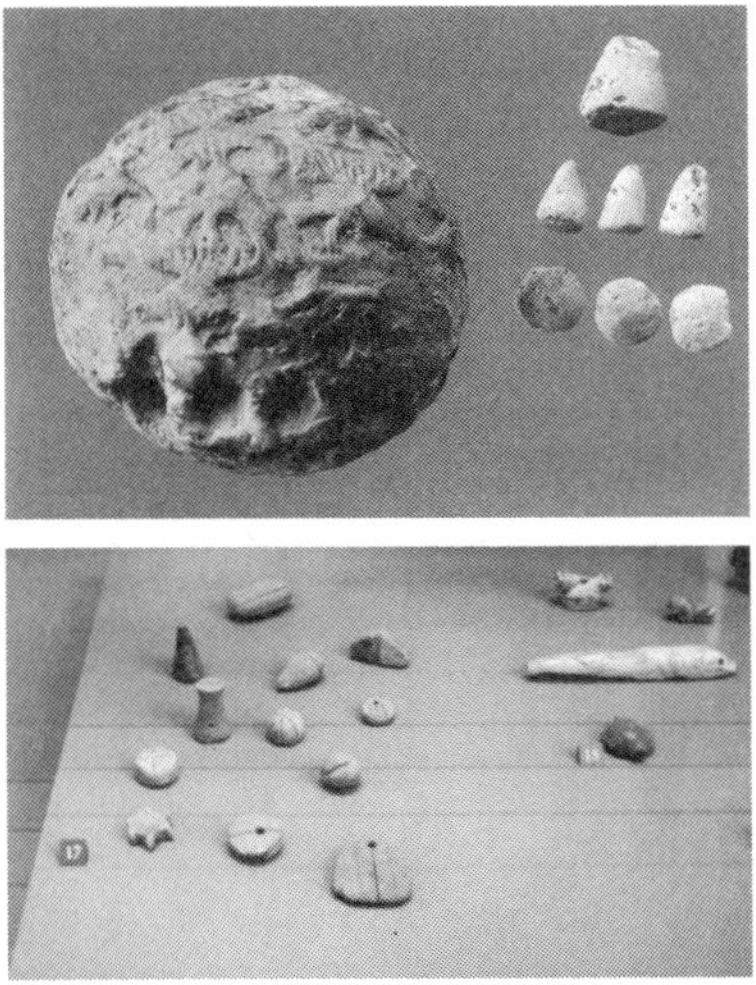

5―1　㊤ブッラと単純トークン。㊦複合トークン

前八〇〇〇年紀、新石器時代の開始にともない増大する穀物や家畜を管理する必要から、円錐、円盤、球、棒などの単純な幾何学形の「単純トークン」が使われた。それぞれのトークンが特定のものを表し、数量を記録した。やがて、ウルク文化期の都市化の過程で複雑多様な都市生産物を記録する必要から、犬の頭部、壺《つぼ》そしてパンのような具象的な形をふくむ、多様な形をした「複合トークン」が

発達し、これを粘土板に押しつけたのが文字の祖型であるという。

最初の段階はトークンをブッラのなかに入れ、外側にスタンプ印章を押印して、取引、契約の証拠とした。

第二段階ではブッラが増加した結果として、どのブッラがどの契約の証拠か容易に特定できなくなった。そこで、インデックスがわりに、ブッラのなかに入れるトークンをブッラの外側に押すようになった。これはスタンプ印章の習慣から考えついたのであろう。

最後の段階にはトークンを押してできる痕跡《こんせき》と同じ形を尖筆《せんぴつ》で描いたが、後代の楔形文字とはちがって曲線が目立つ「絵文字」であった。

このようなシュマント＝ベセラの推論には、いくつかの不備が指摘されてはいるものの、彼女の説を全面的に覆すほどの反論は出されていない。

また、楔形文字、絵文字に先行する文字体系としてトークンを位置づける考え方が、ほかの地域にも影響し、たとえば漢字の原型である甲骨文字以前を模索するようなこころみもなされている。

ウルク市で生まれた絵文字

絵文字（古拙文字）はウルク市で短期間に考案されたようだ。

ウルクはシュメルの中心都市であって、トークンの八割は同市のエアンナ聖域地区から出土している。しかし、発見された複合トークンの数だけでは文字体系とはなりえない。ウルク古拙文書には約一〇〇〇の文字が使用されていて、文字の発明はウルク人の知恵の結晶であろう。

文字だけでなく、都市文明が開花したウルク文化期後期からジェムデト・ナスル期にかけて、巨大な建造物が築かれ、新しい芸術様式が誕生した。ウル、ウルク、ウンマ、エリドゥ、ニップル、ラガシュなどの都市が成立し、これらの都市の中心部には神殿があって、交易によって経済力が発展したことで、ときを追うごとに壮大、華麗になっていった。

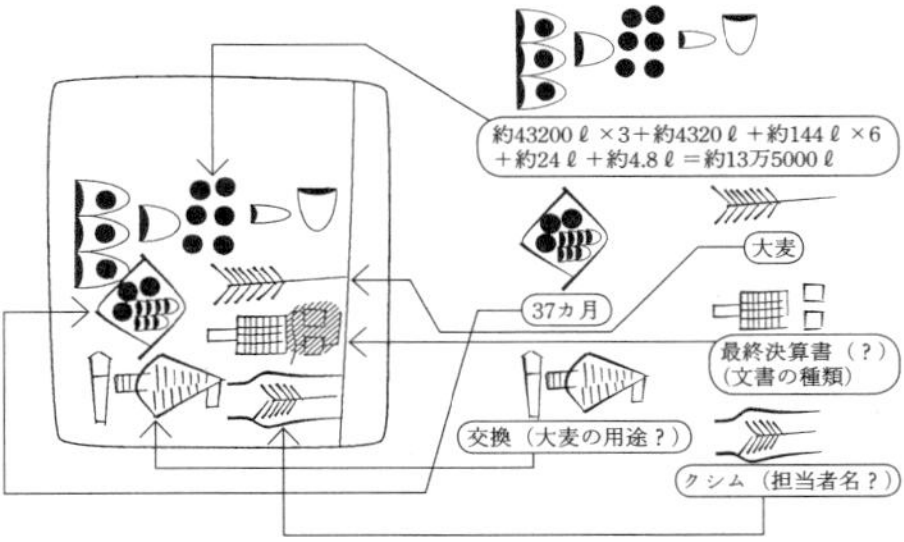

5—2　ウルク古拙文書　大量の大麦の37カ月にわたる決算書か。後代の粘土板にあわせて、90度横にしてある

一九二八—三三年にドイツ調査隊がエアンナ聖域地区を発掘し、前三二〇〇年頃のウルク第四層および前三一〇〇—前二九〇〇年頃の第三層から約八〇〇〇枚の粘土板文書を発見した。これが世界最古の文書であって、第四層よりも古いものはない。ウルクからはその後も古拙文書が出土し、断片を入れて三〇〇〇枚を超えている。絵文字の数は約一〇〇〇で、そのなかから楔形文字の原形になった文字は約二〇〇であった。表音文字への工夫はまだ見られず、表語文字である。文書の内容は大部分が家畜、穀類、土地などについての会計簿である。意味がわかっても音価がわからない文字があって、ウルク古拙文書は完全に解読されてはいない。

絵文字から楔形文字へ

前三二〇〇年頃に生まれた最古の絵文字は、ウルク古拙文字あるいはシュメル文字と呼ばれている。ウルク市で発明された文字が整備され、完全な文字体系に整えられるのは前二五〇〇年頃である。ウルク古拙文字は表語文字であったが、この頃になると表音文字が登場する。文字の数も約六〇〇に整理され、シュメル語が完全に表記されるようになった。

また、同じ頃には一本でさまざまな形をつくり出せる葦のペンが工夫されたことから、起筆が三角形の楔形になる文字が書かれるようになり、こうして楔形文字への転換が完成する。

シュメル語を表記するために発明された楔形文字は我が国の「万葉仮名」のように文章のなかで楔形文字を表語文字あるいは表音文字と使い分ける。シュメル語を表すための文字数は約六〇〇であって、小学校から多数の漢字の読み書きを覚えさせられる日本人にとっては楔形文字を覚えることは、いうまでもなく努力は必要だが、まったく不可能な難事業ではないだろう。

「東京オリンピック」の賜、絵文字（ピクトグラム）

今日、世界で使用されている文字の多くは簡便な表音文字、そのなかでも多くは三〇以下の文字数で足りる単音文字（アルファベット）である。表音文字に比較して漢字に代表される表語文字は数も多く、難解な文字との印象を持たれているが、視覚を重視するメディアが発達した二〇世紀には見直され、二一世紀になっても表語文字は使われつづけている。新種の表語文字は絵文字である。

「第一次世界大戦」（一九一四―一八年）後に展示案内のためにオーストリアで考案された絵文字（ピクトグラム）が最初で、一九六四年（昭和三十九年）の「東京オリンピック」開催時に本格的に導入され、普及、発達した。漢字文化圏初のオリンピック開催で、しかも外国語が苦手という国民性もあって、九三カ国からの参加者に絵文字での共通表示をと、競技のシンボルや施設のシンボルがつくられた。その一つが今でも使われつづけている「非常口」に掲示されている人間が逃げる姿の絵で、「非常口」の漢字が読めなくてもさしつかえなく、そこが緊急時に避難する場所とわかればよいのである。「非常口」にあたる世界中の言語を表記することは不可能で、情報・意志の伝達では必ずしも音をともなう必要はない。正確な音よりも、意味が重要なのである。

5―3　さまざまなピクトグラム

「東京オリンピック」の賜《たまもの》ともいえる絵文字

は、形はそのままではないにしても使われつづけて、障害者用の施設に掲示される「車椅子」や「禁煙」など、一つの絵文字で多数の言語に対応できることから絵文字は日常生活に欠かせなくなっている。駅や空港など、外国人も利用する公共施設には絵文字があふれかえっている。こうした有用さを世界も認め、国際標準化機構（ISO）も絵文字を制定している。シュメル人が考案した絵文字は国際化時代にその価値が再確認されたのである。

5―4　レウム　ローマでも蠟引きの板を使っている（図8―5、8―6参照）。メトロポリタン美術館蔵

安価な文房具

文字が使われていれば、どのくらいの数の人々が読み書きができたのだろうかとの、識字率への疑問が生まれるだろう。だが、この疑問を解く答えは簡単には出ない。前近代社会で識字率が低かった理由はいくつもあげられるだろうが、その一つに書写材料や筆記具などの文房具が高価だったことがあげられている。

古代オリエント世界各地で採用され、諸言語を表記することになった楔形文字だが、その背景には書写材料と筆記具が安価なことがあげられる。

書写材料は、現代ではなんといっても紙であるが、古代オリエント世界に紙はなかった。そ

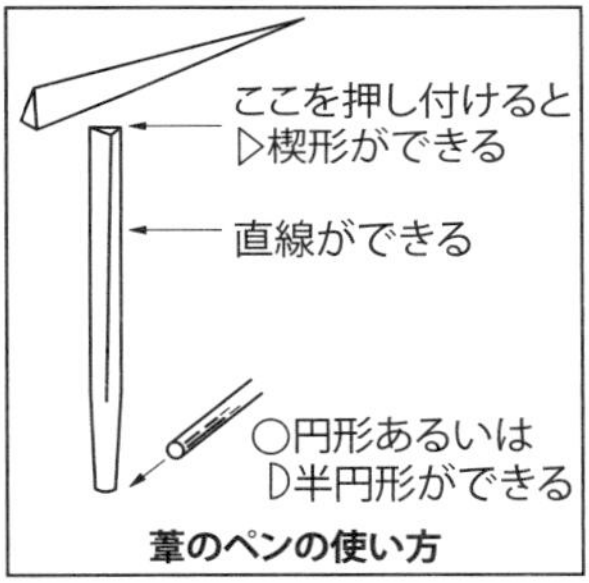

5—5　㊧㊤エジプトの書記　複数の筆とパレットを駆使する書記。パレットには顔料の塊を置く丸いくぼみがある。カニネスウトのマスタバ壁画、ギザ。㊧㊦パピルスに書かれた聖刻文字　パピルスに絵とともに、黒色、赤色の顔料で文字が書かれている。『アニの死者の書』（部分）。テーベ、第19王朝、高さ42cm、大英博物館蔵。㊨葦のペンの使い方

のかわり、粘土ならばどこにでもある。粘土板はどこにでもある粘土が材料であって、西アジアから地中海世界まで広範囲に使用された。粘土板はパピルス、羊皮紙そして紙などにくらべれば、安い書写材料であったことはまちがいない。

楔形文字は粘土板のほかに、石や青銅などにも刻まれた。また、木や象牙の板に蠟《ろう》を塗った書板レウムも使われていた。こうした蠟引きの書板（一三八頁図参照）はローマでも使われている。

書写材料が安価だったことに加え、筆記具も安価だったし、さらに墨（インク）は不要だった。エジプトで使われていた書写材料のパピルスに聖刻文字を書く際には墨が必要だが、粘土板には墨は不要であって、一本の葦ペンを巧みに使って楔形文字を書いた。シュメル人は小屋を建てる材料にもなる太い葦を削ってペンをつくった。しかも、その一本のペンは天地が別々の形に削ってあって、楔形と円を粘土板につくることができ、側面で線を引くこともできる。また、ペンで書くのではなく、ペンの端を粘土板に押しあてると、数字の一あるいは六〇を表す半円や一〇を表す円も作れる。じつによく工夫されている。ただし、難点もあって、それは曲線をつくりにくいことである。だから、楔形文字には曲線がない。

シュメル語からほかの言語へ

異説もあるが、楔形文字はシュメル語を書くための表語文字であった。やがて表音文字としても使われ、他民族に借用されて複数の言語を表す文字として長い寿命を保つことになる。

アッカド語、ウガリト語、ウラルトゥ語、エブラ語、エラム語、古代ペルシア語、ヒッタイト語、フリ語に楔形文字が採用され、古代オリエント世界で広く使われた。なかでも、アッカド語は国際交流がさかんであった「アマルナ時代」には、オリエント世界の共通語（リンガ・フランカ）として使われ、またウガリト語にいたっては楔形文字を単音文字（アルファベット）として使い、三〇字の簡略化された楔形文字になっていた。

新アッシリア帝国で、アラム語とアラム文字が従来のアッカド語とともに公用語となり、やがてアッカド語に取って代わる。アラム語は皮革あるいはパピルスに書かれたので、アラム語を書く書記は「皮に書く書記」と呼ばれた。

アッカド語、アラム語ともにセム語であったが、音節文字を使う複雑なアッカド語楔形文字

5—6　楔形文字でウガリト語が記された粘土板

5—7　新アッシリア帝国時代のアッカド語の書記とアラム語の書記　前に立つ書記は粘土板にアッカド語で、後に立つひげのない書記は羊皮紙あるいはパピルス紙にアラム語で記している。バルシップ出土壁画、前8世紀

よりも、二二字の単音文字で表記されるアラム語の方が便利であった。それでもアッカド語は忘れられずにいたようで、紀元後一世紀にアッカド語で書かれた楔形文字の粘土板も発見されている。

ちなみに、現在世界で使われている代表的な単音文字がラテン文字（ローマ字）で、ギリシア文字がもとになる。さらに、遡ればフェニキア文字で、この文字の起源はエジプトの聖刻文字になる。このことは、今からおよそ二〇〇〇年前のローマではすでに知られていたようで、タキトゥスは、文字の発明者はフェニキア人ではなく、エジプト人だと、正確に記している。

文字を借用する

最古のセム語の一つともいわれるアッカド語は、シュメル語と文法構造の異なる言語である。アッカド人がシュメル語を表記するための楔形文字を借用し、アッカド語を表記できるように仕立て上げた過程にはかなりの苦労があり、工夫があったはずである。日本人は漢字を崩して平仮名、漢字の一部を取って片仮名と、仮名文字を工夫したが、アッカド人はこうした工夫はせずに楔形文字をそのまま音節文字として使用していた。中国語を表記するために発明された漢字を、日本語を表記するために日本人が借用したのと同様である。

従来は『古事記』（七一二年）、『日本書紀』および『万葉集』（七—八世紀）をもとに日本語の成立は研究され、当初漢文を習得した一部の高級官吏が日本語を漢文の文書にし、普及するにつれ、文章が崩れていったと推測されていた。ところが、近年木簡《もっかん》の研究が進展したことで、日本語の表記は崩れた漢文の形ではじまり、後に書記法が整備されたと考えられるようになった。背景としては、六世紀中頃の朝廷で大量に行政文書を記す必要があったことによるという。

こうした、漢字を日本語に咀嚼《そしゃく》していく過程の研究は、シュメル語がアッカド語に、あるいはアッカド語がほかの言語に受容されていく過程などを研究する際に援用できることにもなる。

二　会計簿と手紙

行政経済文書

西アジアの古代遺跡からは膨大な数の粘土板が出土していて、その多くは行政経済文書である。行政経済文書は小さいものは一センチメートル四方、大きいものでは四〇センチメートル四方もあるずっしり重い粘土板文書もある。そのほとんどは自然乾燥の粘土板であるが、偶然火災にあって焼き固められたものも出土している。その内容は簡単な札（ラベル）やメモ、決算書、受取文書、支出文書などじつに多種多様である。

粘土板に書く際には、升目を書き、その升内に書く。表面が書き終わると、裏面に書くことになるが、このときには粘土板をひっくり返す。

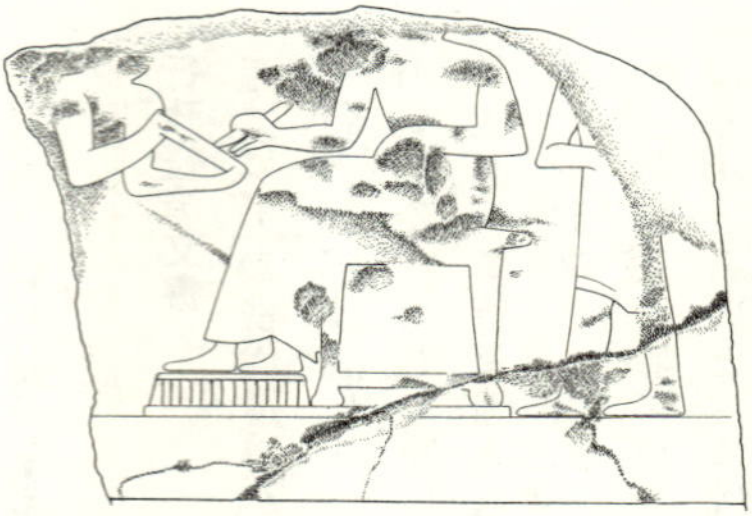

5—8　重い粘土板に書く書記　大英博物館には１枚が6.8kgもの重い粘土板があり、こうした重い粘土板に記す際には、粘土板を支える補助役が必要だった。前2100年頃の碑

行政経済文書のなかでも、会計簿は人、家畜、物などの種類や数量を簡潔に記録していて、計算まちがいや誤記は少ない。各々の記録の用途は最初と最後に書かれることが常なので、粘土板のこの部分が欠けていると内容の判明に手間がかかることになる。

手紙の書式

行政経済文書とともに、西アジア各地の遺跡から出土するのが、手紙である。

手紙冒頭の書式はほぼ定まっているが、これはシュメル人が考案し、その後使われつづけた。冒頭、「Aにいえ。Bが（次のようなことを）語る」のように書かれた。Aが受取人、Bが差出人になる。BからAへは使者が赴いて手紙を届け、同時に使者はAに手紙の内容を口頭で伝えた。当時の識字率は高いとはいえず、必ずしも受取人が手紙を読めるとは限らないからである。こうした当時の風習が手紙冒頭の書式に反映されているのである。

遠く離れたところにいる人に意志を伝えるための有効な手段が、粘土板に書かれた手紙であった。例をあげると、エブラ市からは外交の常套《じょうとう》手段「遠交近攻」を物語る手紙、カネシュ市からはアッシリア商人たちのおもにビジネス・レター、マリ市からはアッシリア王とマリに送り込まれた息子との間で交わされた手紙、そしてエジプトのアケト・アテン（現代名テル・エル・アマルナ）からは約三八〇通もの外交書簡が出土していて、いずれも重要な一等史料である。

なお、手紙を発送する際には粘土板を焼いて固めたが、前一二〇〇年頃の「海の民」の来襲で滅亡直前のウガリト市で、まさに焼かれようとしていた六五枚の粘土板が大宮殿中庭の窯から発見されている。

手本にされた手紙

王と臣下との間で手紙のやり取りがあった。王からは命令であり、臣下からは報告や嘆願などである。

シュメル人が主役として活躍していた時代、つまり前三〇〇〇年紀のこうした手紙の実物は残っていないが、古バビロニア時代に写本がつくられ、学校で教材として利用されていた。書記ともなれば、王の手紙を代筆するようなこともある。過去の手紙は貴重な手本であったことは我が国も同じで、「往来物」といわれる手紙が寺子屋の教材に使われていた。

ウル第三王朝のシュルギ王やその家臣の手紙も学校で手本とされていた。アモリ人の侵攻を阻止するための城壁（長城）補強工事に労働者を送るように、プズル・シュルギ将軍がシュルギ王にあてた手紙がある。手紙冒頭は「我が王に申しあげよ。イギ・フルサグ城壁の将軍、あなたの下僕プズル・シュルギはかくのごとく申しあげます」と定型の書式で書きはじめていて、次のようなことが書かれている。

敵は戦闘のための戦力を準備しましたが、私の戦力は（敵を撃退するために）充分ではありません。私は城壁を強化できませんし、見張りを上にあげることができません。［……］敵は戦闘のための軍勢を整え、敵の軍勢は山に駐屯しています。我が王が同意してくださるならば、私に大急ぎで籠を運ぶ七二〇〇人の労働者を送ってください。

この手紙へのシュルギ王の返書（写本）も現存している。

シュルギ王は文字の読み書きができた数少ないメソポタミアの王の一人で、家臣たちが「城壁の築造」「杉の樹脂の購入」「灌漑作業」などのさまざまなことをシュルギ王に手紙で報告や嘆願をしていて、王がこれもまた手紙で果断に処理を命令している。こうした手紙のやり取りからもシュルギ王が四八年もの長きにわたって君臨できた名君とわかるのである。

後代の学校で、こうした手紙を写した生徒たちは、手紙の書き方を知るとともに、歴史の勉強もでき、さらに自分が役人として働く際の術《すべ》をも学ぶことになる。

なお、女性の手紙については、第八章で紹介する。

「粘土板の家」

名君シュルギ王は子供の頃に学校へ通い、成績が優秀であったと自慢している。学校はシュメル語では、エドゥブバ「粘土板の家」と呼ばれ、書記（役人）養成を目的としていた。官僚制の整ったメソポタミアやエジプトのような社会では、役人なしに社会は機能しなかった。役人ともなれば文字の読み書きが必須《ひっす》条件になる。子供に文字の読み書きを教えることは、自身が読み書きのできる父親であれば、ある程度まではできるが、それよりも子供を集めて、教えることの上手な大人が教えた方が合理的であると考えたようだ。つまり、学校の誕生である。

今から五五〇〇年ほど前にはじまるウルク文化期に、すでに学校はあったと推測されているが、詳細はわからない。前二六〇〇年頃ともいわれる教科書がシュルッパク市から出土している。シュルッパク出土の文書については前二五〇〇年よりも後代との説が出されていて、時代の問題はあるものの、学校はあったということである。だが、実際に発掘されたのは古バビロニア時代に属す学校の跡で、ウル、ニップル、マリなど各市で発見され、教材として使われた文学文書などが出土している。一九八〇年代になって、イラク隊がディヤラ河流域のメ・トゥラン市（現代名テル・ハダド）で、前一七六〇年頃よりも遅くない時期、ちょうどハンムラビ王治世にあたる頃の、ニップル市の学校の二倍ぐらいの大きさの校舎を発掘した。この発掘によって、バビロニアの中心部だけでなく、周辺部にも学校があったことが確認された。

第二章でも少し紹介したように、生徒たちはゆとり教育ではなく、詰め込み教育を小さな子供の頃から長期間にわたって受けた。もちろん義務教育ではなく、学校へ通えるのはごく少数の裕福な家庭の男子であって、授業料は衣類など、ある種の贈物であったようだ。厳しい勉学を無事修了すれば、書記つまり役人になれた。このことは社会の出世コースに乗ることを意味していた。

三　アッシュル・バニパル王の図書館

図書館

楔形文字文化圏に属した西アジアの都市遺跡からは、ほぼ例外なく書庫や図書館が発見されている。重要な行政経済文書、裁判記録、契約文書などが書庫のような一定の場所に集められ、また図書館には宗教文書をふくむ広い意味の文学作品が収集され、書写され、そして保管されていた。

ニップル市やウル市などのシュメル諸都市、バビロニアやアッシリアなどの諸都市遺跡から発見された文書庫は数にして四〇〇を下らないという。その半数以上が神殿、王宮、あるいはそれらの付属学校などの公的な施設で、図書館と呼べる書庫も八〇を超えるという。また、個人として文書庫を持つ神官や商人の家系も少なくなかった。

エブラ市では、粘土板文書を木製の三段の棚に置いていたことがわかった。図書館に木製の棚をつくる余裕がないときには、粘土板は壺か籠に入れて保管された。そしてそれらには粘土板の内容を記した粘土製の札（ラベル）がひもで結ばれていた。

ニップル市などからは「書名目録」が出土しているが、内容別、著者別の目録にしたがって配架していた例も知られている。

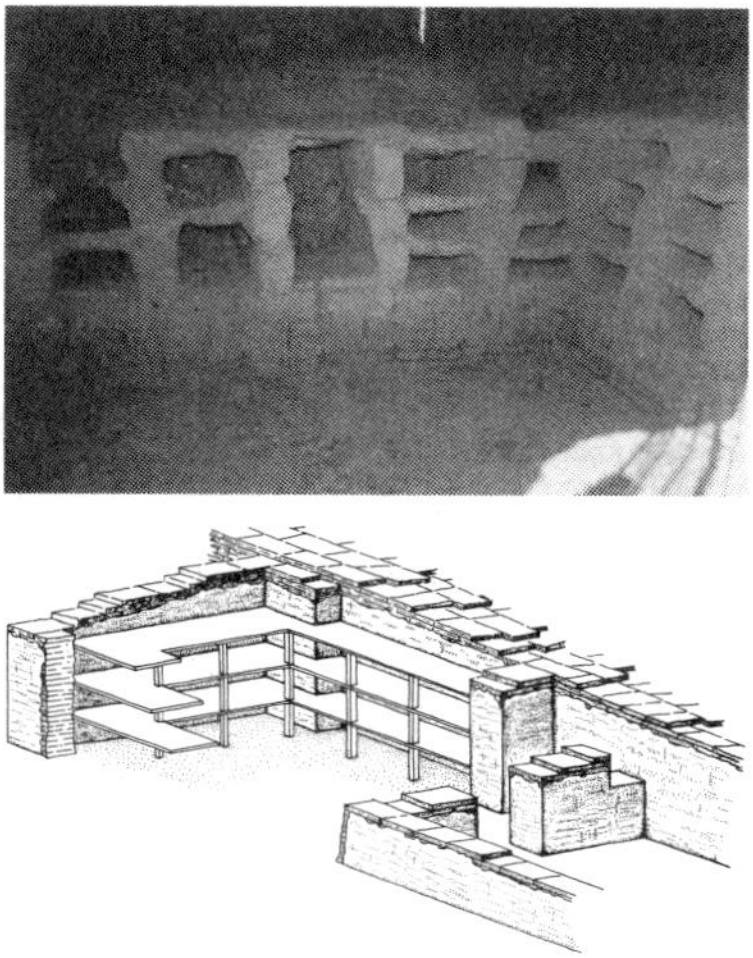

5—9　㊤図書館の書架　シッパル、前2000年紀。㊦図書館の書架復元図　木製の３段の棚があった。エブラ、前2400～前2250年頃

粘土板を送れ

新アッシリア帝国のアッシュル・バニパル王の「図書館」といわれる王宮の王座裏側の通路には、膨大な数の粘土板文書がずらっと並べられていた。最大規模の蔵書数を誇り、『ギルガメシュ叙事詩』『エヌマ・エリシュ』などの文学作品、諸王の年代記、天文書、医学書、法学書、シュメル語をアッカド語に訳した語彙《ごい》

5―10　アッシュル・バニパル王
文字の読み書きができたことが自慢で、帯には２本の葦ペンを携えている。アッシュル・バニパル王の北宮殿壁画、ニネヴェ

集など多岐にわたった。このほかにも、ニネヴェ市には図書館と呼びうる遺構が複数見つかっている。

古代メソポタミアの帝王で、文字の読み書きができた王は少なく、シュルギ王とともにアッシュル・バニパル王はその数少ない一人であった。王がバビロン市付近のボルシッパ市（現代名ビルス・ニムルド）にいる臣下シャドゥヌにあてた手紙の一節を次に紹介しよう。

シャドゥヌへの王の命令。（略）

私の粘土板を見たらすぐに、［三人の名］とボルシッパ市で汝が知っている書記術の熟練者たちに呼びかけ、彼らの家にあるすべての粘土板文書と（ことに）エジダ神殿に保管されているすべて（の粘土板文書）を集めよ。

王のための魔《ま》除《よ》け（が書かれた）粘土板文書、ニサンヌ月の日々の河での（お祓《はら》いの儀式）について、タシュリートゥ月の河での（お祓いの儀式）のための魔除けについて。（略）『エア神とマルドゥク神が充分に知恵を与えられますように』呪文集、すべての戦闘に関する叢書《そうしょ》（略）あるだけ多くの王宮のために望ましい粘土板、汝が知っているアッシリアにはない珍しい粘土板、これらのものを探し出して、私に送れ。（略）

王は粘土板文書を送れと命令している。アッシリア王のなかには先進バビロニア文化に屈折した想《おも》いを抱き、バビロン市破壊に走る王もいたが、アッシュル・バニパル王はバビロニアの粘土板に書かれていた叡智がほしかったようだ。ボルシッパ市のエジダ神殿にはバビロニアの最高神マルドゥク神の子で、知恵や書記術を司《つかさど》るナブ神が祀られていた。知恵を司る神の神殿であるからには、貴重な粘土板文書があることを王は見越していて、王は首都ニネヴェ市の図書館に粘土板文書を収めたかったのである。

ところで、アッシュル・バニパル王よりも約二三〇〇年も後の東アジアに、似たようなことをした帝王がいた。清朝最盛期の乾隆帝《けんりゅうてい》（在位一七三五―九五年）である。清はトゥングース系女真《じょしん》が建てた王朝で、漢民族に対する思想弾圧がなかったわけではないが、漢民族の文化を尊重し、乾隆帝の勅命で天下の書籍すべてを集めた大叢書が『四庫全書《しこぜんしょ》』である。四〇〇〇人が一〇年かけて書き写し、一七八二年に三万六〇〇〇冊の写本が完成している。

書物を重要視した人物が、絶対的な権力を持つ帝王であったことで、事業がなしとげられ、後代の人間に文化遺産を残してくれた、幸いな例になる。

奥付は情報源

粘土板には奥付（コロフォン）がつけられていて、筆写した者の名、原本についてのデータ、ほかの粘土板との関係などが記録されている。次に例をあげてみよう。

私はナブ神の知恵を粘土板に書いた。［……］私はそれらを照合し、校合《きょうごう》した。私はそれらを我が主人ナブ神の神殿の図書館に将来のために置いた。［……］ニネヴェで、私の生命のために、我が魂の守護のために、私はおそらく病気をしないであろう、そして我が王位の基礎を確固たるものとするためにである。（略）

この奥付の「私」とはアッシュル・バニパル王であり、この図書館は、ナブ神のためにニネヴェ市に建立されたエジダ神殿の一部であった。

バビロニア南部の伝統のある都市には古い粘土板が残っていて、書記たちがそれを保管していた。アッシュル・バニパル王のように、アッシリアの王たちはこうした粘土板文書を探させた。見つかったらアッシリアに持ち帰り、それを書き写して返すように命令した手紙が残されている。

『ギルガメシュ叙事詩』は、一二枚の粘土板に清書されていた。つまり、集められただけでなく、編纂し直されている。さまざまな種類の粘土板を集めて、「標準版」をつくるような工夫があったからこそ、楔形文字で粘土板に書かれた物語がアッシュル・バニパル王の時代から二六〇〇年以上も後代の人間にも読めるのである。

護符としての粘土板文書

前で紹介したアッシュル・バニパル王の手紙からもわかるように、王が特にほしかった文書は兵法書であり、呪術書であった。つまり、王は文字の読み書きができたから、自分の知性の発露として文書を集めさせたかというと、単にそれだけではないようで、次のような説がある。

5―11　『ギルガメシュ叙事詩』第11書板　ニネヴェ出土、高さ14.6cm、大英博物館蔵

シュメル人は文字を実用的なものと考えていたが、時代が下るにつれ、文字が神聖化されていった。前二〇〇〇年紀後半以降のメソポタミアでは、「文字には過去の叡智が宿っている」というような神秘的な考え方が生まれていたようである。だからこそ、武力で切り取った帝国を守るためにも、王たちはいわば護符のような役割を期待して、粘土板文書を集めることに執着したのだろうというのである。

こうした考え方を扱ったのが、中島敦《なかじまあつし》（一九〇九—四二年）著『文字禍』である。アッシュル・バニパル王治世の老博士ナブ・アヘ・エリバを主人公にして、文字の霊や文字を通しての観念の世界を扱った傑作である。この作品を執筆するにあたって、中島はアッシリア学者A・T・E・オルムステッド著『アッシリアの歴史』（一九二三年）を参考にしていた。

さて、護符のご利益は長くはつづかなかったようで、アッシュル・バニパル王が死ぬと帝国は急激に衰退し、前六一二年にはニネヴェは新バビロニアとメディアの連合軍によって陥落してしまう。王家の残党も前六〇九年には滅び、さしもの大帝国アッシリアはここに滅亡した。

武力で切り取った帝国は潰《つい》え去ったが、それから約二五〇〇年後に大量の粘土板文書が出土した。アッシュル・バニパル王が権力にものをいわせて集めた文書である。

パピルス、羊皮紙、紙そして木簡、竹簡《ちっかん》などは戦争となれば火災がつきもので、燃えてしまう。パソコン内のデータなども火事にあえば、残らないであろう。だが、保存性に優れた粘土板は残るのである。だからこそ、西アジアで遺跡が見つかれば、粘土板文書が出土し、欧米の博物館を中心に四〇万枚あるいは五〇万枚ともいわれる膨大な枚数が保管されているのだが、そのほとんどがいまだに解読されていないのが実状である。

また、いまだに西アジアの土の下には、膨大な数の粘土板文書が眠っている。混乱がつづく西アジアでは発掘もままならず、先人の残した貴重な記録をいつになったら不肖の子孫たちは完全に読み終わるのであろうか。読み終わらないことには、一等史料からの古代オリエント史の完全な復元はできず、常に「現時点では」とことわりつづけざるをえないのである。

第六章
法の誕生――男と女のもめごとを裁くには

ウルナンム王

メソポタミアの王で、ぜひ知ってほしい王がいる。写真の人物ウルナンム王で、この王こそがシュメル人の手になる統一国家をつくり、最古の「法典」をつくらせた人物なのだ。しかも、そこに書かれている条文は4100年以上後の21世紀の人間も納得するような進歩的な規定をふくんでいる。

上段左の王は王冠（羊毛製）をかぶった正装で、灌奠《かんてん》の儀式をおこなっている。下段の真ん中の人物が工事道具を肩にした王で、神のために働く姿が表現されている。

「ウルナンム王の碑」断片（部分）、ウル出土、前2100年頃、ペンシルヴェニア大学博物館蔵

普遍的なもめごと

最古の文明社会を作ったシュメル人は男女の機微に通じていた人たちで、面白い夫婦像をつくっている。仲良く寄り添い、信頼しあった夫婦像（図6―6）もあるものの、手をつなぎながらもそっぽを向いたおかしな夫婦の像（図6―1）がある。夫婦喧嘩《げんか》の後だろうか。

夫婦のみならず、男女のもめ事は永遠の普遍的な問題であって、こうしたもめごとは先史時代の村社会にもあったにちがいない。これが、文明社会シュメルともなると、もめごとはときには裁判沙汰になることもあった。こうしたもめごとに国家権力が介入し、条文化されているのである。

一　さまざまな「法典」

『ウルナンム「法典」』

現時点で最古の「法典」は『ウルナンム「法典」』であり、ついで『リピト・イシュタル「法典」』そして『ハンムラビ「法典」』にいたる、法の流れがあったことがわかっている。「法典」とかぎかっこ付きなのには理由がある。法典とは序文、本文および跋文《ばつぶん》で構成され、立法の意義も明記されている法集成であると定義すると、たとえば『ウルナンム「法典」』は同時代の裁判記録に『ウルナンム「法典」』への言及は見られず、現実に公布された実定法とは考えがたい要素もある。そこで、かぎかっこ付きで暫定的に「法典」と呼んでいるのである。以下で、さまざまな「法典」を紹介しよう。

まず、『ウルナンム「法典」』である。ニップル市、ウル市から断片が出土し、シュメル語で書かれた序文のほぼ全文と約三〇の条文が復元され、さらに研究が近年進展している。

ウルナンム王は「序文」に、すでに第一章で紹介したように社会的な弱者を庇護することを明文化し、ウル市の都市神ナンナ神および正義を司るウトゥ神の加護により、「私は国土に正義を確立した」と、高らかに宣言している。

6―1　そっぽを向いた夫婦
目には貝とラピスラズリが象嵌されていて、富裕な夫婦か。手はつないでいるものの、互いの視線を避けているようだ。ニップル出土

条文はまず「もし人が……ならば」と条件節があって、「……すべし」と帰結節がつづく。条件が異なれば、当然帰結も異なってくる形式で、こうした形式を決疑《けつぎ》法形式あるいは解疑《かいぎ》法形式という。後代の『ハンムラビ「法典」』などもこの形式で書かれている。

人（自由人）と奴隷に分けて、刑罰が明記されているが、それというのも、身分制社会であって、法の下に平等ではなかったためである。

『ウルナンム「法典」』の特徴となる条文については、本章第二節で紹介しよう。

『リピト・イシュタル「法典」』

『ウルナンム「法典」』を踏襲し、『ハンムラビ「法典」』に継承されているのが、『リピト・イシュタル「法典」』である。イシン第一王朝のリピト・イシュタル王（在位前一九三四―前一九二四年頃）治世に編纂された。シュメル語で書かれ、決疑法形式である。約四〇条の条文がわかっている。

『ハンムラビ「法典」』

『ハンムラビ「法典」』は、「最古の法典」の地位は『ウルナンム「法典」』に譲ったものの、その施行範囲の広さや、後代への影響の大きさなどから、古代法制史上で最も重要であることに変わりはない。

アモリ人が建てたバビロン第一王朝のハンムラビ王が制定し、法典碑（玄武岩、高さ約二メートル）は一九〇一―〇二年の発掘シーズンにフランス隊がエラムの古都スサ市で発見したので、パリへ運ばれ、ルーヴル美術館に展示されている。序文、跋文および条文二八二条がアッカド語で書かれている。

『エシュヌンナ「法典」』

『エシュヌンナ「法典」』は『ハンムラビ「法典」』とほぼ同時代に、エシュヌンナ市で制定され、アッカド語で書かれた。以前は『ビララマ「法典」』と呼ばれていたが、ビララマ王（前二〇世紀前半）の時代ではなく、ハンムラビ王とほぼ同時代になるダドゥシャ王（在位前一七九〇―前一七八〇年頃）治世、前一七八〇年頃に作成されたと、考えられるようになった。

これらの「法典」のほかに、「シュメル法」が書かれたいくつかの文書や『中期アッシリア法令集』なども出土しているし、アナトリアには『ヒッタイト「法典」』もあった。

6―2　『ハンムラビ「法典」』碑上部　正義を司るシャマシュ神の御前に立つハンムラビ王。スサ出土、前18世紀、玄武岩、高さ2.25m、ルーヴル美術館蔵

二　やられても、やりかえさない――傷害罪の罰則

『ウルナンム「法典」』

「人の身体を傷害した者は、十五年以下

の懲役又は五十万円以下の罰金に処する」

これは我が国の「刑法」第二〇四条の傷害罪である。ちょっとした言い争いから、喧嘩沙汰になり、人を傷つけてしまった。こうしたことは、人間社会であれば、いつ、どこにでもありうることである。

当然のことながら、公権力が加害者を処罰することになる。西アジア世界の法といえば、古代から現代まで「やられたら、やりかえせ」式の剣呑《けんのん》な「同害復讐《ふくしゅう》法」（レクス・タリオニス）と思われがちだが、これは誤解である。文明社会を営んでいたシュメル人の法律を見れば、決してそうではないことがわかる。

『ウルナンム「法典」』第一条では、殺人罪は死刑と明記されていて、この厳しさは古代社会であるからしかたないにしても、裁判ともなれば、裁判官の自由裁量の余地はあっただろう。

第一八―二二条は傷害罪に対する罰則で、以下のように書かれている。

第一八条
もし［人が……他の人の］足を［……で］切ったならば、銀一〇ギンを払うべし。

第一九条
もし人が他の人の……（意味不明）骨を棍棒《こんぼう》で砕いたならば、銀一マナを払うべし。

第二〇条

もし人が他の人の鼻を［……で］切ったならば、銀三分の二マナを払うべし。

第二一条

もし［人が……他の人の……を……で］切ったならば、銀［……ギン］を払うべし。

第二二条

もし［人が他の人の］歯を［……で］折ったならば、銀二ギンを払うべし。

（一ギン＝約八・三グラム、一マナ＝約五〇〇グラム）

ここでは傷害罪は賠償で償われるべき、つまり銀を量って支払うとの考え方が採用されていて、「同害復讐法」は採用されていない。

『ハンムラビ「法典」』

『ハンムラビ「法典」』では、傷害罪および傷害致死罪が第一九六―二〇八条で扱われ、「同害復讐法」が以下のように採用されている。

第一九六条

もし人が他の人の目を損なったなら、彼らは彼の目を損なうべし。

第一九七条

もし人が人の骨を折ったならば、彼らは彼の骨を折るべし。
第一九八条
もし彼（人）がムシュケーヌムの目を損なったか、ムシュケーヌムの骨を折ったならば、彼は銀一マナを払うべし。
第一九九条
もし彼（人）が人の奴隷の目を損なったか、人の奴隷の骨を折ったならば、彼は彼（奴隷）の価格の半額を払うべし。

人（自由人、アヴィールム）、ムシュケーヌム（半自由人）そして奴隷（アルドゥム）の三つの身分に応じて、量刑が異なっている。

「同害復讐法」は加害者、被害者ともに「人」の傷害事件で適用され、加害者よりも被害者の身分が下である場合は、賠償で決着させている。

また、実際の裁判の場では、裁判官の自由裁量の余地があり、必ずしも「やられたら、やりかえせ」式の処罰がおこなわれたとは限らない。

『旧約聖書』も、「目には目、歯には歯、（略）打ち傷には打ち傷をもって償わねばならない。人が自分の男奴隷あるいは女奴隷の目を打って、目がつぶれた場合、その目の償いとして、その者を自由にして去らせねばならない」（「出エジプト記」第二一章第二四―二六節）と、被害者が奴隷の場合には「同害復讐法」は適用されていない。

『エシュヌンナ「法典」』や『ヒッタイト「法典」』でも、傷害罪は報復ではなく、賠償で解決している。

ローマの『十二表法』

「ローマ法」は古代ローマ人の残した最高の文化遺産の一つである。そのなかでも、最古の成文法が前四五〇年頃に書かれた『十二表法』で、第八表二は次のような傷害罪についての条文である。

> もし他人の身体を傷つけ、この者と和解しなかった場合、同害報復である。
>
> （本村凌二訳『地中海世界とローマ帝国』）

ローマでは、被害者と加害者との話しあいが先行する。その結果、当事者間で賠償金の和解があれば、それでよしとする。公権力自らが処罰するのではなく、被害者側の判断に委《ゆだ》ねているのである。

この後、第八表の三では手や棍棒で自由人の骨を折ったならば、三〇〇アス（ローマの貨幣の単位）、奴隷ならば一五〇アスの賠償金を支払うように明記されている。

復讐か血の代償金か

「イスラム法」は神の命令であって、戒律を具体的な形にしたものである。二つに分けることができ、一つは神と人間との関係を定めていて、別の一つは人間と人間との関係を定めている。前者は儀礼的、宗教的規範、そして後者が法的な規範になる。

「やられたら、やりかえせ」として知られている規定を『コーラン』では正確には次のように記してある。

われらはあの中〔律法〕で、「命《いのち》には命、目には目を、鼻には鼻、耳には耳、歯には歯、受けた傷は同じ仕返しを」と規定しておいた。しかし、これをみずから棄権する者には、それは贖罪《しょくざい》となる。神が下したもうたものによって裁かない者どもこそ不義の徒である。

（藤本勝次他訳『コーラン』「食卓の章」四五節）

「やられたら、やりかえせ」の後があって、報復しないことが善行とされているのである。殺害された、あるいは傷つけられた被害者側は、加害者が故意の場合は同害復讐刑（キサース）か血の代償金（ディーヤ）かのいずれかを選択できたが、加害者が過失の場合は賠償になる。「イスラム法」もまたなにがなんでも「やられたら、やりかえせ」ではないのである。

仇討ち

ここまで見てきたように、「イスラム法」や『旧約聖書』にも見られる「同害復讐法」を遅れた「刑法」と一刀両断にすると、返す刀で切られるのは日本人の心情になる。

野暮《やぼ》なことをいうようだが、一八七三年（明治六年）に「仇討《あだう》ち禁止令」が出される以前は、仇討ちは美風として称賛されていた。仇討ちは公権力に頼らずに自力で復讐する行為で、まさしく「同害復讐」そのものなのである。なかでも、一七〇二年（元禄《げんろく》十五年）一二月一四日、赤穂《あこう》藩浪士四七人による集団的仇討ちは義挙といわれ、二一世紀になっても四十七士の墓には線香の煙が絶えることなく、彼らを讃える『仮名手本忠臣蔵』は歌舞伎の人気演目としていまだに上演されつづけている。

さらに、先進国では日本とアメリカの一部の州を除いて廃止されている「死刑制度」もまた、死には死をもってあがなうとする「同害復讐」の考え方とも解釈されているのである。

6—3　葛飾北斎作『仮名手本忠臣蔵』十一段目討入りの場面

三　河の神の裁き――神明裁判

6―4　「法」の金文

「灋」の意味

原初における法は、犯罪のもたらした穢れを祓い、「聖なるもの」と社会秩序の恢復《かいふく》をめざすもので、このことを示唆するのが、漢字「法」の旧字で、神判（神明裁判）による穢れの除去を意味していたとも、解釈できるという。「法」は旧字では「灋《ほう》」というむずかしい漢字である。水、去、廌《たい》を組み合わせた会意文字になる。廌とは、羊に似た一角獣で、古代の神判で使われた神獣である。廌は神秘的な能力を持ち、裁判で偽証する人間を角で突く。廌の行動が判決で、廌に突かれて敗訴した人間は河に流されることになる。

こうしたことを、現代人ならば「そんなバカな」「不合理ではないか」というだろうが、古代人はそこに神慮を見たのである。シュメル人もまたむずかしい事件を河の神の裁きに委ねた。詳細はすぐ後で話すが、被疑者が河に飛び込まされることもあった。神判が『ウルナンム「法典」』第一三条、第一四条、『ハンムラビ「法典」』第二条、第一三二条などに見られる。

妻の不貞が第三者によって訴えられたならば

シュメルに「私の夫は私のために（穀物を）積み上げてくれる。私の子は私のために（生活用品を）くれる。私の愛人には魚の骨を取らせよう」というおもしろい言い回しがあり、そのモデルになるような、亭主と倅《せがれ》が稼いでくれているうえに、間夫《まぶ》（愛人）までいるたくましい熟年女房がいたようだ。現代日本では焼き肉を一緒に食べる男女は深い仲ともいわれているが、シュメル人は魚好きで、深い仲の二人が魚を食べれば、間夫がやさしく魚の骨を取ってくれるらしい。いつの時代でも左図のようなこの世の楽しみを肯定し、人生を謳歌している女性もいるが、一方で不貞が裁判沙汰にされてしまうような女性もいたのである。結婚したら、仲睦まじく、共白髪まで添い遂げるのが理想だろうが、そうもいかないことがあるのが人生である。夫の貞操義務は一般的にどこでも問題にされない。我が国では「飲む、打つ、買う」（最後の一つはさすがに否定されるが）といわれるような男性の欲望は肯定されても、女性は慎むことが美徳とされ、もっぱら妻に貞操義務が求められ、妻の不貞が断罪される。そのはじまりはシュメル社会にあった。

『ウルナンム「法典」』第一四条は次のような条文である。

6―5　この世の楽しみ　情交中に女性はストローを使ってビールを飲んでいる。古バビロニア時代の素焼き粘土板

もし人が姦通《かんつう》した若い男の妻を姦通のゆえに訴え、「河の神判」が彼女の無罪を証明したならば、彼女を告発した人は銀二〇ギンを払うべし。

妻の不貞を夫ではなく、第三者が訴えたということである。裁きを河の神に委ねることになるが、具体的には妻は河に飛び込まされた。不貞行為をはたらいていなくても、泳ぎができなければ溺《おぼ》れて死ぬことになり、有罪である。逆に、不貞行為をはたらいたとしても、泳ぎができれば無罪であって、告発者から賠償金を得ることができる。たぶんこのように考えるのは現代人であって、古代に生きたシュメル人はちがっていた。シュメル人にとって河は神であって、

6―6 ㊤見つめあう夫婦 仲睦まじい夫婦のようで、腕をからませ、見つめあっている。ギルス地区出土、前22～前21世紀頃、テラコッタ、高さ11cm、ルーヴル美術館蔵。㊦妻をやさしく抱く夫 夫が妻を包み込むように抱いている。二人の頭部がないのが残念。マリ市出土、前3000年紀前半、石膏、高さ12.6cm、アレッポ博物館蔵

神慮があらわれると考えたのである。

不貞をはたらいた妻と間男は

『ウルナンム「法典」』第七条には「もし若い男の妻が彼女の意思で（他の）人にしたがい、彼女が彼との性的関係を結んだならば、その女を殺し、その（相手の）男は放免されるべし」と、妻の不貞が明白な場合は、妻は死罪であると書かれている。一方間男《まおとこ》（愛人）がまったくおとがめなしとは、理不尽と思うが、シュメル人はこれでよしと考えていたようだ。

我が国にかつてあった「姦通罪」（「刑法」第一八三条）では、夫の告訴により、その妻と間男が処罰されるが、夫が不倫をした際には相手が人妻でもない限り処罰されなかった。姦通は配偶者に対する契約違反であっても、道徳上問題にされるべきことで、国家権力が「姦通罪」で処罰するのは行き過ぎた介入であろう。

戦後、『日本国憲法』で「法の下の平等」（第一四条）つまり男女同権、「家族生活における個人の尊厳と両性の平等」（第二四条）つまり夫婦平等が明記され、国会での激しい議論の結果、両方とも不処罰となり、一九四七年（昭和二十二年）に「姦通罪」は削除されたのである。

「男女間のもめごと」に精通している『ハンムラビ「法典」』

『ウルナンム「法典」』第一四条を下敷きにしたのが、『ハンムラビ「法典」』第一三二条で、

「もし人の妻が別の男性とのことで後ろ指を指されたが、別の男性と同衾《どうきん》しているところを捕らえられたのでなければ、彼女は自分の夫のために河に飛び込まなければならない」と、明記されている。この場合は、妻が不貞をしているとの噂《うわさ》があっても、現場が押さえられていない事例で、裁判官泣かせであり、『ウルナンム「法典」』第一四条と同様に、神判によらざるをえなかったということである。

これが、妻と間男とが同衾している現場を押さえられ、捕らえられたとなれば、『ハンムラビ「法典」』第一二九条によれば、二人とも水に投げ込まれたが、夫が妻の命乞いをすれば、間男の生命もまた救われることになった。江戸時代の我が国では、姦通現場を押さえた夫が妻と間男を殺してもさしつかえなく、「重ねて四つに斬《き》る」といわれた。「重ねて四つに斬る」は武家だけでなく、町人や百姓にも許されていたが、実際には賠償、つまり金で済ませたようだ。

また、『ハンムラビ「法典」』第一三一条では、妻が夫に起訴されても、間男と同衾しているところを捕らえられたのでなければ、妻は潔白を神に誓ったのちに自分の家に戻ることができるとする。現場を押さえられたのでなければ、しらをきりとおすことを勧めているような条文でもある。

さて、ここまで話してきたように、男女間のもめごとに首を突っ込むことは、公権力といえども手を焼いたようで、『ハンムラビ「法典」』では実際にあった個別の事件の判例のような条文が並んでいるのである。結局、第一三二条のようなむずかしい事例は、「シュメル法」と同様に河の神に裁きを委ねざるをえなかったといえよう。
後代の『中期アッシリア法令集A』第一七条でも、妻の不貞を第三者から指摘されたときには河の神判に委ねている。

処罰されるふがいない夫

『ハンムラビ「法典」』第一二九条にも見られるように、世の中には不貞をはたらいた妻であってもよしとする、寛大というか、ふがいない夫もいるのである。現代ならば、夫婦間の問題だからと、他人のことには干渉しないことで、落ち着くだろう。

だが、これを許せなかったのが古代ギリシアのアテネ市である。妻とことにおよんでいる間男を捕らえた場合、間男を夫が殺しても、夫は罪に問われなかった。この程度であれば、江戸時代の我が国と同じである。

ちがうのは、アテネでは「姦通法」があって、姦通した妻との婚姻生活の続行を夫に禁じていたことである。それでも離婚しない、未練な夫は市民権を

6—7　江戸の間男　亭主が留守の間に、こたつに入って間男と楽しむ女房。喜多川歌麿作『艶本床の梅』第一図、中判紅嫌い図、国際日本文化研究センター蔵

剥奪《はくだつ》された。というのは、妻が姦通した際には、夫以外の男性の子を懐妊する可能性を否定できず、家の後継者はまちがいなく夫の血をひく子でなくてはならないという前提があったからである。

現代では、親子関係はDNA（デオキシリボ核酸）鑑定によって、ほぼ一〇〇パーセント確認できるようになった。だが、つい最近まで、女性にとっては自分が産んだ子はまちがいなく自分の子だが、男性にすれば、妻が産んだ子を自分の子と信じるしかなかった。こうした男性の不信や不安が妻の不貞を厳しく罰することになったのだろう。

戸口で足を止める「ローマ法」

「爛熟《らんじゅく》」「退廃」が「枕詞《まくらことば》」としてしばしば使われるローマでは、男女の密か事の場面（図6―8）などが壁などに描かれているが、ローマ社会では男女問題に神判が不要であった。ローマ社会だと、妻の姦通が事実か、濡《ぬ》れ衣《ぎぬ》かは問題ではない。尊重されるべきは家名になる。公権力がおよばない家のなかのことは家父長（パテル・ファミリアス）の一存であって、神判なぞいらないのである。

古代オリエント世界にくらべ、ローマでは国家から家が独立していて、家族内のもめごとは家父長の裁量に委ねられていた。そこで、「ローマ法」は「市民の戸口で足を止める」といわれた。

それでも、姦通についてはアウグストゥス帝が「ユリウス姦通罪・婚外交渉法」（前一八年）を制定し、公的な犯罪と規定された。誰でも告発でき、姦通を知りながらそのことを隠す夫や実父は「売春幇助罪《ほうじょざい》」に問われることになった。この法に則《のっと》って、身持ちの悪い娘ユリア（大）をアウグストゥス帝自身が処罰せざるをえなかったことは、帝にすれば屈辱以外のなにものでもなかったであろう。

6―8　㊤愛欲の場面　アレッツオ焼（鉢の断面）、前１～後１世紀はじめ、高さ15cm、アレッツオ考古学博物館蔵。㊦売春宿の壁画　ポンペイでは、売春宿の寝室にこうした絵が描かれていた

「盟神探湯」

神判については、清水克行が『日本神判史——盟神探湯《くかたち》・湯起請《ゆぎしょう》・鉄火起請《てっかぎしょう》』に記している。それによれば、インドでは近代以降も神判がつづいていたが、中国は法治主義の浸透から世界で最も早く神判が姿を消していて、西周《せいしゅう》（前一一世紀頃—前七七一年）から神判の記録は確認されない。ヨーロッパは一一—一二世紀が神判の最盛期だったが、一二一五年の第四次ラテラノ公会議で聖職者の神判立会が禁止され、神判は駆逐されたとする。

一方で清水によれば、我が国はこうした神判が長くつづいた国の一つであり、古代には盟神探湯がおこなわれていた。日本中世の神判としては、湯起請（熱湯裁判）や鉄火起請（熱鉄裁判）が知られていて、湯起請は室町時代に、鉄火起請は戦国時代から江戸初期に集中している。古代の「盟神探湯」と中世の湯起請の関係については研究者の間で一致を見ていないという。

なお、湯起請は起請文《きしょうもん》を書いて神仏に宣誓した後で熱湯に手を入れ、鉄火起請は神仏の正義を誓ったうえで、焼けた鉄片を握り、火傷《やけど》の軽い者を勝者としたものである。

また、『吾妻鏡《あづまかがみ》』によれば、鎌倉幕府の法廷に御家人の妻の不貞疑惑にまつわる訴訟がもちこまれ、幕府は元妻と間男と名指しされた男性を参籠《さんろう》起請させた。参籠起請も神判で、起請文を書かせ、宣誓者を一定期間参籠させて、その間に身体や家族に異変があらわれないかを監視し、判決のよりどころとしたと清水は指摘し、男女間のもめごとの多くは契約書や証拠が残りにくいが、外国史や人類学などの報告から、他の事例よりも、男女間のもめごとに神判が適用されることが多かったことがわかっているという。

なお、起請文とは、誓紙《せいし》、罰文《ばつぶん》、告文《こうぶん》ともいう。契約した内容の遵守を神仏に誓い、違反したら神仏の罰を受けることを記した文書様式である。起請文の用紙にはもっぱら熊野《くまの》山宝印（護符の一種）の裏面が使われるようになった。吉原《よしわら》を舞台にした古典落語『三枚起請《さんまいぎしょう》』では、遊女が三人の客に「雇用期間が満了すれば結婚する」旨を認《したた》めた起請文をわたした設定になっていることは、古典落語ファンならば知っているだろう。

6—9　熊野山宝印　和歌山県・新宮速玉大社

普遍的な大人の知恵

男女間のもめごとに他人は口をはさまないに限るが、これに口を出すとめんどうなことになる。最古の例が前二一世紀もの昔のことになるが、『ウルナンム「法典」』第一四条であり、神慮で解決したのは、それなりの普遍的な大人の知恵ということになるだろう。

なお、清水によれば、我が国は普遍的なイデオロギーで神判をやめたのではなく、「神慮」を問うといいながら、現実には人間関係の維持などを優先させていたという。我が国では、閉鎖的な共同体が長く維持されていて、「世間の目」がある。一八世紀中頃には、本来は神判を意味する「鉄火」を「賭博《とばく》」の意味で使用しはじめたという。「神慮」を信じなくなった時代に神判は賭博と類似のものとして把握されるようになったと、清水はいう。

そうはいうものの、賭博と神判は無関係でないことを、二〇世紀を代表する歴史家の一人J・ホイジンガが次のように指摘している。「法律、籤占《くじ》い、賭博の根源的な関係は、ギリシア以外では、古ゲルマン民族の伝承のなかにもたびたび観察される（中略）法律による裁判も、神明裁判も、籤占いや力の試練が最終的な決定を意味している闘技的な裁きを、実際に行なうという事実のなかにその根を下しているのだ」（高橋英夫訳『ホモ・ルーデンス』）。

四　条約――粘土板に刻まれた信義

「エブラ・アッシュル通商条約」

最古の文明社会シュメルにはじまる法はほかの地域にも広まり、採用されていった。そして都市と都市との条約に際しても、その条文は「シュメル法」の形式が採用されている。

エブラ遺跡の文書庫に収蔵されていた文書（前二〇〇〇年紀はじめ）から、エブラ市とティグリス河流域のアッシュル市とは同盟関係にあり、条約まで結んでいたことがわかった。

条約はエブラ語で書かれ、「序文」「条文」「呪詛《じゅそ》」の三つに分かれる。「条文」は決疑法形式で書かれ、二一条にもなる。
第一三条、第一五条、第一九条について紹介してみよう。

第一三条
もしエブラ人がアッシュル人と闘い、後者が死んだら、そのときには五〇頭の羊が罰金として与えられるべし。［もしアッシュル人がエブラ人と闘い］、後者が死んだら、そのときには五〇頭の羊が罰金として与えられるべし。（略）

6―10　㊤エブラ遺跡王宮址。㊦アッシュル遺跡　中央に屹立するのはエンリル神のジグラト

第一五条
（もし）エブラ市が男性あるいは女性の市民を奴隷として受け取っていて、アッシュル市がエブラ市の家に［彼らの解放］について［要求するとしたら］、そのときにはエブラ市は奴隷たちを自由にするべし、（だがアッシュル市はエブラ市へ）補償として五〇頭の羊を与えねばならない。

第一九条
もし誰かが別の人の妻と寝たら、彼は多色のイブ織物一枚と毛布を（罰金として）与えるべし。もし処女であったら、そのときは彼女の品行が詳しく調べられ、陳述が（告発された）両者から聞かれ、そして彼は彼女と結婚すべし。もし処女［……］

第一三条は「傷害致死罪」で、エブラやアッシュルでもシュメル社会と同様に賠償で償われるべきとの考え方である。第一五条によれば、購入奴隷つまり外国人奴隷の解放も、条約が結ばれているような都市間ならば、ありえたことになる。
また、第一九条は、男女問題はまさしく普遍的な問題であることを示している条文である。エブラ、アッシュル両市の男性がもう一方の都市の人妻と不倫関係に陥り、もめごとになるようなことがあったのであろう。そこで、こうした取り決めをしたにちがいない。そして、処女と関係してしまったら、責任をとって結婚させられた。

「ウガリト・カルケミシュ補償条約」

ウガリト市は豊かな水に恵まれた肥沃《ひよく》な平野に位置し、ユーフラテス河から地中海へ向かうルートの終着点にあたる。ウガリトでは王こそが最大の経営者で、王は王の専属商人を通じて商業にかかわっていたし、民間商人たちや外国商人たちも活躍していた。アンミシュタムル二世（在位前一二六〇—前一二三五年頃）はユーフラテス河西岸に位置したカルケミシュ市（現代名ジェラブルス）のイニ・テシュブ王（前一三世紀後半）との間で、補償条約を結んでいた。次に引用しておこう。

もしカルケミシュ市の人がウガリト市内で殺され、彼を殺した者どもが逮捕されたら、彼らは［殺された者］一人あたり三倍（の補償金を）支払うだろうし、彼から消え失《う》せた品物については三倍（にして）支払うだろう。
だが、もし彼を殺した者どもが発見されなかったら、彼ら（ウガリトの人々）は（殺された人の）生命に対して三倍支払うだろうし、消え失せた品物に対しては同額を支払うだろう。
そしてもしウガリト市の人がカルケミシュ市内で殺されたら、補償は同様である。

ウガリトとカルケミシュの間を往来する王の商人が殺害され、品物が略奪されたらどうするかの取り決めである。ウガリトでカルケミシュの王の商人が殺害され、品物が略奪されたときは、犯人が逮捕されたら三倍にして償う。つまり、彼の主人（カルケミシュ王あるいはウガリト王）へ殺された商人については三倍の補償金を、また略奪された品物の価格の三倍を償う。犯人が捕まらなかったときには、殺された者への三倍の補償金と、品物の価格と同額を償うことになる。この協定も「同害復讐法」は採用していない。

このように、現時点で最古の『ウルナンム「法典」』から約八五〇年も後代になって、しかも地理的にははるかに離れた地中海沿岸の都市でも、殺人罪に対してさえ、かなり進歩的な賠償の規定を採用している。古代オリエント世界は「やられたら、やりかえせ」といった、短絡的な思考で支配されていた世界ではなかったのである。

今日の西アジア世界の混迷を見聞きするにつれ、古代人の叡智に学んでほしいと思わずにはいられない。

第七章
王の影法師
——「ウルのスタンダード」は語る

小人と宦官
「ウルのスタンダード」の主役は王であるが、本章の主人公は王その人ではなく、「王の影法師」とでもいうべき人々である。「戦争の場面」上段の小人（㊤）と「饗《きょう》宴《えん》の場面」上段右端の去勢歌手（宦《かん》官《がん》）（㊦）である。なぜ彼らはここにいるのだろうか。
　本章では彼らについて話そう。
「ウルのスタンダード」（部分）ラピスラズリ、貝、赤色石灰岩など
　高さ20cm、幅49.5cm、奥行き11.5cm、大英博物館蔵

権力者のシークレット・ブーツ

二一世紀にもなって、世界にはまだ独裁国家がいくつもあり、そうした国の独裁者の一人は背が低いことを気にして、シークレット・ブーツを愛用していたとの噂がある。真偽のほどは定かではないが、権力者とは自らを大きく見せたい種類の人間のようで、二〇〇〇年前にも愛用していた権力者がいた。その容貌《ようぼう》と眼光で兵士どもをちぢみあがらせたといわれるアウグストゥス帝にしても、「靴はじっさいよりも背を高く見せようと、心もち踵《かかと》を高くしていた」(国原吉之助訳『ローマ皇帝伝』)とスエトニウスがいじわるく伝えている。業績抜群の皇帝であっても、大きく見せたいのかと、感心してしまうような逸話である。

シークレット・ブーツにあたる、王を大きく見せる、あるいは守る装置が、王権が誕生した早い段階からシュメル社会にはあり、その後の文明社会でも継承されているのである。

なお、現在不適切とされる表現を本章では使用しているが、歴史上のことであること、著者に差別を助長する意図があるわけではないことをご理解いただきたい。

一 「ウルのスタンダード」は語る

7―1　ウル王　「ウルのスタンダード」（部分）

「ウルのスタンダード」

一九二七年に発見された「ウル王墓」の一基、七七九号墓から出土した「ウルのスタンダード」は戦場でかかげるスタンダード「旗章」と、発見者C・L・ウーリーが推測したことで「ウルのスタンダード」と呼びならわされてきた。だが、現在では楽器の共鳴箱とする説が有力である。

横長矩形《くけい》の前後二面に「戦争の場面」「饗宴の場面」および両側面の「神話の場面」が、モザイク・パネルでつくられていて、美術品として貴重であるだけでなく、歴史の資料としても重要である。これらのパネルの主題は「王の責務」である。シュメル社会での王の責務とは、戦争に勝ち、豊饒をもたらすことで、このことを目で見える洗練された形で表現したのが、「ウルのスタンダード」の図像である。今風にいいかえれば、自国民を敵の襲撃から守って勝利に導き、自国民を飢えさせることなく豊かな安定した生活をさせることであって、こうした責務は時代や地域を問わず為政者に求められることである。

「戦争の場面」

まず「戦争の場面」から見ていく。この場面は写実的に表現し

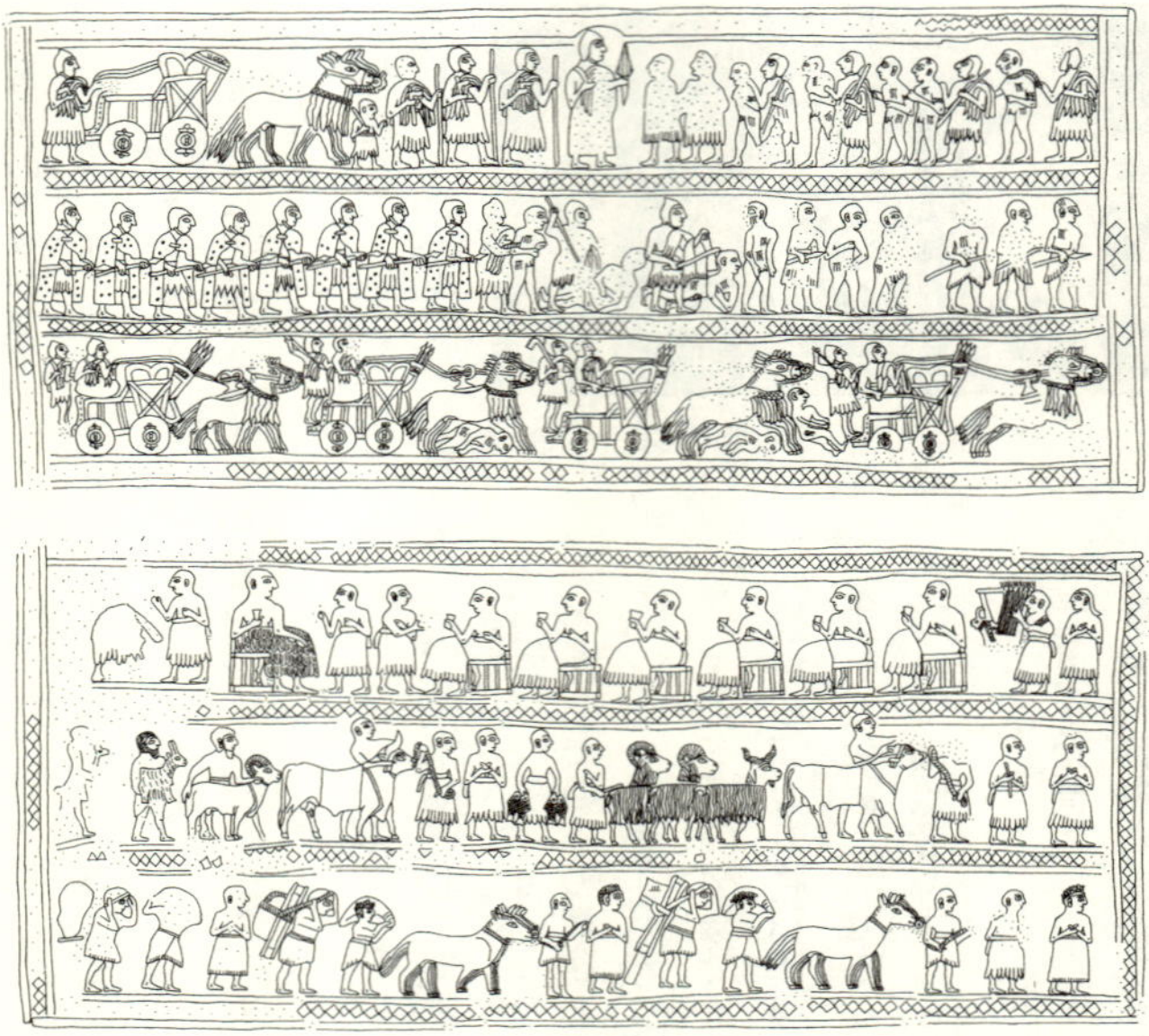

7―2　「ウルのスタンダード」㊤戦争の場面と㊦饗宴の場面（線画）

たら、かなり血なまぐさい残酷な場面になる。下段から、中段へ、そして上段へと時間が経過していく。下段は一つの場面で描かれているものが少しずつ時間をずらしてある同時異図で、オナガー（あるいはろば）に牽《ひ》かせた四両の戦車が左から右へと走らされている。戦車の下には敵の死骸《しがい》が横たわっていることから、ウルの戦車隊の猛攻が功を奏したようだ。

　中段左では、味方の八人の兵士が冑《かぶと》とマントで武装して、突撃している。中段中央から右はやや破損していて見にくいが、味方の勝利で、中央には敵を捕まえている三人の兵士、その右には捕まった敵兵たちがいる。敵兵の頭に冑はなく、ウル市の兵士たちとはちがう、身体の前であわせる腰衣を巻いた兵士たちが傷ついている。なかでも、右端の敵兵は武器を手離してはいないものの、胸と頭に負傷していて、血を流している。

上段の場面では、左端の戦車が停止されていることからも、戦闘はすでに終了している。中央の大きい人物がウル市の王で、王はルガル（シュメル語で「大きい人」の意味）の称号のように、大きく表現されるのが普通である。勝者としてはこれ以上ない誇らしい場面だが、欠損していて肝心の王の装束が不明である。手には短い王杖《おうじょう》を持っているようだ。王の背後には長い杖《つえ》を持つ、三人の高官たちが並び、さらにその背後に小人が控えている。

7―3　傷ついた敵兵（中段）と捕虜の連行（上段）「ウルのスタンダード」（部分）

捕虜行列

破損していて見にくいが、王の御前に、傷ついたまま、身ぐるみはがされた素っ裸で、腕をしばられた捕虜たちが連行されている。王の大勝利を誇示するには、味方の勇敢な行為とともに、敗北した敵の無残な姿をさらすことが、より効果的になる。こうした捕虜が連行される場面は、戦勝記念碑や円筒印

7―4　㊤ローマの捕虜
台座に乗せられた捕虜。
アポロン神殿のフリーズ。
㊦クレオパトラ七世肖像
女王の地位を示す髪飾りをつけ、意志の強さを示すような表情。出土地不明、前1世紀後半、大理石、高さ29.5cm、ベルリン博物館蔵

章の図柄などでも繰り返し表現されている。

捕虜をいたぶることは、後代になってもずっとつづけられていた。戦勝を記念して、一定の条件の下に凱旋式《がいせんしき》がおこなわれていたローマでも当然のことながら捕虜はひきまわされた。アウグストゥス帝は『神君アウグストゥス業績録』のなかで、略式凱旋式を二度、正式凱旋式を三度あげ、「私の凱旋式には、私の凱旋車の前を、王または王子が九人引かれて行った」（国原吉之助訳『ローマ皇帝伝』）と高位の捕虜の連行を自慢している。また、アウグストゥス帝がオクタウィアヌスと呼ばれていた頃の「アクティウムの海戦」（前三一年）に勝利したときのことである。凱旋式に、敗北せしめたプトレマイオス朝（前三〇四―前三〇年）のクレオパトラ七世（在位前五一―前三〇年）をなんとしても加えたかった。スエトニウスは「クレオパトラの方は、凱旋式のために生かしておこうと強く願っていたので、彼女が蝮《まむし》に嚙《か》まれて死んだと推定されたとき、蛇使いを彼女のところへ送り、毒汁を吸いとらせることさえした」（国原吉之助訳『ローマ皇帝伝』）と、オクタウィアヌスの無念さを辛辣《しんらつ》に伝えている。スエトニウスにしろ、タキトゥスにしろ、ローマの作家たちはおもねることなく、鋭いまなざしを権力者に向けている。

現代世界の捕虜の扱いについては「俘虜《ふりょ》の待遇に関する条約」（一九二九年締結。四つある「ジュネーヴ条約」の一つ）で、人道的扱いを決めてはいるが、二〇一四年に起きた「ウクライナ問題」ではウクライナ東部親ロシア派「ドネツク共和国」が五〇人ほどの捕虜に敗北パレードをさせたことをメディアが報じていた。今さらながらの感もあるが、捕虜行列は二一世紀になってもつづいているのである。

「饗宴の場面」

「饗宴の場面」は「戦争の場面」に対して「平和の場面」と解釈されていた。つまり、戦争に勝利した後の祝宴と考えられていたが、上段のウル王のそば近くに侍《はべ》る人々は一人を除いて剃《てい》髪《はつ》した姿で表現されていることからも、俗事の宴会ではなく、豊饒にかかわる祭儀にあたる「饗宴の場面」と解釈されるようになった。

シュメル人男性は誰でも常に剃髪していたかのように誤解されているが、たとえば第六章扉のウルナンム王の額には髪が見えるし、「エアンナトゥム王の戦勝記念碑」（ルーヴル美術館蔵）

をよく見ると、兵士がかぶっている冑の下から髪の毛が出ている。またサルゴン王（九三頁参照）も髷《まげ》を結っていることからも、すべての男性が常に剃髪していたのではないことがわかる。神官は別にしても、宗教的な意図を持った場面に登場する場合には、俗人も剃髪した姿で表していたようだ。

さて、あらためて上段を紹介すると、左から三人目の一際大きい男性がウル市の王である。王および向かいあっている六人の男性は杯を手にしている。右端には、竪琴《たてごと》を持った楽師、そしてその背後に一人だけ長髪の男性がいて、この人物はガラ神官と呼ばれた去勢歌手で、カストラートの最古の姿である。カストラートとは、近代以前のヨーロッパ、ことにイタリアの教会音楽やオペラで活躍した去勢歌手で、一九世紀後半には禁止されている。

中段では牡牛《おうし》、山羊と羊、魚などの献上品が運ばれ、下段はモザイクの復元状態が良好ではないが、オナガー（あるいはろば）が連れられ、背負子《しょいこ》で背負われた物が上段に坐す王へ向かって運ばれている。

中段および下段には、巻毛の人たちがいて、「戦争の場面」の敵兵と同じ種類の体の前であわせる短い腰衣を巻いていることから、捕虜にされた敵兵が労役にかり出され、戦利品を運搬してきたとも考えられている。

二　シュメル版「慰めの人々」

「戦争の場面」の小人

「ウルのスタンダード」の主役はいうまでもなく王で、両面上段に大きな姿で表現されている。この王は誰かといえば、「ウルのスタンダード」が出土した七七九号墓の被葬者になるだろうが、七七九号墓は埋葬した形跡はあるものの、遺骸はなく、現時点では特定できないでいる。

よく見ると、王の傍ら近くに特異な人間が各面に一人ずついる。「戦争の場面」の小人と「饗宴の場面」の去勢歌手つまり宦官である。

「戦争の場面」上段中央に立つ王の背後にやや離れて控えているのは、子供や小柄な人ではなく、小人である。

停止した戦車を牽くオナガーの前に立ち、右手に棒状のものを握っている。棒ではなく手綱と解釈して、馬丁との説も出されている。馬丁の役割を務めていたのかもしれない。それよりも、注目すべきは、小人がすでにウル王家にいることである。

踊る小人

小人がいたことを示す、別の例もある。「ウル王墓」の「大死坑」（一二三七号墓）から出土

7―5　踊る小人　円筒印章印影図。ウル王墓1237号墓出土、ラピスラズリ、高さ4.5cm、ペンシルヴェニア大学博物館蔵

した、ラピスラズリ製円筒印章（ペンシルヴェニア大学博物館蔵）には、上下二段に分かれた「饗宴図」が刻まれている。上段では、向かいあって大きな甕《かめ》からストローでビールを飲んでいる二人の男性と、顔の前に「ドゥムキサル」と名前が書かれた、椅子に坐《すわ》った女性がいる。この女性が印章の持ち主ドゥムキサルであろう。

上段の人々は饗宴を楽しむ人々で、一方下段には饗宴を盛りあげる人々がいる。下段左端には肩に棒をかかげた男性とシンバルを叩く二人の女性、一方右側では三人の女性がシンバルを叩いている。そして真ん中では女性が牡牛の頭がついた竪琴を奏でていて、その下で踊る二人の小人がいる。この二人については、竪琴の前にいる人々を小さく表現したとの解釈もありうるが、踊る小人ではないだろうか。

道化

シュメル語ウドゥトゥシュは「道化」「宮廷道化（ジェスター）」などと訳されるが、語義は「今日＋テントをはること」で、元来「旅芸人」を指す語だったかもしれない。前二三五〇年頃のラガシュ市のエミ（后宮）の記録には「道化」と呼ばれたシュブル、ウルシュルなどの名前が見える。それではこれらの人たちは具体的にどのような身体的な特徴（健常者、小人、障害者、など）を持っていたのかとなると、史料不足でわからない。

　ウル第三王朝時代にシュルギ王がプズリシュ・ダガンに家畜収容施設（終章参照）をつくり、ここから出土した文書に熊を道化に渡す内容のものがあることから、熊に芸をさせる道化がいたことがわかっている。

　王や后妃の傍らには、小人、去勢歌手そして道化がいたことは確認できるが、小人が道化のなかに入るのか、また彼らが王の傍らに存在する理由はなんなのかを説明してくれる一等史料は現時点ではない。実証史学で説明することはむずかしいので、ほかの分野の研究成果を見てみよう。

王宮に侍る異形の者たち

ヨーロッパの王宮には「慰めの人々」がいた。スペインのバロック美術を代表するD・ベラスケス（一五九九—一六六〇年）が描いた「ラス・メニーナス（宮廷の侍女たち）」（一六五六年、プラド美術館）に描かれている。

　この絵の中央に立つのは、ご機嫌うるわしくない五歳のマルガリータ王女（一六五一—一六七三年）である。王女の背後には両親フェリペ四世（在位一六二一—一六六五年）夫妻やベラスケス自身

7—6　「ラス・メニーナス」（部分）　ベラスケス画、1656年、カンヴァス、油彩、高さ318cm、プラド美術館蔵

なども描かれている。だが、王女よりもその右側に描かれている、エナーノ（スペイン語で小人の意味）、マリ・バルボラとニコラシート・ペルトゥサートの二人に目がいってしまう。この二人だけでなく、ベラスケスは「慰めの人々」の肖像画を十数点描いている。ベラスケスの描いたエナーノ肖像画を研究する美術史学者、貫井一美の指摘を要約すると以下のようになる。

　王侯・貴族が小人を側近に置く習慣は古代オリエントに発し、ギリシアやローマに伝えられたという。その後、中世ヨーロッパの諸宮廷に広まり、ルネサンス、一七世紀を通じて宮廷社会に定着し、「フランス革命」までつづいた。

　小人をふくめて「慰めの人々」は宮廷人たちの気分を紛らわす人々、いわゆる道化のほか、その身体的特徴や機知にとんだ会話でなごませたり、演劇に登場したり、楽器を演奏する人々全般を指している。特徴から見れば、「慰めの人々」は小人や巨人など、精神に障害を持つ人々および健常者の三つに大別できる。健常者のなかには道化に代表される人々がいる。

小人は、ヒエラルキーの外に置かれ、王族の傍らに描かれている。主人たちはいずれも小人の頭に手を置き、支配者＝主人、保護者であることを示し、王家の人々のカトリック的慈愛の精神をも表していると考えられている。また、小人は、王家の高貴な威厳の引き立て役でもあった。象徴的には不完全な存在とされていた小人を傍らに置くことで、王族は自らの完全性を示すことになる。

貫井の厳密な解釈では、「慰めの人々」のなかに健常者がいて、そのなかに道化がいることになるが、特異な身体を持つ人々、精神に障害を持つ人々および健常者、そのすべてが道化たりうるとの別の解釈もある。

赤坂憲雄は「王権の発生と系譜を辿《たど》るなかで、〈王〉その人の分身＝影としての道化には触れた。道化は死にゆく〈王〉の分身として供犠の庭に捧《ささ》げられた生《い》け贄《にえ》（パルマコス）であり、王国の周縁にあって、〈王〉の支配を裏側からシンボリックに補完するもうひとりの〈王〉であった」（『王と天皇』）と語っている。

ここで引用したような解釈がそっくりそのまま、ウル王の傍らに侍る小人や宦官の意味にあてはまるとは断言できないものの、示唆に富む説である。
なお、ローマのドミティアヌス帝(在位八一—九六年)は剣闘士試合になると、紫紅染めの衣服を着せた童子を連れていたと、スエトニウスが伝えている。

王に仕える障害者たち

「ウルのスタンダード」や円筒印章に表現された小人だけではない。シュメル人が主役であった前三〇〇〇年紀には、王の傍ら近くに障害者たちがいたようだ。

『エンキ神とニンマー女神』は、ウル第三王朝時代のいくつかのシュメル語文書と新アッシリア帝国時代のシュメル語やアッカド語写本から復元された神話である。物語の後半で、ビールをしたたか飲んで、ニンマー女神が身体に障害のある人間たちを創造する。その後で、障害者への救済策も出されていて、その者たちにエンキ神がいかにして生計を立てていけるようにしたかも語られている。この部分を次に要点のみ、かいつまんで紹介する。

第一に、ニンマーがひろげた手を曲げられない人間をつくると、エンキはその者を王の従者に定めた。

第二に、ニンマーが目に異常がある者をつくると、エンキはこの者に音楽のなんらかの技をあてがい、王の御前で演奏することを定めた。

第三に、ニンマーが足の不自由な者をつくったが――この後の部分は文書が欠損していて、エンキがあてがった職業がなんであったかはわからない。

第四に、ニンマーが排尿をがまんできないものをつくると、エンキは治療行為をしたようで、入浴させ、彼の身体から病気を引き起こすナムタル悪霊を追い出した。

第五に、ニンマーが子供を産めない女性をつくると、エンキは彼女を「后の家」に所属させた。

第六に、ニンマーがその身体にペニスもヴァギナもない者をつくると、エンキは「ニップル市の宦官（?）」と名づけ、王の前に侍ることを定めた。

障害のある者たちは仕事を与えられ、すべてではないものの、王の傍ら近くに仕えることになったのであった。

この神話はウル第三王朝時代に遡る文書があることから、おそらくシュメル人の王家にはこうした者たちが仕えていたのであろう。だからこそ、彼らが王の傍らに侍っている理由を説明するために、こうした神話が書かれたにちがいない。シュメル社会の王はすでに話したように、社会的な弱者、具体的には孤児や未亡人を庇護する王でもあって、人道的な面がまったくなかったとはいえない。障害者を社会から放りだしたりはせずに王家に抱え込み、後代に見られる「慰めの人々」の先駆けにしていたとも考えられるのである。

7―7　大歌手ウルナンシェ坐像　マリ出土、前3000年紀前半、石膏、高さ26cm、ダマスカス博物館蔵

ガラ神官＝去勢歌手

宦官もまた「慰めの人々」であった。前で話したように「ウルのスタンダード」「饗宴の場面」上段右端に立つ、長髪の人物は去勢歌手である。

マリ市から出土した「大歌手ウルナンシェ坐像」と同様に髪を長くしていて、一見女性のようであるが、男性である。楽師の伴奏で歌う、ガラ神官と呼ばれた去勢歌手である。

シュメルでは農民も家畜を飼い、また周辺の荒野には遊牧民がいて、家畜の去勢は古くからおこなわれていて、その技術が人間の去勢へと展開したようだ。前川和也によれば、アマルク（ド）という語があり、この語は元来「去勢された若い牛（若い大型動物）」を意味したが、ウル第三王朝時代のラガシュ市から出土した文書では、若い成人男性や少年にもアマルク（ド）

の語が使用されていて、「去勢された若者」を意味した。戦争捕虜として連れて来られ、羊毛紡ぎなどをさせられた女性たちがいた。彼女たちの息子が将来反乱を起こしたり、逃亡したりすることを前もって防ぐために去勢されていたようだ。

アッシリアのシャ・レーシ

宦官はシュメル語でルサグといい、「頭の人」を意味する。アッカド語シャ・レーシは「二つの頭を持つ者」を意味し、「頭」は睾丸《こうがん》に対応し、「二つの頭がない者」の婉曲《えんきょく》表現になる。シャ・レーシと呼ばれた人々は、書記、楽師、そして奴隷と、官吏から私的な使用人にまでおよんでいた。

7—8　アッシリアの宦官（頭部）　等身大以上の頭部。ドゥル・シャルキン出土、前710～前705年頃、石、高さ64cm、大英博物館蔵

アッシリアの文官、武官両組織で、宦官は高級司令官であって、前九—前八世紀にはアッシリアの高級官僚の一割以上は宦官だったとも推測されている。アッシリアの浮彫に見られる髭《ひげ》のない人たちは、その一部は少年であろうが、普通は宦官と同定されている。

宮廷で出世するために自宮《じきゅう》して宦官となった者たちもいたし、刑罰で去勢されることもあった。これらは後代の中国の宦官も同様であった。『中期アッシリア法令集A』第二〇条では、「もし人が彼の仲間と男色関係になって、彼に対する罪が証人によって実証され、有罪とわかったら、彼を宦官にすべし」と、同性愛者の男性や姦通者は宦官にされた。性についての考え方は民族や国によってちがっていて、男色（少年愛）は古代ギリシアならば罪に問われることではなかったが、アッシリアでは罪に問われたのである。

また、ヘロドトスはアケメネス朝の行政区と年々の租税徴収に関する配分を詳細に記していて、「バビロンはじめその他のアッシリア地区からは、銀一千タラントンと五百人の去勢された男児が納められた。これが第九徴税区である」（松平千秋訳『歴史』）、といっている。王たちが宦官を側近とした理由をクセノフォンが伝えていて、『アナバシス』に登場する傭兵たちの雇い主である小キュロスは、宦官はほかの絆《きずな》や愛情を持たないから、王に対し特に忠実であると述べたという。

ローマの宦官

タキトゥス『年代記』は、今からほぼ二〇〇〇年前のティベリウス帝からネロ帝（在位五四―六八年）の四代五五年の治世について語られている。皇帝たちの悪徳を手厳しく指摘していて、宮廷内で宦官が暗躍していたことも、記されている。パルティアの宦官アブドゥスに話がおよんだところで、「去勢することは、蛮人の間で、不名誉などころか、かえって幅をきかすのである」（国原吉之助訳）と記していることから、ローマでは去勢は不名誉と考えられていたことになる。それでも宦官の需要があったのだろう。ドミティアヌス帝は去勢を禁止し、奴隷商人のもとに残っている宦官の価格を規制したとスエトニウスは伝えている。また、タキトゥスが伝える毒殺では一度ならず宦官が絡んでいて、クラウディウス帝（在位四一―五四年）に毒をもったのは、帝の食事の毒味役の宦官ハロトゥスであった。

時代が少し後になるが、ローマでは外国人奴隷が去勢されていた。それというのも、コンスタンティヌス一世以降に、『閹の去勢』禁止令」が四度も出されるようになり、帝国内の奴隷を対象に宦官をつくった者は死罪と規定しているが、抜け道が用意されていて、宦官奴隷の輸入は処罰対象にはなっていないのである。一方で、コンスタンティヌス帝治世から宮廷宦官の組織化がおこなわれるようになり、ビザンツ帝国で継承されていった。

7―9　中国の宦官　1949年

生き恥をさらした男

宦官はなんといっても中国で発達した。毎日出版文化賞（一九六三年）を受賞した三田村泰助著『宦官――側近政治の構造』は本文もさることながら、口絵の年老いた宦官の一枚の写真は一度見たら脳裏を離れない写真である。宦官は一九一一年に勃発した「辛亥革命」によって、翌一二年に倒れた清朝までは確実に歴代王朝で使われていたのである。

中国の宦官といえば、司馬遷《しばせん》（前一三五？—前九三？年）が有名である。「司馬遷は生き恥をさらした男である」とはじまる武田泰淳（一九一二—七六年）著『司馬遷——史記《しき》の世界』は名作と評価が高く、心ならずも宮刑に処せられ、そしておめおめ生きて『史記』（『太史公書』）を書いた悲劇が、格調高い文体で語られている。武田も紹介しているが、『漢書《かんじょ》』「司馬遷伝」の「任安《じんあん》に報ずるの書」のなかで「不具で日蔭者《ひかげもの》の身」などと、心ならずも宦官に落とされた心情が痛切に吐露されている。

しかしながら、司馬遷のように恥と思う人がいる一方で、出世のためならばと、自宮してまでも宦官となり権力の中枢に入りこもうとした人々が少なくなかったことも事実である。

宦官がいない宮廷

我が国は古代国家形成にあたって、中国から諸制度を導入したが、導入しなかったこともあり、具体的には科挙と宦官があげられている。宦官がいなかったことで、天皇の後宮で女房たちが活躍することになった。また、後宮の女性たちの見張り役でもある宦官がいたら、源氏と藤壺の不義密通はありえず、『源氏物語』は書かれることはなかっただろう。

宦官はいなかったものの、天皇の周辺に小人はいた。天武《てんむ》天皇（在位六七三—六八六年）四年には、いくつかの国々に歌の上手な男女とともに「侏儒《ひきひと》・伎人《わざひと》を選びて貢上れ」（坂本太郎他校注『日本書紀』巻二十九）との勅が出されている。小人は平安時代のいつ頃からか消え、かわって中世になると童子ないし童形の人が登場する。

『信貴山縁起絵巻《しぎさんえんぎえまき》』（一二世紀後半制作、前半説もあり）第二巻には、僧にしたがう童子がいる。垂髪《すいはつ》で、白張《しらはり》を着た三人の従者は大童子、中童子などといわれた寺院内の童子であろう。また、その後には不思議な髪形をして尿筒《しとづつ》を持っている童がいる。これは「樋洗童《ひすましわらわ》」と呼ばれる、禁中などの厠《かわや》の清掃をする童で、この特異な姿は道化に通ずるものがあると、網野善彦は推察している。

7—10　童子たち『信貴山縁起絵巻』第２巻

7—11　16世紀ヨーロッパの「道化師」『西洋職人づくし』

なお、戦国時代から江戸時代にかけて、御伽衆《おとぎしゅう》といわれる人々が大名の側近として活躍していた。戦国時代には参謀の役割を果たし、戦乱が終息した後は大名の無聊《ぶりょう》を慰める役割を果たした。豊臣秀吉《とよとみひでよし》（一五三七―九八年）に仕えた曽呂利新左衛門《そろりしんざえもん》（？―一五九七？年）は機知にとんだ名高い御伽衆の一人で、その活躍ぶりは昭和時代には漫画の主人公になり、子供たちも知っていた。知性を備え、機知にとんでいることが条件であったヨーロッパの宮廷道化と御伽衆はほぼ重なるだろう。

三　身代わり王

エンリル・バニの強運

小人や宦官らは常に王の傍らに侍っていたが、今から四〇〇〇年ぐらい前のバビロニアには王の一時的な災厄を祓うための仕組みもすでに整えられていたようだ。

古代メソポタミアでは、一定の状況に応じて、「王ではない人」を一時的に王位につけることがおこなわれた。シュメル語でニグサグイラ、アッカド語でシャル・プーヒなどといわれ、英訳すると「モック・キング」、和訳すれば「身代わり王」「擬似王」などと呼ばれている。

現在わかっている限りで、「身代わり王」の最古の例は約四〇〇〇年も前、イシン第一王朝時代に遡れる。なぜ「身代わり王」が立てられたか、その理由はわからないが、エラ・イミティ王（在位前一八六八―前一八六一年頃）は「熱いスープを飲んで」急死してしまう。そこで、王の急死を受けて、もとは園丁だった「身代わり王」エンリル・バニ（在位前一八六〇―前一八三七年頃）が、そのまま王位にとどまったことを後代の年代記が伝えている。「身代わり王」は一定の期間が過ぎれば、死を賜るはずであったが、強運なエンリル・バニ王は死を賜らずに、二四年も王位にあった。だが、一介の園丁が長期にわたって国政を動かしえたかは疑問であって、この話は伝説の要素が強いともいわれている。

現時点では、これよりも古い話は伝わっていないものの、この後で話すように前一〇〇〇年紀になると「身代わり王」がおこなわれたことは一等史料からわかっている。

『金枝篇』

「身代わり王」などの、王権が持つ穢れを浄めるなどの仕組みについては、古典的人類学研究の大著J・G・フレイザー著『金枝篇《きんしへん》』に膨大な例が集められている。農耕社会の王が季節の循環とともに、死と再生の祭儀を繰り返すことは豊作を祈願し保証するために重要であった。そのため、ときに「王殺し」がおこなわれたことが未開の習俗あるいは伝承から知られている。カンボジア、シャム（現在のタイ王国）、サマルカンドほかの「身代わり王」の話が記され、バビロンの「身代わり王」についても扱われている。

民族学、人類学および宗教学などでは、王権とは共同体（または国家）にふりかかる災厄や

7—12　エサルハドン王　手にシドンの王とその後継者の鼻綱を持つエサルハドン王。「エサルハドンの碑」、サムアル（現代名ジンジルリ）出土、前7世紀、閃緑岩、高さ3.18m、ベルリン博物館蔵

穢れを一身に引き受けて浄める、文化的な仕組みでもあったとする。王は共同体の負った罪、あるいは穢れを負わされるが、そのことによって逆に王は霊的な存在に近づくともいわれている。

月蝕には「身代わり王」

新アッシリア帝国時代最盛時の文書に「身代わり王」の話がしばしば見られる。エジプトまでも支配したエサルハドン王（在位前六八〇―前六六九年）およびアッシュル・バニパル王の手紙には、一度ならず書かれている。アッシュル・バニパル王といえば、ライオン狩りの勇猛な姿の浮彫が知られているが、第五章でも紹介したように護符として粘土板を集めていたことも指摘されていて、その内実は不安であったようだ。

「身代わり王」が立てられるのは、王にとって不吉なこと、たとえば日蝕《にっしょく》や月蝕《げっしょく》などが起こるときで、王の身の安全をはかるために占星術師、祓魔師などの選出で、立てられた。現代ならば、月蝕とは地球が太陽と月との間に入り、地球の影が月にかかることとわかっていて、国立天文台の「二〇一四年（平成二十六年）一〇月八日にほぼ日本全域で月蝕が見られます」といった告知をメディアが紹介するので、現代人は蝕を「天体ショー」として楽しんでいる。

しかしながら、古代となるとそうはいかない。タレス（ギリシアの哲学者。前六二四?—前五四六?年）のように日蝕（前五八五年五月二八日）を予言できる人もいたが、多くの人々は不吉に思っていた。「タレスの日蝕」は皆既日蝕で、このとき戦っていたメディア、リュディア両軍（「ハリュス河の戦い」）は、昼が夜に変わったのを見ると、双方ともに和平を急ぐ気になったとヘロドトスが伝えている。また、ローマでは、日蝕や月蝕になったら、銅器を叩けば災いを避けられるとの迷信があったことを、タキトゥスが『年代記』に記している。

なお、我が国では一一世紀中期から一二世紀前半にかけて、日蝕や月蝕のときの対応がようやく詳細になり、「蝕の妖光《ようこう》」から天皇の身を守るために、御所をむしろでつつみ、蝕のある二日前から当日にかけて読経がおこなわれたりした。「身代わり王」とは別の方法で、天皇の身を守ることがおこなわれていた。

7—13　アレクサンドロス大王「イッソスの戦い」（前333年）といわれる場面で、愛馬ブケファラスにまたがり、獅子奮迅の働きをした。「アレクサンドロス・モザイク」（部分）。ポンペイ出土、1世紀頃、ナポリ国立考古学博物館蔵

アレクサンドロス大王の「身代わり王」

「身代わり王」にされた人物については「ある人」としか書かれていないが、後代にはもう少し具体的な言及がある。

プルタルコスによれば、アレクサンドロス大王（在位前三三六—前三二三年）も「身代わり王」を立てたようで、罪人があてられた。アッリアノスもまた「身分の低い人間、それは拘束されてはいないながら、監視の下におかれていた男だったとも伝えられている」（大牟田章訳『アレクサンドロス大王東征記』）と、罪人をにおわせている。

ここで紹介したアレクサンドロスの伝記には「身代わり王を立てた」と直截《ちょくせつ》には書かれていない。だが、前三二三年にアレクサンドロスがバビロンへ戻ってきてからは、「肝臓占い」（第九章参照）で大凶の卦《け》が出るなど、王の死を予兆するようなできごとがあり、「身代わり王」が立てられたようだ。だが、このこころみは失敗におわり、間もなくアレクサンドロスは死んだ。

プルタルコスやアッリアノスによると、「身代わり王」の任務のはじまりは王座に腰かけた

ときであり、そのおしまいは死であった。プルタルコスによれば、アレクサンドロスの「身代わり王」は死刑にされたという。

「農夫陛下」

アッシリアの「身代わり王」は蝕の開始とともに王位についたはずで、王にかわって災厄を引き受けた。その期間は本物の王として扱われ、王宮に入り、王冠をいただき、王座に腰かけた。「后妃」も、もちろん本物ではないが、与えられた。

「身代わり王」が立てられている間、本物の王はどうしていたかといえば、農夫に身をやつし、祓魔儀礼でしばしば用いられる葦の囲いによって俗界と隔てられたケルスと呼ばれた葦小屋に隠れていた。王に対する尊称も「国王陛下」から、「農夫陛下」に変更された。

エサルハドン王治世には何度か蝕が起こり、とりわけエジプトに遠征した前六七一年には、二度も皆既月蝕が見られたといわれている。そのなかの一回は、エサルハドンあての「国王陛下がエジプトにご出立されました後、ドゥーズ月（第四月）に月蝕が起こりました」との手紙から、確認されている。また、テベートゥ月（第一〇月）第一五日に「月蝕」が起きたとき、エサルハドン王は「身代わり王」を立て、王自身は農夫に身をやつし、葦小屋に隠れた。

「身代わり王」の死

一〇〇日間ともいわれる期間の務めを果たした後に、「身代わり王」を待っていたのは、「彼は運命へと赴かなければならない」と表現される、死であった。あわれなことに「后妃」も「身代わり王」と運命をともにさせられた。

ちなみに、イエスが磔刑《たっけい》に処せられた際に「ユダヤ人の王」と称されたことも（『新約聖書』「マタイによる福音書」第二七章第二九節、「マルコの福音書」第一五章第一八節）、こうした「身代わり王」の習慣にあてはめることができるという。

「王の影法師」とでもいえる人々が、シュメル社会では王権成立当初から、王権擁護の装置として設《しつら》えられていたようだ。「ウルのスタンダード」は惨《みじ》めな姿をさらす捕虜および小人と宦官を配置することで、ウル市の王をより大きく見せる仕掛けになっていた。二一世紀ともなって、「慰めの人々」を必要とした王室は数えるほどになってしまい、しかも立憲君主制の下に、実権を持たない王室となってしまった。

しかしながら、民主制、自由主義体制の国であっても、政治権力がある以上、政治権力を可能な限り可視化することは必要である。権力を掌握し、維持するためには、権力者が自らをより大きく見せる仕組みをつくり、一方で、権力に近づくためには精神的な自宮をしてまでも接近する人々がいないとはいえないであろう。

第八章
詩を編む女、子を堕す女
——女性たちの光と影

授乳する母
　母子像は普遍的に見られ、しかも心和む主題である。嫌われることのない、長くつづいている主題であって、ヨーロッパの絵画では「聖母子像」が描きつづけられた。シュメル人も母子像を表現していた。母は椅子に腰かけ、膝に置いた子に授乳している。素朴だが、幸福そうな母子像である。
　ギルス地区出土、前22―前21世紀頃、素焼き粘土、高さ約10cm、ルーヴル美術館蔵

識字率と出生率

識字率が上昇したときに起きる変化は男性、女性それぞれでちがっているそうだ。

E・トッド（フランスの人口学・歴史学者）によれば、男性の識字率が五割を超えたところで、社会意識にめざめた男性たちが「フランス革命」や「明治維新」のような社会革命を起こしているという。男性の識字率の上昇の次に、女性の識字率が上昇する。そうなると、女性自らが妊娠出産を調整し、内婚率（身内内での結婚）が低下するという。つまり、女性の識字率があがると、結婚相手を広く選ぶ方向へ進み、自らの意志で子供の数を調整することがはじまることになる。

避妊をバース・コントロール（産児制限）という言葉で表現したのは、アメリカで女性に避妊法を普及する運動をしていたM・サンガー（一八七九―一九六六年）である。月刊誌『女性反逆者』を発行し、このなかでバース・コントロールという言葉を使ったのが一九一四年のことで、この雑誌はわいせつ文書として告発されている。たかだか一〇〇年前のことになる。

さて、文明社会がはじまった頃の男性の識字率は低く、女性のそれはもっと低いはずである。ほとんどの女性が文字の読み書きができなかった頃の、女性たちの光と影を紹介しよう。

一　祝福された出産、されなかった出産

祝福された出産——バルナムタルラ后妃の場合

一等史料から出産もふくめて、個人情報を得られるシュメル人女性といえば、バルナムタルラである。バルナムタルラは前二三四五年頃のラガシュ市のルガルアンダ王の后妃である。彼女の実像を伝える史料は日記や伝記などの類ではなく、会計簿である。

バルナムタルラは前で紹介したエミと呼ばれる経営体を運営していた。約七〇〇人もの人が

8—1　バルナムタルラの印章印影図　3段に分けられた、和やかな闘争図である。闘争図はシュメル人が好んだ図柄で、野生動物、家畜、合成獣および英雄などが小さな画面につめこまれていて、それぞれが自然の諸力を表し、これらの均衡が世界の秩序を保証するという。上段に、「バルナムタルラ、ラガシュ市のエンシ（王）、ルガルアンダの妻」と刻まれている。ギルス地区出土、前2345年頃、高さ4.8cm、イラク博物館蔵

所属していたエミの経営について記録した会計簿が出土している。会計簿だから、人や物の出し入れを記録することが本来の目的だが、なんのための物の出し入れかなどが覚え書として書かれている。こうした覚え書から、バルナムタルラが外交や公的祭祀《さいし》で活躍していたことがわかり、ルガルアンダ王治世四年に女児を出産していたこともわかるのである。

シュメル社会には「マシュダリア」と呼ばれる贈物の習慣があった。「マシュダリア」の本来の意味は「山羊を連れて来ること」で、「祭礼の贈物」と和訳されている。祭礼などの慶事に、王や后妃などにシュメル社会の有力者層が贈物をしたが、実際の贈物は山羊だけではなかった。バルナムタルラの出産を祝って、ラガシュ市の有力者たちが持ってきた「マシュダリア」は、たとえば酒杯長官は牡《おす》の幼牛一頭を、船頭の妻は牡羊《おひつじ》一頭であった。こうした贈物はエミですべて消費してしまうことはなく、商人を通じて売ってしまうこともあった。

バルナムタルラ后妃の出産は表面上祝福されていた。権力者におもねることはどこでも見られることで、ローマでもネロ帝に娘が誕生する前後には元老院が国家的な祈誓式や感謝祭をおこなったとタキトゥスが伝えている。だが、新しい生命の誕生が祝福されず、否定されることもあった。

祝福されない出産――サルゴン王の母の場合

アッカド王朝初代サルゴン王の名前は『旧約聖書』に出てくるヘブライ語名で、アッカド語ではシャル・キンという。この名前は「真の王」を意味し、生まれながらの王族ならばこうした名前を名乗らないはずで、はしなくも成り上がりであることを示している。

『サルゴン王伝説』（前一〇〇〇年紀の文書）によれば、サルゴン王の母は子を産んではいけない女神官であった。母はひそかにサルゴンを出産し、籠に入れてユーフラテス河に流した。母は私生児の運命を河の神の「神明裁判」に委ね、その結果は「吉」と出た。庭師に拾われ、キシュ市のウルザババ王の酌人となり、やがてアッカド王朝を樹立する。河に流されたサルゴンの話は、モーセやキュロス二世（アケメネス朝初代王。在位前五五九？—前五三〇年）そしてローマ建国伝説に登場する初代ローマ王ロムルスと双子の弟レムスへとつづく「捨て子伝説」の最古の例になる。

サルゴン王が実際に河に流されたかは確認のしようがないが、こうした伝説が生まれた背景には、生まれてしまった子を育てられず、河に流さざるを、つまり捨てざるをえなかった母親が実際にいたことがある。また、生まれる前に始末しようと考えた人々もいた。

「シュメル法」に見られる堕胎

生殖医療が進歩し、しかもビジネスとなってしまった現代とはちがい、古代における生殖は神の領域に属し、基本的に人間がどうこうできることではなかった。

現代のような簡単な産児制限の方法がなかった時代に、子供を産んだとしても育てられない、切羽詰まった人々はどうしたかといえば、一つの方法として堕胎（妊娠中絶）を選ばざるをえないことにもなる。こうした行為は白日の下にさらされることではなく、薄闇のなかでおこなわれ、その全容を知りうるような史料はないといえるだろう。だが、堕胎はおこなわれていた。すでに堕胎を引き起こす薬を服用する方法もあったようだが、シュメル社会では外傷による「不同意堕胎」が処罰の対象になっていた。

我が国の「刑法」では、「堕胎の罪」（刑法第二一二—二一六条）は（自己）堕胎（第二一二条）、同意堕胎及び同致死傷（第二一三条）、業務上堕胎及び同致死傷（第二一四条）、不同意堕胎（第二一五条）、不同意堕胎致死傷（第二一六条）と分けられているが、「シュメル法」にはじまる古代オリエント世界の法には自己堕胎、同意堕胎および業務上堕胎にあたる条文は現時点では見られないのである。つまり、女性自らがおこなう、あるいは同意したうえでの堕胎はあっただろうが、それは処罰対象にはならなかったにちがいない。また、シュメル社会には産科医がいたようだが、堕胎にかかわっていたかは現時点では史料がなく不明である。

最古の文明社会の国家権力は堕胎をしかたないことと黙認していたにせよ、さりとてまったく野放しにはせずに、女性の同意を得ない、乱暴な方法での堕胎を処罰の対象にしたのであろう。

最古の法典『ウルナンム「法典」』には堕胎に関する条文は現時点では見られない。だが、この「法典」の全文はわかっていないし、後代の「法典」ほかに関連の条文があることから、

『ウルナンム「法典」』にも堕胎に関する条文があった可能性はあるだろう。

『ウルナンム「法典」』についで古い『リピト・イシュタル「法典」』には、次のような堕胎に関する条文がある。

第d条

もし［……が］人の娘を殴って、彼女の胎児を流産させたら、彼は銀二分の一マナを払うべし。

第e条

もし彼女が死んだら、その男は殺されるべし。

第f条

もし［……が］人の奴隷女を殴って、彼女の胎児を流産させたら、彼は銀五ギンを払うべし。

（一マナ＝約五〇〇グラム、一ギン＝約八・三グラム）

8—2　産科医の印章印影図　文字は裏返しだが、「エディンムギ神、シャッカン神のスッカル職、出産する母を助ける方よ。ウルルガルエディンナ、医師はあなたの僕（しもべ）」と記されている。文字のそばにあるのは医療器具か。ギルス地区出土、前24～前21世紀頃、ルーヴル美術館蔵

乱暴な手段で胎児を堕していた。妊婦が死んだら、

不同意堕胎致死傷罪で、加害者は死刑になる。妊婦が人（自由人）か奴隷かで、生命の値段がちがうことになる。現代の民主主義社会のように法の下に平等ではないことは、すでに第六章で話した。

出土地は不明だが、前一八〇〇年頃に学校で中等課程の生徒が写したか、あるいは口述したと考えられる「シュメル法」文書断片があって、以下のような条文がある。

もし彼が人の娘を突いて、彼女の胎児を流産させてしまったら、彼は銀一〇ギンを払うべし。

もし彼が人の娘を殴って、彼女の胎児を流産させてしまったら、彼は銀三分の一マナを払うべし。

堕胎させる外的暴力の手段が、「突く」「殴る」とちがっていることになる。突いた場合は換算すると銀約八三グラムを、殴った場合は銀約一六七グラムを支払うことになり、後者の方が重い量刑になる。

『ハンムラビ「法典」』では

『ハンムラビ「法典」』では、堕胎についての条文は第二〇九―二一四条に見られる。

当時の社会は三つの身分があって、刑罰もそれぞれの身分でちがっている。加害者は自由人である。以下要約して紹介する。

第二〇九条　自由人女性を殴って流産させたら、銀一〇シェケルを支払うべし。
第二一〇条　自由人女性が死んだなら、加害者の娘を殺すべし。
第二一一条　ムシュケーヌム（半自由人）の女性を殴って流産させたら、銀五シェケルを支払うべし。
第二一二条　ムシュケーヌムの女性が死んだら、銀二分の一マナを支払うべし。
第二一三条　自由人の女奴隷を殴って流産させたら、銀二シェケルを支払うべし。
第二一四条　女奴隷が死んだら、銀三分の一マナを支払うべし。
（一マナ＝約五〇〇グラム、一シェケル＝約八・三グラム）

不同意堕胎罪では罰金刑が適用されている。ところが、不同意堕胎致死傷罪となると、第二一二条や第二一四条のように、身分がちがう場合は賠償金の支払いで済ませているが、第二一〇条のように、加害者、被害者ともに自由人だと、「同害復讐法」が適用され、加害者の娘の死をもって償うことになっている。だが、実際には賠償で決着させていたとも考えられる。不同意堕胎罪に関する罰則は、『ヒッタイト「法典」』第一七、一八条、『中期アッシリア法令集

A』第二一、五〇―五二条および『旧約聖書』「出エジプト記」第二一章第二二―二五節にも見られる。堕胎という重い問題に権力や社会はどう対処すべきか、悩ましい問題であって、先人たちも考えあぐねたのであろう。古代オリエント世界では、シュメル人の知恵を踏襲していったと考えられる。

堕胎が処罰されないローマ

ローマでも、妊娠出産（図8―3）は必ずしも歓迎されることではなく、否定されることがあったはずである。「ローマ法」には堕胎に関する罰則はない。これについては本村凌二著『薄闇のローマ世界――嬰児《えいじ》遺棄と奴隷制』のなかで、次のように述べられている。

　ローマ人の間ではすでに共和政期から、堕胎に対する否定的な態度や感情があり、そのような態度や感情は時とともに増大しているのである。（略）ローマ人は堕胎をすでに道義的な次元で殺人と考え、罪悪感を抱く傾向が強いという。（略）堕胎がローマ法の上で処罰の対象となる犯罪と見なされていたわけではない。（略）人々は堕胎を道義的に罪悪と見なしたのであり、刑法上は問題とされなかった。それゆえ、現実には望まれない胎児が人為的に流産されることもあり、それを激しく弾劾したのは教父作家たちであった。

なぜ「ローマ法」に罰則がないかといえば、すでに第六章で話したように「ローマ法」では公権力は家内の問題には一切かかわらず、家内のことは絶大な力を持つ家父長が仕切ったからである。

ローマでは皇帝の不祥事も知られている。ドミティアヌス帝は姪《めい》を懐妊させ、堕胎を強い、このことが彼女の死因になったと、スエトニウスが伝えている。当事者が皇帝でもあり、軽々に比較することは慎むべきかもしれないが、あえて比較すると、シュメル社会ならば、これは不同意堕胎致死傷罪にあたるようなできごとであろう。

8—3　出産の場面　ローマ、1～2世紀、浮彫の部分、オルセー美術館蔵

教父作家の弾劾はキリスト教の生命観、倫理観によるものであろうが、『旧約聖書』にもとづく考え方もあると、そしてその背景にはシュメル社会まで遡りうる不同意堕胎を処罰する古代オリエント世界の法思想が見てとれるのではないだろうか。

フロイスの報告から四〇〇年後の日本

我が国は堕胎について厳格ではないといわれている。イエズス会宣教師のフロイスは我が国の堕胎と嬰児殺害を次のように報告している。ヨーロッパでは、生まれる児《こ》を堕胎することはめったにないが、日本では普通のことで、二〇回も堕した女性がある。また、ヨーロッパでは嬰児が生まれてから殺されることはないが、日本の女性は育てられないとなると、喉《のど》の上に足をのせて殺してしまう。

このように、嬰児殺害（間引き）が頻繁におこなわれていたことをフロイスは嫌悪感をもって、伝えている。間引きは否定されることではあるが、現実を見すえたとき、父にあたる男性ではなく、母である女性が決心して子を始末せざるをえなかったのである。

フロイスが来日してから約四〇〇年後の我が国では、前で紹介したように「刑法」に堕胎に関する条項が明記されている。不同意堕胎は「六月以上七年以下の懲役」（第二一五条）、不同意堕胎致死傷罪は「重い罪により処断する」（第二一六条）と明記されている。

また、同意堕胎罪もあるものの、「母体保護法」第一四条では、経済的理由などで、指定医師によって人工妊娠中絶が可能であって、ちゃんと抜け道が用意されている。だからこそ、日本は「堕胎天国」と揶揄《やゆ》されるのである。

さらに、医学の進歩は羊水検査で妊娠中の胎児の異常の有無を判定し、選択的人工妊娠中絶が可能にもなっている。つまり、異常がある場合は胎児の段階で中絶という選択ができるのである。生命の選択は重い問題で、このことをどう考えるかは当事者、あるいは第三者と、立場がちがえば、答えは同じではないだろう。

一方、二一世紀になっても、アマゾン奥地に住む狩猟採集民のヤノマミ（アメリカ大陸の先住民）は避妊を知らないし、堕胎もしない。生まれた赤子を人間として育てるか、精霊のまま返すかを父親はかかわらず、母親が判断する。精霊に返す際には赤子を殺害し、遺骸を蟻塚《ありづか》に納め、白蟻《しろあり》に食わせる。ヤノマミの住むある集落では「年子」がいないし、身体障害者が一人もいないことからも、厳しい環境のなかで生きるための人口調節がおこなわれていると考えられている。ヤノマミにも死生観はあり、母は子殺しへの心の痛みもある。こうした行為を野蛮、残酷と文明人はいいきれるだろうか。母親は懐胎した子を必ずしも祝福されて出産できるとは限らない。なんらかの事情で育てられない子をどうするか。未開社会でも、文明社会でも生命の根源にかかわる重い問題で、簡単に答えは出せない。

二　最古の才媛エンヘドゥアンナ王女

一七歳のヒロイン

二〇一四年の「ノーベル平和賞」は「子供が教育を受ける」権利を主張した、一七歳のパキスタンの少女マララ・ユスフザイが受賞した。「女性が教育を受けることは罪」とする過激派に狙撃《そげき》されたが、一命をとりとめての受賞でもあり、世界中の多くの人々が彼女を称賛した。彼女の受賞がふさわしいことはまちがいない。だが、ヒロインを待っているのは穏やかな一生ではないだろう。彼女をヒロインに押し上げたのは、教育の問題をなおざりにしてきた多くの大人の怠慢ではないだろうか。二一世紀になっても、世界では満足な教育を受けられず、自立できずに一生を不遇のうちにおえる人、ことにそうした女性が少なくないのである。

さて、シュメル・アッカドで、識字率がどのくらいあったかは不明だが、低かったことはまちがいない。きわめて限られた人々、つまり、神官や書記（役人）しか読み書きはできず、王といえども必ずしも読み書きはできなかった。王は文字の読み書きができなくても、その職責を果たすことはできた。女性ともなれば、その識字率は限りなく零《ゼロ》に近かっただろう。

文章を書くということは、文字だけ知っていれば書けるというものではないものの、少なくともシュメル語、アッカド語の読み書きには約六〇〇の楔形文字を習得する必要がある。後代に登場する単音文字（アルファベット）は普通三〇字以下であって、文字数が少なければ、当然のことだが、識字率は高くなる。

アルファベットを読み書きした女性たち

通学途中と思《おぼ》しき少女やパピルス文書を読んでいる女性が描かれた古代ギリシアの壺絵がある。また、アッティカ地方のブラウロンにアルテミス女神の神域があって、出産を司るアルテミス女神に無事に出産をした女性たちが織物などを奉献していた。こうした織物のなかには、女性たちの名前が織り込まれた、あるいは縫い込まれたものがあって、ギリシア語の読み書きができた女性たちがいたことがわかる。

さらに、時代を下って、ローマともなれば、ラテン語の読み書きができる女性たちがふえている。今から二〇〇〇年ほど前、紀元七九年、ヴェスヴィオ山の噴火で火山灰に埋没したポンペイ遺跡から出土したテレンティウス・ネロの家の壁画には「パン屋の夫妻」（一説には地方行政官夫妻ともいう。ナポリ国立考古学博物館蔵）と呼ばれる彩色肖像画が描かれていた。裕福な夫妻のようで、男性は手にパピルス紙の巻物を握り、女性は蠟引きの書板と鉄筆（尖《とが》った方で文字を書け、もう片方で文字を消せる）を持っている。両人ともに文字の読み書きができたようだ。このほかにも、女性が書板と鉄筆を持っている壁画が出土しているし、また、パピルス文書を読んでいる女性も描かれていた。一般の女性にも文字の読み書きがかなり普及していたよ

8—4　読書する女性　ギリシア壺絵

8—5　「パン屋の夫婦」　女性は蠟引きの書板と鉄筆を、男性はパピルス紙の巻物を持っている。テレンティウス・ネロの家の壁画。ポンペイ出土、1世紀、フレスコ画、高さ58cm、ナポリ国立考古学博物館蔵

8—6　ペンと蠟引きの書板を持つ女性　ギリシアの女流詩人サッフォーを描いたともいわれている。ネットをつけた髪形はネロ帝時代の流行。ポンペイ出土の壁画。1世紀、ナポリ国立考古学博物館蔵

うだ。男子だけでなく、女子も初等学校に通っていて、上層階級では中等教育を受ける女子も少なくなかったようである。

切ない宣伝文句

ポンペイでは、最下層に属す女性のなかにも、文字が書ける女性がいた。選挙権がないにもかかわらず、公職選挙の推薦文を書いた三人の女給がいた。

また、ある居酒屋付近の壁には「あたしは現金二アスであなたのものよ」（本村凌二著『ポンペイ・グラフィティ』）と、本村凌二によれば、おそらく娼婦《しょうふ》の客引きと考えられる落書きが書かれていた。一見屈託がない。娼婦が書いたとしたならば、江戸吉原の高級遊女たちのように読み書きの教育を授けられることはなく（図8—10参照）、初等学校にも通えなかった女性であろう。一人でも多くの客を得られるのであればと、少ない数とはいえアルファベットを自分の意志で必死に覚えたのではないだろうか。

当時の居酒屋で出すありふれたぶどう酒が一杯一アス（一〇〇円ぐらい）だという。また、娼婦の花代は二アスから八アスぐらいといわれている。とすると、この宣伝文句（キャッチ・

コピー）を書いた娼婦は一日何人の客をとれば、生きていけたのだろうか。性を買う立場の男性の視点ではなく、買われる女性のまなざしで見ると、おそらく家父長の庇護はなく、ラレース（第九章参照）の加護もありえず、一人で身を売って生きざるを得ない女性の宣伝文句は切ない。

女書記

残念ながら、ギリシア、ローマのような史料はシュメル社会にはない。『学校時代』などの文学作品では、子供の教育はもっぱら父親が担い、母親はかかわっていない。といっても、女性のすべてが文字の読み書きができなかったとはいえないだろう。シュメルでは円筒印章が使用されていて、男性だけでなく、女性も所有していた。ウル市のプアビやニンバンダ、そしてラガシュ市のバルナムタルラのような后妃たちの円筒印章にはシュメル語で名前が刻まれていて、当然后妃たちは自分の名前ぐらいは読めたにちがいない。シュメルでは書記術の守護神はニサ

8—7　キスをする娼婦と客　サルウィウスの居酒屋の壁画で、娼婦の名前はミュルタレと書かれている。ポンペイ出土の壁画。1世紀、高さ50cm、ナポリ国立考古学博物館蔵

バ女神であったし、古バビロニア時代にはゲシュティンアンナ女神も「冥界《めいかい》の書記」の称号を持つ。すべての女性が文字と無縁であったならば、書記術の守護神を女神にしなかったはずである。

最古の女書記については、ウル第三王朝時代にいたとの説が出されているものの、確実なのは古バビロニア時代になってからで、シッパル市の神殿には読み書きのできる女神官がいたし、ジムリ・リム王治世のマリ王宮に女書記が九人いたことが「マリ文書」からわかっている。油支給の会計簿に見え、量から見ると小間使い、清掃婦と同量、つまり同じ地位であって、このことから女性が文字を読み書きできることに高い価値があるとは思われていない社会であったことがわかる。それでも、読み書きを生業《なりわい》にして生きていた女性たちがすでにまちがいなくいたのである。

詩を編む王女

恵まれた環境にあった、王家の女性たちは文字の読み書きを学ぶことができ、文才のある女性は才能を開花させることができたようで、文学作品を残した女性がいる。エンヘドゥアンナ王女こそが人類史上、最古の名のある女性文学者である。

エンヘドゥアンナ王女はアッカド王朝初代サルゴン王の娘で、アッカド人だが、アッカド語のほかにシュメル語の読み書きができた二カ国語常用者（バイリンガル）で、シュメル語で詩作をした。また、王女は、ウル市の月神ナンナに仕えたエン（アッカド語ではエントゥ）女神官でもあった。王女がエン女神官になる習慣はエンヘドゥアンナの後もつづき、一時断絶したものの、新バビロニア王国最後のナボニドス王（前五五五―前五三九年）の娘までつづいていた。

王家の女性が神々に仕えることは、たとえば我が国で内親王が伊勢《いせ》神宮に斎宮《さいぐう》として仕えたように、時の王権の安泰を願ってありうることであったが、エンヘドゥアンナ王女は女神官であるだけでなく、文学者でもあった。シュメルおよびアッカドの諸神殿を讃えた詩歌『シュメル神殿讃歌集』には「粘土板を結びつけた者（は）エンヘドゥアンナ（である）」つまり「編纂者」と書かれているし、『イナンナ女神讃歌』もつくっている。

8―8　エンヘドゥアンナ王女奉納円盤（部分）。ウル出土、前24～前23世紀、石灰岩、ペンシルヴェニア大学博物館蔵

「女言葉」で書かれた子守唄

才媛はエンヘドゥアンナだけではない。ウル第三王朝初代ウルナンム王は戦死したとも伝えられ、その死を悼む哀歌を后妃の一人がつくっている。

また、『ウア・アウア』（子守唄の擬態語）とはじまる子守唄をつくったのは、ウル第三王朝シュルギ王の后妃の一人である。子守唄にはシュメル語でエメサル（「女の舌」の意味）と呼ばれる「女言葉」が使われている。我が国にも女言葉はあり、そのなかでは宮中に仕えた女房たちが使った女房言葉である「文字詞《もじことば》」は「お目もじ」や「ひもじい」などのように、今でも話されている。

たとえば、普通のシュメル語では「エン」という単語が、この子守唄では「ウムン」というエメサルが使われている。「エン」も「ウムン」も「主人」の意味である。女言葉であることを意識して和訳すれば「ご主人様」になるだろう。

「私が歌っている間に、坊やがたくましく育ちますように」と赤子をあやしながら、母は気の早いことに、「坊やの若い妻が坊やの抱擁に幸福でありますように、そして坊やの息子が坊やの膝の上で元気に育ちますように」と、息子が大人になったときを想像する。母は息子が幸福な結婚をし、さらに彼自身の子を持つことを願っている。

名代が務められたシプトゥ后妃

出産、育児のような女性一般がすべきことのほかに、后妃は王の名代のような行政手腕が求められることもあり、応えられた后妃の一人がマリ市のシプトゥ后妃である。

「マリ文書」のなかに、ジムリ・リム王とシプトゥ后妃の間で交わされた手紙がある。

シプトゥは王の信頼が厚く、王が不在の折には名代も務められる有能な女性であった。

王は出先からシプトゥへ指示の手紙を一度ならず出していて、シプトゥもまた返書を書き送っている。

では、シプトゥ后妃が王と交わした手紙は后妃自身が読み書きしたのかというと、これを判断する史料がなく、わからない。仮に后妃自身は読み書きができなかったとしても、前で話したように、マリ王宮には女書記たちがいて、彼女たちが后妃の祐筆《ゆうひつ》の役目を果たしたと考えられる。

フェルメールが描いた「手紙と女性」

8—9　「手紙を書く女と召使い」フェルメール画、1667年？、カンヴァス、油彩、高さ71.1cm、アイルランド・ナショナル・ギャラリー蔵

手紙を読み書きする女性を描いたのがJ・フェルメール（一六三二—七五年）である。ヨーロッパでは一四、一五世紀には安価な写本製作が可能になり、一五世紀末には下層市民の女性にも手の届く値段になっていた。フェルメールが生きていた一七世紀のオランダは経済的最盛期であった。一六五〇年代半ば以降に風俗画家として頭角をあらわしたフェルメールが描く「手紙と女性」は時代に即した題材だった。

8—10　恋文を認める遊女
喜多川歌麿作「当時全盛美人揃若松屋内若鶴」　遊女たちは禿（かむろ）の頃に読み書きの教育を受けていたので、手紙を書くことはお手の物だった

オランダでは読み書きの習得が奨励され、一七世紀ヨーロッパで最も識字率の高い国であった。他国に先駆け信頼性の高い郵便制度が整えられ、私的な手紙のやり取りが通信の重要な手段となっていった。

フェルメールは「手紙を書く女」「手紙を書く女と召使い」「手紙を読む青衣の女」「窓辺で手紙を読む女」などを描いている。「手紙を書く女と召使い」では、羽ペンを使って女性が手紙を書いている。棒状のろうそくや赤い封蝋《ふうろう》もあり、手前の床には手紙が散らばっている。紙を無駄遣いしているようにも見えるが、紙は以前よりも入手しやすくなっていたのである。

なお、オランダと出島《でじま》を通して交流のあった我が国でも、手紙を読み書きする女性、なかには遊女もいて、こうした女性を鳥居《とりい》清長《きよなが》（一七五二―一八一五年）や喜多川《きたがわ》歌麿《うたまろ》（一七五三／五四―一八〇六年）などが描いた浮世絵がかなりあり、江戸時代の女性の識字率を考える資料にもなる。

「女手」

我が国の女性の読み書きについてはフロイスも指摘していて、「われわれの間では女性が文字を書くことはあまり普及していない。日本の高貴の女性は、それを知らなければ価値が下がると考えている」（岡田章雄訳注『ヨーロッパ文化と日本文化』）と、ヨーロッパよりも日本の方が普及しているといっている。

フロイスは文字を知っているのは「高貴の女性」というが、一説には武士の下層、庶民の上層の女性はすでに一三世紀後半には、平仮名を書くことができたともいわれている。

フロイスは女性たちが書いていた文字の種類を理解していただろうか。一般に女性は平仮名を書いていた。平仮名は九世紀に漢字の草書体から発生し、宮廷を中心に女性たちに使われ、一〇世紀には「女手」といわれる独自な文字体系となった。平仮名は書の芸術や優れた文学作品を数多く生み出したが、担い手は女性であった。真名《まな》ともいわれる漢字にくらべて、平仮名は約五〇字と少なく、生きるための術として、社会の最下層を生きる遊女たちでも覚えられたのであろう。

なお、一七世紀も後半になると、自らの意志で漢字を学びたいとの知識欲にあふれた庶民の女性があらわれているとの研究もある。

三　政略結婚——王家の女性の生き方

王家の結婚

本章第一節で紹介したように、王家に生まれた女性はその誕生を祝福されるものだが、経済的に困るようなことはないにしろ、その一生が穏やかであったかというと、そうとはいえない王女たちもいた。王女たちはしばしば政略結婚の手駒にされていた。ここには王女たちの意志は見られず、父王の意志にしたがってのことであった。

政略結婚といえばハプスブルク家をあげないわけにはいかない。一三世紀以来一九一八年まで、神聖ローマ帝国（九六二―一八〇六年）ほかに君臨したハプスブルク家は家領の拡大に政略結婚を駆使した。「国母」と尊称されたマリア・テレジア（オーストリア大公およびボヘミア・ハンガリー王。在位一七四〇―八〇年）は一六人もの子を産み、六人は夭折したものの、子供たちを政略結婚の手駒としたことで知られている。だがこれは、ハプスブルク家が歴史上最初ではなく、シュメル人のウル王家（第三王朝）こそまさしく政略結婚を外交政策として駆使した最古の王家であった。

王とすれば、有効な外交手段として政略結婚を採用せざるをえないことになる。戦争ともなれば、多額の財政を出動させ、しかも死者が出ることは避けられない。そうであるならば、まず王家の女性を嫁がせることは有効な外交手段ともいえ、娘を捨て駒として使う父王をいちがいに責められないだろう。政略結婚は人間の結びつきを強めることからも、我が国の歴史を振り返ってみても、常態的におこなわれていた。

現代の日本でも政界や財界では「閨閥《けいばつ》」という言葉は生きている。だが、政略結婚即不仲な夫婦とは限らない。結びつきの経緯はともかく、睦まじく添い遂げる夫婦も少なくない。

小国マリの場合

小国は生き残りをかけて、政略結婚を画策せざるをえなかった。そうした小国の一つがマリ市である。ウル第三王朝の初代ウルナンム王に屈服させられたマリ市のアピル・キーン王（前二一〇〇年頃）はターラム・ウラム王女をウル王家に嫁がせた。ターラム・ウラムはウルナンム王の「エギア」、つまり義理の娘と呼ばれていることから、おそらくウルナンムの息子、シュルギ王の最初の妻で、後に第三代王となるアマル・シンを産んだ女性であろう。

8—11　マリア・テレジア

ターラム・ウラム王女から約三〇〇年後に、マリ王家のジムリ・リム王に大国ヤムハドのシプトゥ王女が嫁いできた。ヤムハドはハラブ市（現代名アレッポ／ハラブ）

を拠点にシリア北部のほぼ全域を支配し、バビロン第一王朝ハンムラビ王と肩を並べるほどの力を持ったヤリム・リム王（在位前一七八一―前一七六五年頃）治世に繁栄していた。

アッシリアのシャムシ・アダド一世の強引な外交政策で、マリはアッシリアに併合され、シャムシ・アダド一世の息子ヤスマハ・アッドゥ（在位前一七九六―前一七七六年頃）がマリ王として送り込まれてきた。国を追われたジムリ・リムはハラブに亡命するも、後に、シプトゥ王女を妻の一人に迎え、さらに正室に直した。前で紹介したように、シプトゥは夫の名代も務められ、双子をはじめ何人かの子を産んでいて、夫婦仲も悪くなかったようだ。だが、一時は同盟関係にあったバビロンのハンムラビ王によって、前一七六一年頃にマリは滅ぼされてしまう。このとき、シプトゥがどうなったかはわからない。

「年名」に採用された政略結婚

シュルギ王にはわかっているだけでも八人以上の妻たちがいて、当然子供の数も多かった。息子は一七人以上、娘も一三人以上はいたようである。王は子供たちを国家運営の手駒に使った。息子には軍事遠征の指揮をさせ、娘は政略結婚の道具にした。エラムよりも遠方にあるマルハシやアンシャン市などには遠征をおこなうと同時に政略結婚も採用した。

類似した政策は中国史に見られた。周辺異民族に手を焼いたときに、漢民族の王朝が採用した政策が「降嫁政策」である。ことに有名なのは「王昭君《おうしょうくん》の悲劇」である。匈奴《きょうど》に手こずった漢王朝は前三三年に宮女のなかから王昭君（生没年不詳）を嫁がせ、友好の証としたことはよく知られている。

さて、シュルギ王の娘たちは、父王の国家経営に貢献すべく、「東夷《とうい》」とでもいうべきイラン高原のまつろわぬ国々へ嫁がされ、「王の娘リウィル・ミタシュがマルハシのニン（后妃）の位についた年」（治世一八年）のように、「年名」になっている。

「年名」についてはすでに説明したように、王の功業が「年名」に採用されている。

ということは、娘を嫁がせることで戦争が避けられることから、父王の外交上の功業と考えられていたことになる。孫子《そんし》（孫武《そんぶ》〔生没年不詳〕あるいは子孫の孫臏《そんぴん》〔前三八〇？―前三二〇？年〕）が「凡《およ》そ用兵の法は、国を全うするを上と為《な》し、国を破るはこれに次ぐ」（金谷治訳注『孫子』「謀攻篇」）といっていて、敵国を傷つけずにそのままで降伏させるのが上策で、敵国を打ち破って屈服させるのはそれに劣るとする。つまり、戦争よりもまずは外交であって、そうであるから、政略結婚は「年名」に採用されるにふさわしい外交的な成果、王の功業と考えられていたことになる。

非情な父王

シュルギ王治世三〇年の年名は「王の娘がアンシャン市のエンシ（王）に嫁がされた年」で、娘の名前はわからないが、シュルギはまたしても別の娘をイラン高原に嫁がせた。

ところが、シュルギは四年後には娘の嫁ぎ先を滅ぼすという非情な行動に出る。治世三四年の年名は「アンシャン市が破壊された年」である。父王の攻撃による落城に際して、シュルギの娘はどうなったのだろうか。覚悟して嫁いだと思うが、逃れたのだろうか、死んだのだろうか。それはわかっていない。

別の娘ターラム・シュルギは「ターラム・シュルギ、王の娘、シュッダバーニ、パシメの人(支配者)の妻」と書かれた記録があることから、パシメに嫁いでいたようだ。パシメの正確な場所はわからないものの、イランのペルシア湾に接したあたりのようだ。

また、自分の娘だけでは足りなかったのか、シュルギ王はシュ・シン(シュルギの子あるいは孫)の娘クンシ・マートゥムにもまた政略結婚をさせていた。シュルギ王の治世何年かは不明だが、フリ人の住むシマヌムの支配者に嫁がせている。アマル・シン王に次いで、シュ・シンが王となり、その治世第三年の年名は「ウル市の王、シュ・シン神がシマヌムを破壊した年」である。シマヌムに嫁いでいた娘のクンシ・マートゥムがどうなったかもわからない。シュ・シン王もまた娘を捨て駒にした。

さらに、第五代イッビ・シン王(在位前二〇二八―前二〇〇四年頃)治世第五年の年名「王の娘、トゥキーン・ハッティ・ミグリーシャとザブシャリ市のエンシが結婚した年」からも政略結婚がおこなわれたことがわかる。

次々と王女たちを政略結婚させたウル王家であったが、そのかいもなく、前二〇〇四年にはエラムの侵攻で滅亡する。顧みたときにウル王家の外交政策は次々と嫁がされていった、捨て駒にされた王女たちなしには、ありえなかった。

后妃たちの殉死

敵国へ嫁がされた王女たちだけでなく、ウル王家に嫁いできた后妃たちにもまた過酷な運命が待っていたようだ。

ウル第三王朝時代のウル王家では后妃は王の死後に死者として祀られている。王の死後すぐに后妃が都合よく病死したとは考えにくく、殉死したようである。

シュルギ王の后妃たちのうち、少なくとも二人は殉死した。シュルギ王は王としてよく務めを果たし、治世四八年第一一月二日に死んだ。

后妃たちのうち、シュルギ・シムティはシュルギ王治世四八年第一〇月二八日までは、そしてゲメニンリルラは同年第九月二三日まではまちがいなく生存していた。だが、二人ともアマル・シン王治世一年第三月二八日には故人になっている。二人の后妃はシュルギの死によって死を賜り、殉死させられたようである。

8—12　シュルギ王墓入口

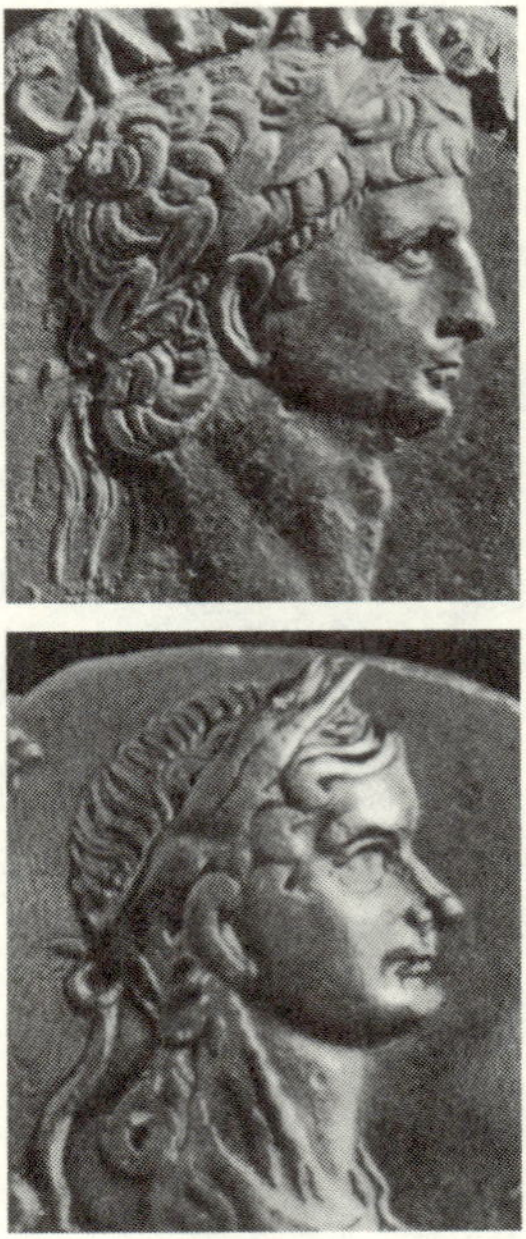

8—13 ㊤クラウディウス帝 セステルティウス銅貨、紀元41年、青銅、直径3.3cm、ベルリン博物館蔵。㊦アグリッピナ(小) クラウディウス帝の姪で、4番目の妻。息子のネロが紀元51年に鋳造させた銀貨、直径1.9cm、ローマ国立博物館

だが、后妃たちのなかには、夫である王の死に殉じなかった后妃もいる。その名前をアビ・シムティという。

「悪妻」の殉死

アマル・シン王のアビ・シムティ后妃は夫アマル・シン王治世のみならず、次のシュ・シン王治世にも「太后」として活躍していた。これは例外である。正統な王位継承者ではなかったともいうシュ・シン（アマル・シンの兄弟あるいは息子）に目をかけて、王位簒奪《さんだつ》を助けたことで、アビ・シムティは宮廷内で隠然たる勢力を持っていたようだ。アビ・シムティは自らの意志で夫の寝首をかき、殉死をしなかった「悪妻」ということになる。

歴史はそのほとんどが男性によって書かれ、筆者の視点は男性の目線である。男性の癒《いや》しと

なる女性に評価が高く、「悪妻」「悪女」と罵《ののし》られている女性はそのすべてではないにしても、男性にとって不都合なだけで、現代に生きる女性からすれば、やや強く自己主張しただけともいえることがある。

歴史上の帝王とその「悪妻」の不仲は、庶民ならば痴話喧嘩で済んでしまうことが、ときには権力闘争になってしまうようだ。こうした「悪妻」は後代にはいくらでもいる。ローマのクラウディウス帝を毒殺させたアグリッピナ（小）皇妃（一五―五九年）、ドミティアヌス帝の暗殺をそそのかしたドミティア皇妃（五〇年代前半―一二〇年代後半）と、枚挙にいとまがない。

だが、単なる「悪妻」でおわらなかった女丈夫もいる。ロマノフ朝（一六一三―一九一七年）の皇帝になったエカテリーナ二世（在位一七六二―九六年）で、ドイツ人でありながらも、近衛《このえ》連隊を味方につけ、無能な夫ピョートル三世（在位一七六一―六二年）を宮廷革命で追放し、殺害する。そして自らが帝位につき、その能力を存分に発揮して啓蒙《けいもう》専制君主として名声を博した。ここにいたれば、もはや誰も「悪妻」とはいわない。

8―14　エカテリーナ２世を揶揄する戯画

さて、王家の女性であっても、エカテリーナ二世まではなかなかなりきれないようだ。さすがのアビ・シムティもシュ・シン王が亡くなると間もなく、シュ・シン王のクバトゥム后妃とともに死者として祀られている。今度ばかりは観念せざるをえなかったのであろう。一代遅れながら、アビ・シムティは死を賜ったにちがいない。

第九章
安心立命の仕組み——グデア王の釘人形

グデア王の釘人形
　グデア王の王碑文が刻まれた「カネフォロス（籠担ぎ）像」（㊧）、「跪《ひざまず》く神像」（㊥）、「うずくまった牡牛像」（㊨）と、３種類もの釘《くぎ》人形で、神殿の基礎部分に埋納されていた。神殿の永続性などを祈願するための呪《まじな》いである。
　おそらくギルス地区出土、前22世紀半ば、銅？、「カネフォロス像」高さ27cm、「跪く神像」高さ21cm、「うずくまった牡牛像」高さ22.5cm、ルーヴル美術館蔵

「道中安全」のお札

科学技術のあまりの発達に驚かされたのが、探査機「はやぶさ」である。二〇〇三年（平成十五年）に打ち上げられ、小惑星イトカワに到達、探査し、二〇一〇年（平成二十二年）にはちゃんと地球に戻ってきた。この間、「はやぶさ」の管制室には「道中安全」にご利益のある中和《ちゅうか》神社（岡山県真庭《まにわ》市）のお札が安置されていた。科学技術が発達しても、人の不安は減ることはなく、新しい不安も増し、人知のおよばざる領域のことは神頼みにならざるをえないといえる。

もちろん、古代の文明社会にもお札はあった。新アッシリア帝国や新バビロニア王国では、病魔を退散させるために、パズズ（あるいはプズズ、映画『エクソシスト』の悪魔のモデル）と呼ばれる怖い顔の魔物の姿が彫られたり、銅あるいは青銅製の「病魔退散」のお札を病人の枕もとに安置していた。

二枚のお札の間には、約二七〇〇年ぐらいの時間が流れているものの、お札によって心を落ち着かせようとする、安心立命の仕組みは変わらないようである。

本章では、最古の文明社会に生きたシュメル人の心の問題を、三つに分けて紹介しよう。一つ目は、神慮を得るための占卜《せんぼく》である。二つ目は、呪術で、なかでも定礎埋蔵物の習慣である。

占卜や呪術は迷信と現代人は切り捨てるかもしれないが、古代人にとっては信ずるに足る知恵であった。

三つ目は、シュメル人が前二五〇〇年頃にはまちがいなく個人の守護神（個人神）を持っていたことである。いつ頃はじまったかは断定できないものの、おそらく先史時代からつづいていたと考えられる前の二つよりは、新しい考え方になる。個人が特定の神との結びつきによって救済されるとする救済宗教が登場するのは、前一〇〇〇年紀の世界帝国成立の時代と考えられているが、シュメル人は今から四五〇〇年ぐらい前には、救済神登場以前の救済神とでもいえる個人神を得ていて、この世をなんとか生き抜いていこうとしていたのである。

9―1　「病魔退散」のお札　上辺の左右のつり手を固定して病人の傍らに置いた。上から顔を出しているのはパズズ、最上段に神々のシンボル、次の段に動物頭の七魔神、その下で寝台に横たわる病人を治療する場面。下段は冥界へ逃げていく病魔にあたる悪霊ラマシュトゥ。前1000年紀はじめ、青銅、高さ13.8cm、ルーヴル美術館蔵

一　バルナムタルラ后妃の占い

「夢占い」と「内臓占い」の組み合わせ

今から四三〇〇年以上前の話である。前二三四五年頃のラガシュ市で、ルガルアンダ王のバルナムタルラ后妃が占いをした。占いをした動機はわからない。一度目の占いでは、どうやら后妃の願いが叶《かな》わなかったようで、二度目の占いをした。このときに供えられた、次のような犠牲の記録がある。

肥えた山羊一頭（を）エンエンタルジ（に）、肥えた山羊一頭（を）サンガ職ドゥドゥ（に）、肥えた山羊一頭（を）ミシャガ（に）、スッカル職アドダシュシキルが寝たときに彼らに持参した。

山羊一頭（を）ニギン聖所（に）、羊一頭（を）河岸のアブズ神殿（に）、仔羊《こひつじ》一頭（を）アンタスルラ神殿（に持参した）。メスアンドゥ神の占いの山羊一頭、占いが成就した。

合計、羊一頭、仔羊一頭、山羊五頭。ナンシェ女神の羊に大麦と水（を運ぶ）月にバルナムタルラが犠牲を捧げた。屠畜人《とちく》エンクゥの消費した羊である。

（ルガルアンダ王治世）五（年）

バルナムタルラ后妃の組織エミから、犠牲の家畜が支出された。支出の目的がわかるように簡単な覚え書が書かれている。この覚え書を読み解くと次のようになる。

犠牲は二回に分けて支出された。最初に犠牲が供えられたエンエンタルジ王はルガルアンダ王の父、ドゥドゥはおそらく祖父、そしておばにあたるミシャガ、以上の三名はすでに故人であった。まず、祖先に犠牲を供えたことになる。

次の「スッカル職アドダシュシキルが寝たときに」とは、「夢占い」をしたことを指している。「夢」はシュメル語でマシュギといい、その意味は「夜の山羊」で、占卜にちなんでいるようだ。「夢占い」は夜間に神殿で犠牲を供えて祈り、それから横になって眠る。すると夢に神があらわれてお告げを下すと信じられていた。

9—2　夢占い　印章印影図部分、初期王朝時代あるいはアッカド王朝時代初期、シカゴ大学オリエント研究所

このときは、「夢占い」をしても神意がわからなかったようで、次に「内臓占い」をした。まず、ニギン聖所以下に犠牲の羊や山羊を供えた。その後、山羊を使っての「内臓占い」がおこなわれ、その結果は「吉」であった。占卜にはさまざまな種類があったが、なかでも「内臓占い」が神慮を得るのに有効と考えられていた。

9—3　㊤肝臓占いの模型　古バビロニア時代、テラコッタ、大英博物館蔵。㊥治療場面想像図「病魔退散」のお札に表現されている場面（図9—1の上から3段目）の想像図。右端に坐った占い師が肝臓占いの模型を手にしている。㊦エトルリアの肝臓占いの模型　前2世紀後期〜前1世紀初期、青銅製、ピアチェンツァ市民博物館蔵

「内臓占い」

「内臓占い師」をシュメル語ではマシュシュギドギドという。「山羊（マシュ）に手（シュ）を伸ばす（ギドギド）（者）」の意味で、山羊や羊などの内臓を使って占ったことに由来する。

内臓のなかでも特に肝臓が重要視された。肝臓はほ

かの臓器よりも目立ち、表面の裂溝によって五葉に区分されていることが占いには適していた。あらかじめ吉凶で答えられるように、問いを設定して、肝臓の部位ごとに点検して、手引書にしたがって吉凶を判断した。

シュメルにはじまる「内臓占い」は古代オリエント世界のみならず、地中海世界にも伝わっていて、犠牲獣として牛が使われることもある。第七章ですでに紹介したように、アレクサンドロス大王のバビロン入城（前三二三年）に際して、「肝臓占い」をしたが、「犠牲の肝臓には肝の葉《よう》が見えなかった」（大牟田章訳『アレクサンドロス大王東征記』）。これは「大凶」の卦で、大王の死を告げていた。

また、ローマ人に先行して、イタリア半島中西部で独自の文化を確立して栄えていたエトルリア人の遺跡（前八—前四世紀はじめ）からは青銅製の肝臓模型が出土していて、当然「肝臓占い」がおこなわれていた。そして、この占いはエトルリア人からローマ人へと伝えられた。

「肝臓占い」よりも「鳥占い」

アウグストゥス帝治世のある「肝臓占い」では、肝臓の一番下の部分が内側に二重に曲がっているのが見られ、これは重大な運命を告げる瑞兆《ずいちょう》と卜腸師が予言したとスエトニウスは伝えている。このように、ローマでも「肝臓占い」がおこなわれていたが、ローマでは「肝臓占い」よりも、「ローマ建国伝説」にも登場する「鳥占い」の方がさかんであった。

「鳥占い」は普遍的に見られ、イシン・ラルサ時代のバビロニアでも見られた。鳥の種類、数、飛び方、鳴き方などで占う。我が国にも「鳥占い」はある。気多大社《けたたいしゃ》（石川県羽咋市《はくい》）の年末の神事「鵜祭《うまつり》」は、伝承では二一〇〇年もつづいているといわれる。鵜（海鵜）を使って、鵜の動きで新年の吉凶を占っている。

ティベリウス・グラックス（共和政期の政治家。前一六二—前一三三年）がおこなった「鳥占い」は『プルタルコス英雄伝』に伝えられている。鳥の種類は記されていないが、複数の鳥を入れた籠を持ってこさせ、餌《えさ》を投げ、その後の鳥の様子をティベリウス自身が観察している。

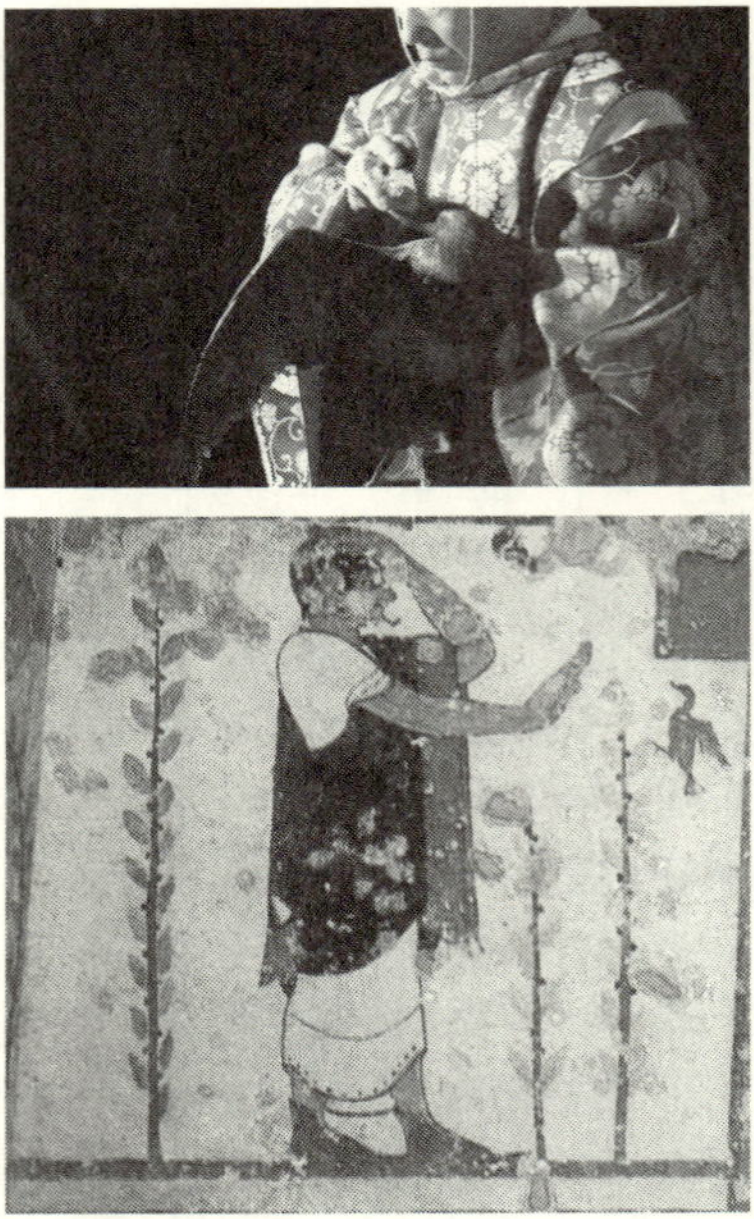

9—4　㊤気多大社の鵜祭　神職が鵜を抱いている。㊦エトルリアの鳥占い「卜鳥官の墓」壁画（部分）。前520年頃、タルクィニア

ローマでの「鳥占い」は命令権と並ぶ高級政務官の権限で、政務官任命、征戦などの際に、あらかじめ吉凶を占って、ことに臨んでいた。元首政時代（前二七年以降、三世紀までには専制君主制に移行）の征戦の「鳥占い」は元首のみの権利であった。アウグストゥス帝自身が「トリ鳥官」でもあり、国事の吉凶を鳥の飛び方や数で判断していた。

アウグストゥスといえば、「元老院からアウグストゥス（尊厳者）の称号をうけ」と世界史の教科書（『もういちど読む山川世界史』山川出版社、二〇〇九年）にも書かれているが、「アウグストゥス」という語は「尊厳者」だけでなく、「神に捧げられた場所」や「そこである物が卜鳥官（アウグル）の占卜儀式で聖別された所」も意味していると、スエトニウスはいっている。

「内臓占い」よりも「粥占い」

我が国の古代社会でも「内臓占い」がおこなわれていたとの説もあるが、「内臓占い」がおこなわれる社会は肉食をする社会であって、動物の解体が頻繁におこなわれていることが前提になる。となれば、たとえ「内臓占い」が伝わったにせよ、天武天皇四年（六七六年）には「牛・馬・犬・猿・鶏の宍《しし》を食《くら》ふこと莫《まな》」（坂本太郎他校注『日本書紀』巻二十九）と、猪《いのしし》と鹿は除かれているものの「肉食禁止令」が出されていて、我が国ではつづかなかったであろう。

むしろ、稲作を基本とした我が国では粥《かゆ》に発生するかびから、稲の豊作、不作を占う「粥占い」のような方法が向いている。現に、二一世紀になっても、正月になると「粥占い」はおこなわれている。

このように、占卜は古代人のように信じられることはないにしても、神事や儀礼として、あるいは新聞やテレビの朝の番組の「今日の星占い」のように、「当たるも八卦《はっけ》、当たらぬも八卦」とばかりにつづいている。それにしても、人間社会のすべてのものごとが合理的、科学的に割りきられ、占卜がなくなったら味気ないだろう。

9—5　東京中央郵便局の定礎　東京都千代田区丸の内

二　定礎埋蔵物とは

「定礎」

「定礎」は西洋の習慣で、西洋では建造物を建てる際にキリスト教で「定礎式」をして、基礎の主要な一角に(方角は南東の隅が多いともいうが)、定礎石をすえる。定礎石の奥には定礎箱が埋め込まれ、そのなかに住所、施工主名などを書いた定礎銘板や建築図面、さらに建物が建設された年に発行された新聞や通貨などを入れる。これらの埋納物を定礎埋蔵物という。

こうした習慣がビルディング建築の技術とともに我が国に伝わった。我が国ではキリスト教徒が少なく、建築儀礼となれば神道ということになり、多くの人は「定礎式」を神式でおこない、定礎箱のなかに前であげたもののほかに氏神様のお札などを納めている。

ウルナンシェ王の釘人形

定礎埋蔵物の起源は古く、メソポタミア南部では今から七〇〇〇年も前に遡るウバイド文化時代にすでに見られ、なんと五〇〇〇年以上もの長きにわたってパルティア時代までつづいていたことが確認できる。建造物の浄め、魔除けなどの呪術的意図、そして王の功業を記念するなどの目的で定礎碑、黄金、銀、宝石などが埋納されていた。

ラガシュ市では、ほかのシュメル都市以上に、独自の釘人形が発達した。前二五〇〇年頃のウルナンシェ王の王碑文が刻まれた定礎埋蔵物の釘人形が最古の例で、長髪を背に垂らし、胸

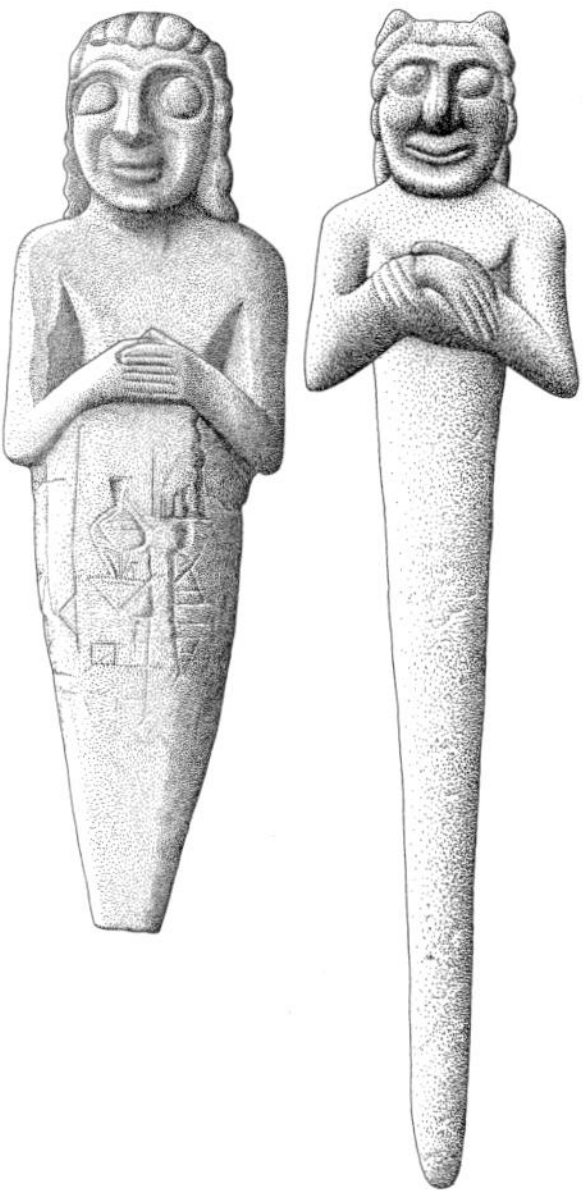

㊧9—6　ウルナンシェ王の釘人形　雪花石膏、高さ20cm、ハーバード大学セム博物館蔵
㊨9—7　エンアンナトゥム1世の釘人形　ラガシュ地区出土、銅

の前で手を組む姿の釘人形はウルナンシェ王自身を表したようだ。釘人形は使命を帯びて納められていた。神殿の基礎は地下水面に達したので、あたかもアブズ（シュメル語で「深淵《しんえん》」の意味、アッカド語でアプス）に浮いているようで、神殿をアブズにつなぎとめる必要があるとシュメル人は考えた。アブズは生命に活力を与え、魔を祓い、そして神殿の永遠性などを保証すると考えられていて、釘人形には神殿をアブズにつなぎとめる役割が与えられていた。

我が国でも見られる釘人形

シュメル人の貴重な遺物である銅製釘人形が、我が国に少なくとも三体将来されている。

そのうちの二体の釘人形は来歴がより明確にわかっていて、一体は東京国立博物館東洋館（東京都台東《たいとう》区）、別の一体は出光《いでみつ》美術館（東京都千代田区）に収蔵されている。釘状になっている下半身にシュメル語の王碑文が刻まれていたはずだが、現在は磨滅してしまっている。だが、幸いなことに釘人形とともに埋納されていた石板の定礎碑が発見されている。碑文から、釘人形は前二四三〇年頃の王、エンアンナトゥム一世がラガシュ市のラガシュ地区にイナンナ女神を祀るイブガル神殿を建立した際に、その基礎に複数埋納したなかの二体であるとわかった。日本が縄文文化時代であった頃に鋳造され、時代、出土地、用途などがわかっている由緒正しいシュメル人の遺物なのだが、残念なことに釘人形が持つ価値があまり知られていないので、我が国ではほとんど注目されていない。

グデア王の三種類の釘人形

エンアンナトゥム一世よりも二百数十年後になるグデア王の定礎埋蔵物には三種類の釘人形（本章扉図）があった。いずれの像も銅製（？）で、「うずくまった牡牛像」三体、「カネフォロス（籠担ぎ）像」五体そして「跪く神像」にいたっては三三体も出土している。

「うずくまった牡牛像」については情報がほとんどないが、おそらくは犠牲の牡牛を表しているだろう。ほかの二種類、「カネフォロス（籠担ぎ）像」と「跪く神像」の釘人形については、もう少し話しておこう。

まず、「カネフォロス像」だが、ギリシア語で「籠担ぎ」の意味で、「ウルナンシェ王の奉納額A」などに見られる煉瓦などを入れた籠を担ぐ姿であって、グデア王自身も「グデア、神殿を建てし者、神殿のなかで聖なる冠のごとく頭上に籠を置いた」（円筒碑文A、第二〇欄二四―二五行）と記していて、神に奉仕する王自身の姿を表す。

「カネフォロス像」には下半身が釘のものや、両足を台座の上にそろえた像もある。ウル第三王朝時代には「カネフォロス像」が標準的な像として採用され、ウル市だけでなくほかの都市からも出土し、次の古バビロニア時代前半まで使用されている。さらに、新アッシリアでは定礎碑の真ん中に王の「カネフォロス像」を刻んだものもある。

「跪く神像」は、角のある冠をかぶっているので、研究者たちが「神像」と呼んでいる。ひげ

9—8　アダド・ナディン・アーへの定礎碑　上アラム語、下ギリシア語。ギルス地区出土、前2世紀、高さ31cm、ルーヴル美術館蔵

のある男性像で、立て膝をして、足の間に楔形文字が刻まれた大きな定礎釘を挟んで、打ち込む姿をしている。グデア王の円筒碑文Aに「エニンヌ神殿に繋留《けいりゅう》の柱として打ち込み、祈る呪術師（アブガル）（の姿をした釘人形）を彼は打ち込んだ」（第二二欄一六―一七行）と書かれている。グデア王は像をディンギル（神）ではなく、アブガル（呪術師）といっているので、定礎釘を打ち込む「跪く神像」は呪術師が定礎釘を打ち込む姿を表したのであろう。

グデア王もまたウルナンシェ王と同じようにアブズに定礎釘を打ち込んで、神殿の弥栄《いやさか》などの願いを込めていた。釘人形を埋納する習慣は古バビロニア時代前半までで、その後は廃れてしまう。かわって、石、粘土板などに刻まれた定礎碑が主流になった。グデア王の時代から約二〇〇〇年も後代の、前二世紀のことだが、旧ギルス地区に居を構えた地方領主アダド・ナディン・アーへはパルティア風の宮殿を建て、アラム語とギリシア語それぞれのアルファベットで自らの名前を刻んだ焼成煉瓦を定礎碑としていた。定礎碑の慣習はつづいていたのである。

質素な定礎埋蔵物

古代エジプトでは、神殿と同様に王墓などにも定礎埋蔵物を納めているが、いずれも質素なミニチュア製品である。さすがの墓泥棒もあまりにも質素な定礎埋蔵物で、盗む気がしなかったにちがいない。その結果、副葬品とはちがって、残っていたのである。

第一八王朝（前一五五〇―前一二九二年頃）ハトシェプスト女王（在位前一四七九／七三―前一四五八／五七年頃）のデル・エル・バハリの葬祭殿からも定礎埋蔵物が出土している。女王の葬祭殿では大きな埋納坑が一四カ所も見つかり、そのなかに供物とともにミニチュア製品の工具（斧、手斧など）、儀式用道具（杭《くい》、槌《つち》、鋤《すき》など）、護符、スカラベ型の記念品などが埋められていた。こうしたミニチュアの道具などを奉献すると、建造物が永遠に存続すると信じられていた。

9―9　ハトシェプスト女王葬祭殿の定礎埋蔵物　坑（直径約89cm）に埋納された状況復元

なお、アケナテン王（アメンヘテプ四世、在位前一三五一―前一三三四年頃）が遷都したアケト・アテンからは、時代を特定できる定礎埋蔵物が発見されていないという。アテン神のみを崇《あが》める「宗教改革」によって定礎式が重要性をなくしたとも、あるいは廃止されたとも考えられるようだ。

ちなみに、『旧約聖書』「エズラ記」第三章第八―一一節には、前五三八年に「バビロニア捕囚」から解放され、帰国した人々がエルサレムの神殿の基礎をすえる話が伝えられているが、神殿の基礎をすえた後に、祭司らがダビデ王の定めにしたがって主を賛美しただけである。

9—10　㊤ダレイオス１世の定礎碑文　銀、高さ32.5cm。㊦定礎碑文埋納箱　石灰岩？、高さ15cm、幅45cm。どちらもペルセポリス出土、イラン国立博物館蔵

ペルセポリス宮殿の定礎碑

古代オリエント世界を大統一したアケメネス朝ペルシアのダレイオス一世は、前五二〇年頃ペルセポリス宮殿造営事業に着手し、以後歴代の王たちによって継承されていった。ペルセポリス宮殿の謁見殿（アパダナ）から定礎埋蔵物が出土している。謁見殿の南東の隅に、二つの石の箱が埋設され、新時代の富である数枚の硬貨（コイン）とともに、一つの箱には黄金板、

別の箱には銀板の定礎碑が納められていた。ダレイオス一世は硬貨をはじめて定礎埋蔵物に採用し、この習慣は約二五〇〇年後の現在にいたるまでつづいていることになる。

定礎碑文は古代ペルシア語、エラム語、バビロニア語（アッカド語）の三カ国語の楔形文字で、アフラ・マズダー神の加護の下、アケメネス朝はソグド人のかなたのサカ州（中央アジア）からクシュの国（ナイル河南部）まで、インダス河からサルディス市にいたるまでを支配する大帝国であることが書かれている。碑文の内容は建造物そのものの永続性などよりも、アケメネス朝ならびにダレイオス一世の偉業を誇示していて、この内容では定礎碑とはいいがたいことになる。だが、こうした王の業績を誇示した長い定礎碑文を刻むことはすでに新アッシリア帝国時代にはじまっていて、権力者はことあるごとに、己が手柄を誇示したいようで、これをアケメネス朝の王たちは模倣したのである。

興福寺の鎮壇具

我が国では奈良時代（七一〇—七九四年）創建の寺院、たとえば東大寺、興福寺などから鎮《ちん》壇具《だんぐ》、つまり仏教文化版定礎埋蔵物が出土している。鎮壇具はおもに寺院を建立する際に、安全を祈念して修法をおこなって埋納される。この儀礼は『陀羅尼集経《だらにじっきょう》』に由来し、堂塔の四隅や中央に七宝、五穀を埋めると書かれている。

鎮壇具の質のよさ、数の多さでは興福寺が群を抜いている。一八七四年（明治七年）に興福

9—11　興福寺の鎮壇具　明治７年、中金堂基壇から発見された鎮壇具、東京国立博物館蔵

寺中金堂《ちゅうこんどう》基壇（土台）中から、八世紀前半の創建時に埋納された鎮壇具が出土した。金、銀、真珠、水晶、琥珀《こはく》、ガラス、瑪瑙《めのう》などの七宝でつくられた各種製品と銅鏡、刀剣など一四〇〇余点にもなる。この後も何度か鎮壇具が発見され、優れた工芸品であることから、その一部は国宝に指定されている。

いうまでもなく、興福寺は時の権力者藤原《ふじわら》氏の氏寺である。鎮壇具を過度なほどに埋納したのは藤原氏の権勢の大きさを誇示し、同時に権力者の不安の大きさが厚く氏寺を遇する行為になったということだろう。

ユーラシア大陸の東の端に位置する我が国には、古くに仏教思想とともに鎮壇具が、そして新しくは西洋文明とともに定礎埋蔵物の習慣がもたらされ、両方とも採用された。この二つの流れをたどれば元は一つで、シュメルにいたるのである。

科学技術は発達しても、災害がなくなることはなく、むしろいったん起きてしまえば想定外の複雑な事態を招くこともある。このことは「東日本大震災」（二〇一一年三月一一日）および東京電力福島第一原子力発電所の事故で、日本人は経験した。科学技術は万能ではない。定礎埋蔵物は呪いといってしまえばそれまでだが、シュメルにはじまった不安を取り除く人間社会の知恵として、想いを同じにする古代国家形成期の我が国の祖先たちが受け入れ、そして二一世紀の日本人にも継承されているのである。

三　『人とその神』

個人神を介する作法

シュメルでは数多《あまた》の神々が祀られていたが、エンリル神やイナンナ女神のような大神は恐れ多く、民衆には祀れない。また、個々の民衆を守ることは大神の役目ではないと考えられていた。大神に「執り成す」あるいは「祈る」のが個人の守護神つまり個人神であった。守護神のなかには、ある機能や分野を守護する神もいるが、個人神はあくまで個人としての人間を守護してくれる神である。シュメル人は「無病息災」から一歩踏み出していて、「生命のために」つまり己が「健康長寿」を個人神を介して大神に祈願あるいは執り成してもらえると信じていた。

グデア王の円筒印章印影図には、グデア王がラガシュ市の都市神ニンギルス神に、個人神ニンギシュジダ神によって紹介されている場面が刻まれている。この様式は「謁見図」（「執り成しの場面」）といわれ、グデア王によってはじめられたという。

9—12　グデア王の円筒印章印影図
左上に「グデア、ラガシュ市のエンシ（王）」と書かれ、その下は霊獣ムシュフシュ、両手をあげたラマ女神の前に立つのがグデア王。王の手を引くニンギシュジダ神が右端の大神ニンギルス神にグデアを執り成す

個人神は、文明社会における中間管理職の重要性を神々の世界に反映させた考え方ともいわれている。階層が分化し、さまざまな職種のある、複雑なシュメル社会を円滑に機能させるには、社会あるいは職種の上下に位置する人々をつなぐ中間の人々の役割は重要だったはずである。こうした考え方が神々の世界に応用されることはありうることで、大神と接する際には個人神を介するという作法をシュメル人は遵守していた。

個人神が大神に上手に執り成してくれれば、なにごとも成功すると信じられていた。そこで、「成功」にあたる表現は「(個人)神を得た」といい、「自分の(個人)神を持つ者の過ちは消える。自分の(個人)神を持たぬ者の罪は多い」ともいわれた。たとえば、祭祀を怠ると、個人神は怒って人間から去ってしまう。こうなると人間は悪霊などに狙われることにもなると考えられていた。善意や努力などが必ずしも報われるとは限らないのが人生であって、「人間の運」を神格化したのが個人神と考える研究者もいる。

現世利益の神

個人神は執り成し役を務める低位の神だから、通常名前は書かれていない。それでも、一部の個人神の名前がわかっている。こうした神は王やその家族の個人神であって、王碑文などに「彼の（個人）神」につづいて、シュルウトゥル神、ニンギシュジダ神といった名前が書かれているからである。名前のわかる個人神はおおむね豊饒を司る冥界神である。

前二三五〇―前二三三五年頃のラガシュ市では、公的祭祀のなかに祖先および祖先神のための祭があって、この祭礼時の犠牲を支出した后妃の組織エミの記録には、このような王たちの個人神は、その名前が見られない。ということは、個人神とされていた神々は祖先神ではなかったことを意味し、シュメルの個人神は死後のことにはかかわらなかったことになる。個人神はあくまでも現世利益の神であった。

ラガシュ王たちの個人神

個人神と和訳されているが、一個人だけでなく父から息子へと、父系で共有されていた。では、個人神をどのように選んでいたかというと、家父長が占卜で選んだのではないかともいわれている。グデア王朝に先立って、ラガシュ市を支配したウルナンシェ王朝六代の王たちは父子相承の世襲支配で、王たちはシュルウトゥル神を個人神としていたことが王碑文からわかっている。ウルナンシェ王朝（表9―A）およびその後のグデア王朝（表9―B）の王たちの系図を見てほしい。現在わかっている限りの個人神を記してある。

表9—A　ウルナンシェ王朝およびその後3代の王たちと個人神

グニドゥ

前2500年頃　ウルナンシェ（シュルウトゥル神）

アクルガル（シュルウトゥル神）

エアンナトゥム（シュルウトゥル神）　エンアンナトゥム1世（シュルウトゥル神）

前2400年頃　エンメテナ（シュルウトゥル神）

エンアンナトゥム2世（シュルウトゥル神）

ドゥドゥ

前2350年頃　エンエンタルジ＝ディムトゥル（メスアンドゥ神）

ルガルアンダ＝バルナムタルラ（メスアンドゥ神）

ウルイニムギナ＝シャグシャグ（シュルウトゥル神、ニンシュブル女神）

主要人物のみ
細字：女性　（　）内：個人神　下線付：推測

ルガルアンダ王から王権を簒奪したウルイニムギナ王はニンシュブル女神とシュルウトゥル神を個人神としていた。個人神は一柱とは限らないのである。ウルイニムギナ王の本来の個人神はニンシュブル女神であって、シュルウトゥル神を個人神としたのは、シュルウトゥル神を個人神としていたウルナンシェ王朝の王たちへの政治的配慮と考えられている。

また、グデア王はニンギシュジダ神の父ニンアズ神もまた個人神にしていた。

表９—Ｂ　グデア王朝の王たちと個人神

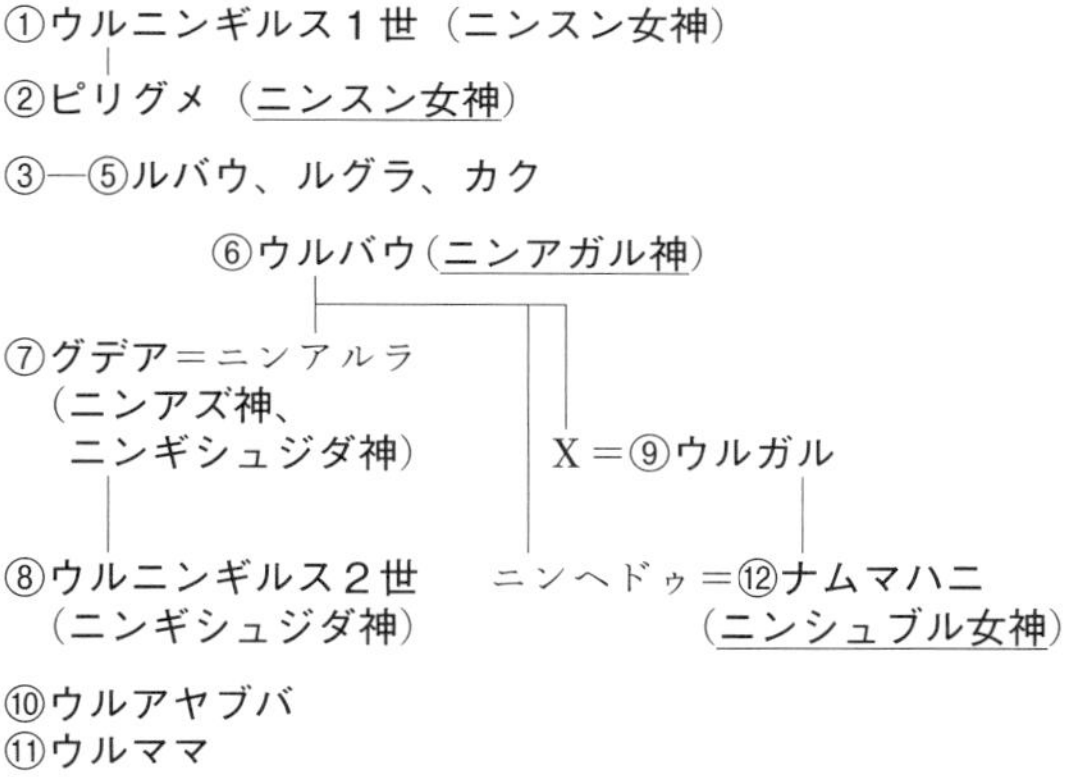

主要人物のみ　細字：女性　（　）内：個人神　下線付：推測

罪を負う神

シュメル社会は『ウルナンム「法典」』があることからもわかるように、法にしたがう社会であって、人間の行為は、家庭内のことであっても、不正となれば法によって処罰された。したがって、一神教の神のように人間の心の在り方や生き方までも厳しく律し、人間の行為を正すことを激しく主張することを、シュメルの神々はしない。それでも個人神は道義的責任を負い、正義に反する行為に罰を加えると信じられていた。このことを示す次のような例がある。

ラガシュ市がウンマ市の攻撃で落城となったときに、ラガシュ市のウルイニムギナ王は「ウンマの人はラガシュ市を破壊してしまい、罪をニンギルス神に対して犯した。その勝利に呪いあれ。罪はギルス（ラガシュ）のルガル（王）、ウルイニムギナにはない。ウンマ市のエンシ

（王）、ルガルザゲシに、彼の（個人）神ニサバ女神はその罪を負わせるべきである」との、奇妙な王碑文を残した。

王として情けないことに、ウルイニムギナ王はラガシュ市を敵の攻撃から守りきれなかった。本来その責めはウルイニムギナ王が負うべきところだが、罪はウンマ市のルガルザゲシ王と王の個人神ニサバ女神にあると責任転嫁をしたのがこの王碑文なのである。

后妃の個人神

女性の個人神については、生家で得た個人神を生涯持ちつづけたか、結婚を機に夫の個人神を自らの個人神としたかが問題になる。すでに紹介してきたように、複数の個人神を持った例があるので、両方ともの可能性もある。いずれにしてもシュメルは多神教社会だから、二者択一を迫られる厳しさはない。仮に夫とちがう個人神を持っていたとしても、后妃は夫である王の個人神を丁重に扱い、夫の個人神を蔑《ないがし》ろにすることはなかった。

というのは、ルガルアンダ王の個人神と考えられるメスアンドゥ神を、バルナムタルラ后妃が丁重に扱っていたことが后妃の組織エミの会計簿からわかっている。本章一節でバルナムタルラ后妃の占卜を紹介したが、個人神は占卜にもかかわると考えられていて、メスアンドゥ神の名前が見られることから、バルナムタルラ后妃は、メスアンドゥを個人神にしていた可能性もある。

后妃の個人神についての情報は多くはないが、皆無ではない。たとえばシュルギ王の后妃の一人シュクル〔トゥム〕はシュルギ王が個人神としているニンスン女神を「我が（個人）神」と呼んでいて、夫と同じ個人神を崇めていた。

『人とその神』

『人とその神』と呼ばれている約一四五行の短いシュメル語文学作品がニップル市から出土している。前二〇〇〇年紀前半に書かれた作品で、これといった物語が展開されるわけではなく、名前が紹介されていない主人公のほぼ独白（モノローグ）で、人がなにを個人神に求めていたかが書かれている。

導入部では、個人神がいない人間は食物を得ることができないといっている。だから、そうならないように、個人神を讃えようということになる。ついで、名前が語られない主人公の若者が登場する。病気と不幸に打ちのめされた主人公は自分の置かれた状況を「私の（個人）神よ、私を生んだ父である方よ、どうか私に顔を向けて」などとかきくどくように個人神に嘆きつづける。この部分が物語の中心で、長い。愚痴の連続のような主人公の嘆きと祈りの後で、ようやく願いが聞き入れられる。個人神は若者の悲しみを喜びに変え、誰でも守護してくれるラマ女神や守護霊を配してくれ、めでたく、しめくくられる。

個々の人間の救済を声高に主張しない祭式宗教の時代に、シュメル人個々人は己が守護神、つまり個人神を得て、人生を全うしようと努めた。こうした考え方はシュメル人が歴史の主役の座を去ったからといっても、すぐに消滅することはなかったものの、守護神についての考え方は変わっていった。

古バビロニア時代以降には、一対の対偶神が人の誕生と同時に与えられ、生涯にわたって祀る個人神になると考えられていた。第四章で紹介したシン・カシド王の王碑文には、「彼の（個人）神、ルガルバンダ神、彼の母、ニンスン女神に」と対偶神を個人神にしていたことが記されている。ここでの「彼の母」は「彼の個人女神」と同義である。

また、さらに時代が下ると、一対の対偶神だけでは足りなくなったようで、守護神や神霊をふやしている。たとえば、「私の右にイルゥ（個人神）を、私の左にイシュタル（個人女神）を立たせよう。よきシェドゥ霊とよきラマッス霊を常に私の近くにいさせよう」と、複数の守護神と守護霊へと、ふえている。

前二〇〇〇年紀末になると、個人神に求められていた救済の役割がマルドゥク神に求められるようになっていた。『ルドルル・ベル・ネメキ』（アッカド語文学作品、「我は知恵の神を讃えまつらん」の意味）では、救済神としてマルドゥク神が登場していて、守護神と守護霊はマルドゥク神の意志にしたがって行動している。

「家の神」

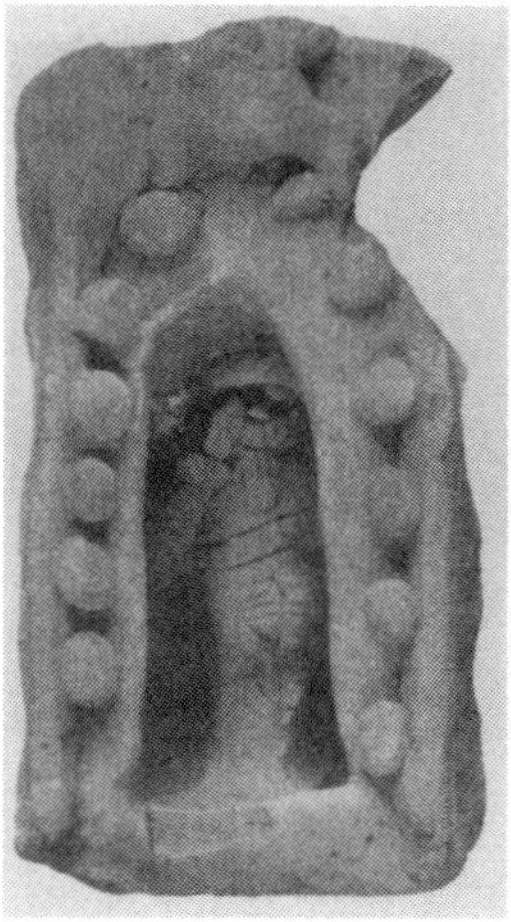

9―13　㊧家の神か　祠に入った神像、ニップル出土、前3000年紀はじめ、粘土、高さ12cm。㊨家の神　左からラハム、ウガルルおよび家の神の３体１組で、宮殿を守護すると考えられている。ニネヴェ北宮殿Ｂ室ａ出入口、前645～前640年頃、高さ157cm、大英博物館蔵

個人神とは別に「家の神」も祀られていたことが、後代の史料からわかっている。

現時点で文献史料は出土していないものの、ニップル市からは前三〇〇〇年紀はじめ頃の素朴な像が出土している。これらの像は葬儀や祖先供養の際に祀られていたようで、「家の神」の像であろう。「家の神」が祀られていたことは、ウル市の発掘からもわかった。前二〇〇〇年紀初頭の個人住居地区が発掘された。狭い道路沿いに数十軒の家が並んでいて、そのなかでも比較的大きな家には礼拝室があり、「家の神」が祀られていた。「家の神」は祖先崇拝とつながりを持ち、家産のほかに家督権を象徴することから、神像は相続の対象でもあった。

「家の神」の洗練された姿は、新アッシリア帝国時代のニネヴェ市に建造された宮殿壁面

に刻まれている。「家の神」はシュメル・アッカド時代のような髷を結っていて、この神が古くから信じられていたことがわかるように表現されており、宮殿を守護すると信じられていた。偶像崇拝を強く否定したイスラエル人もまた、元来は家の守護神像を祀っていたことが、たとえば『旧約聖書』「創世記」に「ラケルは父の家の守り神の像を盗んだ」（第三一章第一九節）と、伝えられている。また、エルサレム南部の丘から前一〇—前八世紀頃の家の守護神像が出土している。

四　ダイモンからデーモンへ

ギリシア人のダイモン

古代ギリシアで、個人や共同体に結びつき、その運命を左右すると考えられていたのがダイモンである。人間のダイモンはその誕生以来生涯を通じてつき添った。誕生、成長、結婚そして死にいたる個人の生涯を内から形成していく力で、ローマのゲニウスも同様である。ダイモンと良好な関係にあるときがエウダイモン（幸福）、反対のときにはカコダイモン（不幸）である。こうした考え方は、前で紹介したシュメルの個人神についての考え方とよく似ている。

ヘーシオドス（叙事詩人、前七〇〇年頃）は『仕事と日』のなかで、黄金時代の人間の種族が地上の善き精霊となり、人間の守護神となったと、ダイモンの出自を語っている。プラトン著『ソクラテスの弁明』によれば、哲学者ソクラテス（前四七〇／四六九—前三九九年）にはダイモン（ダイモニオン）がついていたし、プラトン（前四二八—前三四七年）は『饗宴』のなかで、ダイモンは神霊、つまり低位の神で、神々と人間との間の執り成し役と語っている。

なお、神像をつくることを好んだギリシア人も、ダイモンはオリンポスの神々のような高位の神ではないと考え、神像を制作することはなかった。

ローマ人のゲニウス

ユリウス・カエサルが生きていた頃のローマは多神教社会で、人々もまた複数の守護神を持っていた。カエサルは元老院の保守派に暗殺されたが、これについてギリシア人プルタルコスが書いた『プルタルコス英雄伝』「カエサル」には次のような一説がある。

　カエサルは満五十六歳で死んだ。（略）彼の生涯を一貫して、彼を支えてくれた彼の偉大な守護神《ダイモン》は、その死後も暗殺の復讐神としてこの人につきそい、海陸くまなく、殺害者を追跡し探索して、結局、（略）何らかの点で暗殺にあずかるところのあった人たちを、一人残らず処罰し終えた。

（長谷川博隆訳『プルタルコス英雄伝』）

つまり、守護神は守護した人間の死後も存在し、人間のために敵討ちまですると考えられていたことになる。

ローマ人男性の守護神はゲニウス（氏族〔ゲンス〕の霊）である。ゲニウスは命をつくり、維持し、すべての個人の誕生を助け、人間の性格を決定する。よき方へとその人の運命に影響を与え、守護神として生涯を通してつき添った。

一方で、女性を守ってくれるのは女性の生命を神格化したユノである。男とその妻が住む家

9—14　ラレースの小像　ポンペイ、黄金のキューピッドの家出土、1世紀、ナポリ国立考古学博物館蔵

9—15　居酒屋のララリウム　居酒屋なので、ラレース、ゲニウスのほかに、商売繁盛を願ってメルクリウス神（商売の神）やディオニューソス神（酒の神）なども描かれている。ポンペイ、ウェトゥティウス・プラチドゥスの家出土

ではゲニウスとユノが一緒に祀られていた。ユノは後にユノ女神に発展し、出産と女性の守護神となり、やがてギリシアのヘラ女神と習合する。

ゲニウスやユノのほかに、家の守護神ラレースもまた大切な守護神であった。家の守護神のほかに冥界神、道の神など、さまざまな面を持つのがラレースである。ラレースとは故人の善霊に関するラテン語名で、我が国における先祖の加護のように死後も子孫に祝福を与える活動をつづけた。ラレースなどを祀った神殿の形をしたララリウム（神棚）がポンペイ遺跡から出土している。

9―16「牡牛を屠るミトラス神」マリーノ、ミトラ教礼拝堂、紀元160～170年、フレスコ画

ダイモンからデーモンへ

古代ギリシア・ローマで流行したディオニューソス神、ミトラス神などを崇める「密儀宗教」は信者に試練を課すことで、信者のダイモンをめざめさせる仕組みともいわれ、教義や祭儀が特定の信者だけに知られ、その救済が約束されていた。

ところが、キリスト教は「密儀宗教」の影響を強く受けながらも、その成立過程で「密儀宗教」を激しく批判した。なかでも「教父」アウグスティヌス（三五四―四三〇年）が、ダイモンが伝令や通訳として神々と人間との間にあって、地上からは人間たちの願いを伝え、天上からは神々の助けをもたらすと信じてはならないと厳しく批判したことで、「密儀宗教」は消え去っていくことになる。

さらに、キリスト教徒であったテオドシウス一世（在位三七九―三九五年）が三九一―三九二年に異教信仰・祭儀を法律で禁止するにおよび、ゲニウスやラレースの信仰は法的に否定されることになった。長く信じていたこれらの神々を法によって取りあげられた人々は不安ではなかっただろうか。だが、この不安はキリスト教によって解消されることになったようだ。キリストあるいは神に、眼に見えない世界を支配する根源的な力が委ねられ、ダイモンが担っていた役割そのものはキリスト教世界でも欠くべからざる役割なので、天使あるいは聖者に引き継がれた。ユダヤ教の改革派であるキリスト教のなかには、多神教世界で長く培われた信仰が巧みに取り入れられているのである。このあたりにキリスト教が伝播、拡大していった理由の一つがあるように思える。

さて、批判されたダイモンそのものはどうなったかといえば、キリスト教神学において、呪われた異教の神々としてのデーモン、つまり悪霊に貶められてしまったのである。

終章
歴史を築いた「相棒」
——馬を見たシュルギ王

書記アブバカルラの印章印影図

歴史では「もし」をいうことは許されないとされるが、「もし馬がいなかったら、アッシリアは世界帝国をつくれただろうか」と、つい想像をたくましくしてしまう。実際には歴史上に馬はいて、馬は大きな役割を果たした。

現時点で、上図が文明世界で表現された最古の乗馬の図になる。その長い尾やふさふさしたたてがみから馬と推測されている。ウル第三王朝時代末期の役人アブバカルラの印章の図柄で、「アブバカルラ、書記、ルニンギルスの子」と書かれている。

歴史を築いた「相棒」

地球上の動物が人間だけだとしたら、どうだろうか。たぶん人間は栄えることなく、とっくに滅んでいたにちがいない。多種多様な動物がいてこその地球である。人間は動物を自分たちが存続するために、狡猾に利用しつづけている。すでに先史時代から牛、ろば、羊などを家畜として利用している。文明社会を築いたシュメル社会では犂《からすき》を牛に牽かせて農作業をしていて、牛なしの農業はありえなかった。その力が長く人間に必要とされていた牛はトラクターにその地位を追われ、今やビーフとなりはてた。

ろばやオナガーは先史時代からいたものの、馬の登場は遅かった。文明人は馬の機動力を我がものとするために、長い時間をかけることになる。馬は人間とともに歴史を築いた「相棒」ともいえる動物で、文明発達の最大の功労者、馬なしの歴史はありえない。

本章では文明社会の動物、なかでも馬について話すとしよう。

一　馬を知っていたシュメル人

「法典」に見られない馬

最古の文明社会に生きたシュメル人はさまざまな動物を知っていた。ライオンやガゼル（小型の羚羊《れいよう》）などの野生動物、その力を農業に使った牛、戦車を牽かせたろばやオナガー、毛や肉などを利用できる羊や山羊そして豚も飼っていた。また、すでに紹介したように、猿や熊には芸をさせていた。

シュメル人は馬も知っていたのである。馬がバビロニアへ登場する時期については研究者の間で意見が分かれていたが、前三〇〇〇年紀末期と考えられるようになった。かつて馬の登場が前二〇〇〇年紀の後半と考えられていた理由の一つとして、前で話したような一連の「法典」に馬に関する条文が見られないことがあげられていた。牛が「シュメル法」の条文に見られるのは、牛が農耕に利用され、牛がけがをした場合の賠償などの問題があったからである。だから、「法典」に馬が見られないからといって、それは馬がいなかったことを意味しない。馬はいたのである。ただ数が少なく、人々の生活と密接とはいいがたく、条文に明記されるような馬がらみのもめごとが少なかっただけである。

自らを馬になぞらえたシュルギ王

馬が最初に見た文明人はシュメル人であった。

シュメル人はまずろば（シュメル語でアンシェ）を知っていた。オナガーはアンシェ・エデンナ（「ステップのろば」の意味）と呼ばれ、そして「馬」はアンシェ・クルラ（「山のろば」の意味）と名づけられた。馬がザグロス山脈方面にいたからであろう。ウル第三王朝時代にはアンシェ・ジ・ジ（あるいはアンシェ・シ・シ）ともいわれていた。この語はアッカド語の「馬」シスーからの借用語か、「（大地から）立ちあがるろば」の意味になるだろう。シュメル人はその歴史の最後の段階になって、馬を知ったことになる。

ウル第三王朝の最盛期のシュルギ王は治世二〇年以降に自らを神格化し、多数の王讃歌をつくったが、『シュルギ王讃歌A』のなかで、次のようにいっている。

私は街道に最も適したらばであり、
私は道にあっては尻尾《しっぽ》をなびかせて（疾駆する）馬であり、
私は走りたがっているシャカン神の種ろばである。

シュルギ王は自らを、戦車を牽引するろばだけでなく、当時はまだ珍しかった馬およびらばにもなぞらえている。らばは、牡ろばと牝馬とをかけあわせてつくられ、耐久力があり、粗食に耐える。賢明なるシュルギ王にしても馬の価値を充分に理解していたとはいいがたい。だからこそ、馬とともに己をろばにもなぞらえているのである。

牛やろばにくらべて、耐久力や持久力は劣るものの、馬は機動力が抜群の動物であって人間はこの馬の能力を最大限引き出した。第三章で紹介したように、「王の道」を走らせたのはろばやオナガーではなく、馬であったが、馬は特に軍事面で利用されることになる。近代にいたるまで良馬を得ることが国力の強化につながっていた。また、扉図に紹介したように、ウル第三王朝のシュ・シン王からイッビ・シン王治世の役人アブバカルラの印章印影図では、長い尾やふさふさしたたてがみから馬と推定されている動物に人間がまたがっていて、これが最古の乗馬の図ともいわれている。

馬に乗れなかった帝王

シュルギ王は己を馬になぞらえたものの、馬に乗れたのだろうか。

ヨーロッパのおもな駅や公園などではしばしば大きな騎馬像が見られる。馬だけでも、人間だけでもなく、人馬一体の像である。

終—1　マルクス・アウレリウス・アントニヌス帝の騎馬像　紀元166〜180年、金箔を置いた青銅像（レプリカ）、全体の高さ4.24m、ローマ

はじまりはローマの皇帝騎馬像の流行で、各地に置かれたようだが、後に大半が壊されてしまった。五賢帝最後のマルクス・アウレリウス・アントニヌス帝（在位一六一—一八〇年）の騎馬像だけはキリスト教を公認したコンスタンティヌス一世とまちがわれたこと

が幸いして残り、オリジナルはカピトリーノ博物館に収蔵され、レプリカがローマ市のカピトリーノ広場に今も置かれている。この騎馬像に鐙《あぶみ》はなく、馬の足には蹄鉄《ていてつ》もない。

古バビロニア時代の「マリ文書」によれば、王が馬に乗ることはふさわしいことではなく、王はらばに牽かせた車に乗ることがふさわしいと考えられていた。賢い動物である馬を制御するには、まだ馬具が出揃《でそろ》っていないし、調教の技術も未熟であって、おそらくシュルギ王もふくめて王たちは馬に乗せてもらえなかったのが、真相になるだろう。

王はろばなどに牽かせた戦車に乗っていたので、王の死に際しては牽引獣と戦車が埋葬されることがあった。「ウル王墓」の一基（一二三二号墓）からも二体のろばが戦車とともに出土し

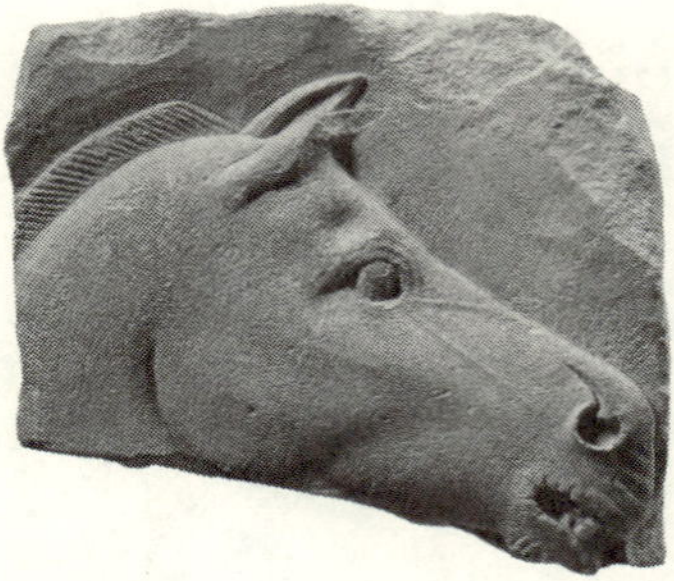

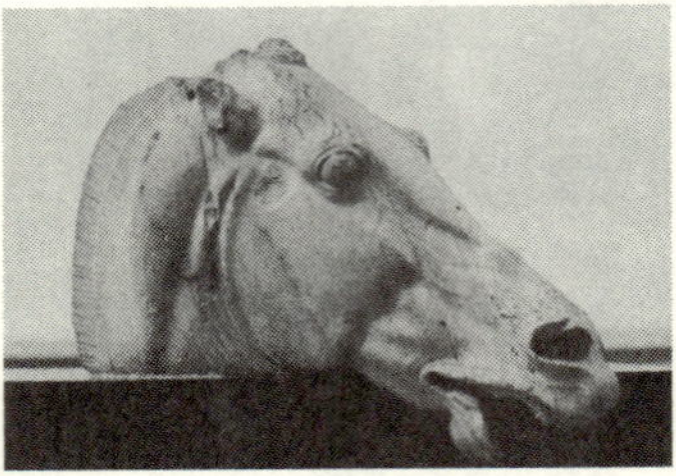

終―2　㊤馬頭部習作　アマルナ出土、石灰岩、高さ10.5cm、ベルリン博物館蔵。㊦「セレネの馬」　パルテノン神殿東破風に彫られた月の女神セレネの馬車を牽く馬。エルギン・マーブル。大英博物館蔵

ている。シュルギ王の父ウルナンム王の死後間もなくつくられたといわれる文学作品『ウルナンムの死』でも、ろばが殉葬されたことが語られていて、馬の殉葬の例はない。

前一六世紀にヒクソスの侵入によって馬がもたらされたエジプトでも、馬に牽かせた軽戦車を王や后妃が御すことはあっても、王が馬に騎乗することはふさわしくないと考えられていたようだ。二頭の馬に牽かせた軽戦車にアケナテン王のネフェルティティ后妃（前一四世紀中頃）が乗っていて、右手で手綱、左手で鞭を持ち、さっそうと戦車を操る壁画が残っている。

エジプトのアケナテン王が遷都したアマルナ遺跡からは「アマルナ美術」を象徴する、ギリシア彫刻を思わせる写実的な馬の頭部像浮彫が発見されている。ちなみに、ギリシア彫刻の馬の傑作といえば、J・W・ゲーテ（一七四九―一八三二年）が「原初の馬」と激賞したと伝えられている「セレネの馬」（大英博物館の至宝エルギン・マーブル）になるだろう。

熊よりも少ない馬

シュルギ王は治世三九年にニップル市近郊のプズリシュ・ダガンに、大きな家畜収容施設をつくった。ここからは大量の家畜の会計簿が出土していて、そのなかに表終―Aのような会計簿（ルーヴル美術館蔵）がある。会計簿末尾にはシュルギ王治世の最晩年にあたる、「治世四四年の第一二月から四八年の第一〇月までの、閏月二カ月をふくむ六〇《（ママ）》カ月間」と書かれている。三八万余の動物の頭数があげられているが、圧倒的に多いのは羊で、ついで牛である。そして

表終―A　馬が書かれている会計簿

牡牛	28,601
鹿	404
野生の羊	236
……	29
馬	38
オナガー	360
オナガーとろばの混血	727
ろば	2,204
羊（と山羊）	347,394
ガゼル	3,880
熊	457
……	1
……	13
はじめの勘定	384,344

（……は意味不明）

なんと四五七頭の熊よりも少なかったのが三八頭の馬（アンシェ・ジ・ジ）なのである。おそらく一年に数頭連れて来られた計算になり、当時はかなり珍しかったにちがいない。

熊や仔熊は、スサ市とメソポタミアをつなぐ要衝、デール市（現代名テル・アカル）に派遣された将軍などが連れ帰っている。馬は馬の飼料となる草に恵まれている東方ザグロス山脈およびそれに連なるイラン高原方面から、珍しい動物として連れて来られたのであろう。

二　馬は威信財

馬は銀三〇〇シェケル

シュメル人は馬を知っていたが、その能力を存分に引き出すまでにはいたらず、歴史の主役ではなくなる。前二〇〇〇年紀初頭になると、馬に牽引させる戦車はまだ本格化していなかったものの、すでに馬が飼育・訓練されていて、多様な目的に利用されるようになっていた。家畜としての馬利用を示す証拠は、マリ市、カラナ市（現代名テル・アル・リマ）およびチャガル・バザル遺跡から出土した粘土板文書に見ることができる。チャガル・バザル出土文書には馬に大麦を飼料として与えていたことや、カルタップ（アッカド語で馬丁の意味）への穀物俸給が明記してあった。ここでの馬の用途はなんらかの什器《じゅうき》運搬を急ぐ際に使われていたようだ。

馬はまだ珍しく、威信財であって、君主たちが贈物として有効に使っていた。現在でも、中国はパンダを外交の切り札に使っているが、まさしくこの頃の馬はパンダなみであった。

馬は王国間で贈物交換の対象となっていた。このことは、シリア中部のカトナ市（現代名テル・ミシュリフェ）のイシュヒ・アッドゥ王（前一八世紀前半頃、在位年不詳）からアッシリアのイシュメ・ダガン一世（前一八世紀前半頃、在位年不詳）あての手紙を見ると明らかである。この手紙のなかで、イシュヒ・アッドゥ王は馬二頭と交換された「錫」の量が少ないと、次のように憤っている。

あなた（イシュメ・ダガン）は私（イシュヒ・アッドゥ）に二頭の馬を頼んだ。私はそれらをあなたに送り、あなたは私に錫二〇マナを送った。（略）カトナで、その種類の馬（複数）の価格は銀六〇〇（シェケル）になるだろう。それなのに、あなたは（ただの）錫二〇マナを送っ（てき）た。（略）

あなたは大王ではないのか。なぜあなたはこのようなことをしたのか。

錫は前一九—前一八世紀の「マリ文書」では、銀の一〇分の一の価値であった。銀六〇〇シェケルは一シェケルが約八・三グラムとして、約四・九八キログラムになる。錫で払うとすると四九・八キログラム＝九九・六マナになる。ということは、イシュメ・ダガンは二〇マナ＝約一〇キログラム、つまり、約五分の一の錫しか送らなかったのだから、なるほどイシュヒ・アッドゥは怒るはずである。

なお、二頭で六〇〇シェケルだから、一頭あたりは銀で三〇〇シェケルになる。

王家の一員

「アマルナ時代」には、オリエント世界の国々の間で手紙が交換された。同格と認識された大国間では、王たちは互いに「兄弟」と呼びあってご機嫌伺いをしていて、そのなかに馬が登場している。

エジプトのアメンヘテプ三世（在位前一三八八—前一三五一／五〇年頃）がカッシート王朝のカダシュマン・エンリル一世（在位前一三七四—前一三六〇年頃）にあてた手紙の冒頭部分には、「あなたの家、あなたの妻たち、あなたの息子たち、あなたの高官たち、あなたの馬ども、あなたの戦車、あなたの国にとって、すべてが申し分ないように」と、形式的なご機嫌伺いのなかに、馬が登場しているのである。こうした表現は、ほかの王たちの手紙にも見られ、馬は王家の大切な一員と考えられていたことになる。

太陽のように輝く馬

馬のなかでも白馬（シュメル語でアンシェ・クルラ・バッバル）を王たちはほしがった。「白」を意味するシュメル語のバッバルは太陽の輝きのことであり、シュメル人は太陽を赤ではなく、白と見ていたのである。太陽のように輝く馬に魅了される王たちがいたのである。

後代の新アッシリア帝国時代には、馬は太陽神にして、正義や裁判を司るシャマシュ神（シュメルのウトゥ神）の随獣であった。アッシリアの文書のなかで、ときとして契約違反の罰として、アッシュル神に二頭あるいは四頭の白馬を奉献することを明記している。これらの馬は像ではなく、生きた馬で、アッシュル神の神殿、あるいはアッシュル神の最高神官としての王に与えられることになっていた。

終─3　白馬　アジア人が白馬と戦車を貢物として持参。エジプト・第18王朝、レクミレの墓壁画

バビロン市では、バビロニアの最高神マルドゥク神の戦車を牽くのに白馬が使われていたし、クセルクセス一世がギリシアへ遠征した際にも、八頭の白馬に牽かせたゼウス神の戦車があったと、ヘロドトスが伝えている。

ちなみに、歴史上最も有名な馬、アレクサンドロス大王の愛馬ブケファラス（二〇八頁図参照）は黒、『平家物語』

に見える「宇治川《うじがわ》の戦い」（一一八四年〔寿永《じゅえい》三年〕）の先陣争いに登場する名馬池月《いけづき》は黒栗毛《くろくりげ》、磨墨《するすみ》はその名前の通り黒である。白馬にまたがっていたのは、ナポレオン（第一帝政の皇帝。在位一八〇四―一四年）で、愛馬の名前はマレンゴ（アラブ種）という。

さて、隣国ミタンニの支配から脱したばかりのアッシリアで、アッシュル・ウバリト一世（在位前一三六三―前一三二八年頃）は少なくとも二通の手紙を、エジプトのアケナテン王に送っている。エジプト王を「我が兄弟」と、自らを「アッシリアの王、大王、あなたの兄弟」と、大国の仲間入りしたことを誇らしく名乗れるようになっての手紙である。そのなかの一通では、贈物に戦車と白馬二頭を贈っているが、もちろんエジプトに見返りの黄金を露骨に要求することは忘れていない。

『キックリの馬調教文書』

アナトリアでは、前一六八〇年頃になるとヒッタイト王国が台頭し、その都ハットゥサ（現代名ボアズキョイ）から出土した「ボアズキョイ文書」のなかに、戦車用の馬を育成するための手引きがあった。『キックリの馬調教文書』と呼ばれている。

キックリはフリ系のミタンニ王国の人で、前一三世紀の写本が残存している。四枚の粘土板に一八四日にもわたって馬への水や餌（大麦、小麦、干し草）の与え方や並み足、駆け足などの訓練方法が細かく書かれている。こうした馬調教文書がアッシリアからも数点出土している。

なお、『ヒッタイト「法典」』には、馬に関する条文があり、前一六世紀後半のヒッタイト社会ではかなり馬が使われていて、馬の価格が第一七八、一八〇、一八一条に明記されているが、驚くほど高価ではなくなっている。二八四頁で紹介した価格の一〇分の一以下である。

「蹄なければ馬はなし」——さまざまな馬具

賢い動物である馬を制御するために、人間はさまざまな馬具を工夫した。

「マリ文書」のなかに、ある役人が受け取った馬具のリストがあり、「高級な胸繋《むながい》二点、亜麻《あま》

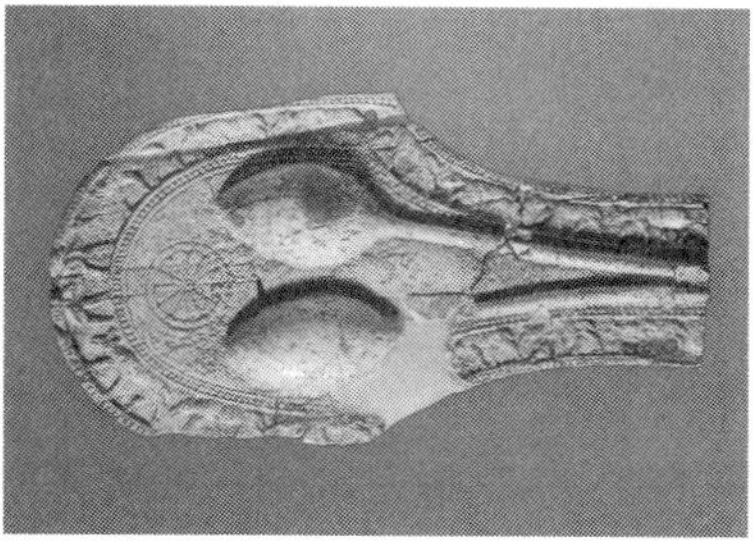

終―4　㊤新アッシリア帝国の馬鈴　カルフ出土、前8世紀、青銅、高さ最大8.15cm、最小4.85cm、大英博物館蔵。㊦遮眼帯　ロータスの蕾が高浮彫で中央に表現された「靴底形」の遮眼帯。カルフ出土、前9～前8世紀、象牙、長さ16.1cm、大英博物館蔵

終—5　ヒッポ・サンダル

布製のカンマクム（戦車の一部）二点、鞍《くら》に装着する亜麻布製ヒールム一点、高級留め金四対、高級手綱四本、遮眼帯一対」と書かれている。当時の馬は鼻輪に装着した一対の手綱で制御されていた。「人馬一体」といわれるようになるまでには、まだ長い時間がかかることになる。なお、馬具の実物は後代になるが、新アッシリア帝国時代のカルフ市から多数出土している。

古バビロニア時代には鐙も蹄鉄もなかった。銜《はみ》（轡《くつわ》）は前一六世紀頃にあらわれたともいう。鐙は、騎乗者が乗馬中または乗馬・下馬のときに足をかける馬具だが、なかったとしても乗馬者の技術で騎乗はできる。

だが、馬の蹄《ひづめ》を保護する必要はあった。「蹄なければ馬はなし」という言葉があるほどで、野生の馬ならば問題はないが、馬が人間に利用されるようになると、荷重や運動時間の増大によって、蹄の磨滅の方が大きくなり、ときには割れることもある。蹄鉄は前一世紀ヨーロッパ、ケルト人を担い手とするラ・テーヌ文化期にあらわれたという。

ローマでは第三章で紹介したように、道が整備され、石畳が普及すると、蹄の保護が問題となった。蹄鉄以前には、釘でとめるのではなく、鉄の沓《くつ》をはかせ、これをヒッポ・サンダルといった。ヒッポ・サンダルと蹄の間には小石がはさまったりするので、長旅や実戦では、はかせなかったようだ。カエサルの愛馬は足がほとんど人間そっくりで、蹄が指のように割れていたと、スエトニウスが伝えているが、馬は反芻《はんすう》動物ではなく、蹄は割れていないのが普通である。さすがのスエトニウスも蹄の保護についてまでは記していないし、真偽のほどはわからない。

わらじをはいた馬

我が国では、戦国時代に蹄鉄についての知識をポルトガル人からすでに得ていた。フロイスはヨーロッパの馬は美しいが、日本の馬ははるかに劣っていると見下している。たしかに、日本の在来馬は小さくておとなしい。それにくらべて、ヨーロッパでは、たとえば「十字軍」が一〇九六年以降に西アジアに遠征すると、アラブの優れた馬を連れ帰るなどして、馬の改良がつづけられていた。

さらに、「われわれの馬はすべて釘と蹄鉄で装鋲《そうびょう》する。日本のはそういうことを一切しない。その代り、半レグアしかもたない藁《わら》の沓（サパート）を履かせる」（岡田章雄訳注『ヨーロッパ文化と日本文化』）とフロイスは伝えている。レグアは距離の単位で、ポルトガル語圏では時代、地域により異なり、現在は一レグア＝五キロメートルになる。

蹄鉄のことを聞かされたのに積極的に、かつ広く取り入れなかったのは、一説には我が国で軍馬として採用されていたのは木曽馬《きそうま》であって、木曽馬は蹄が固く、蹄鉄は不要だったともい

終―6　㊧16世紀ヨーロッパの蹄鉄師　『西洋職人づくし』の詩によれば、蹄鉄師は馬のけがや皮膚病も治したようだ。㊨「四ツ谷内藤新宿」　歌川広重作、新宿は野菜、薪炭の集積地で、物資を運ぶ馬が行き来した

われている。それでも、まったく蹄を保護しなかったわけではなく、フロイスも伝えているように幕末まで馬にわらじをはかせていた。

歌川《うたがわ》（安藤《あんどう》）広重《ひろしげ》（一七九七―一八五八年）描く「名所江戸百景」のなかの「四《よ》ツ谷《や》内藤新宿《ないとうしんじゅく》」はなんとも大胆な構図で、画面半分は馬の大きな臀部《でんぶ》で、その足にはわらじがはかされている。新宿は甲州街道最初の宿駅で、多くの荷を運ぶ馬が行き交っていた。

それから約一〇〇年後、一九六四年（昭和三十九年）に史上二頭目の三冠馬になったシンザンは後ろ足のけりが強いことから特別に工夫された蹄鉄（「シンザン鉄」）をつけていた。また、二〇〇五年（平成十七年）に史上六頭目の三冠馬になったディープインパクトは蹄が薄いことから、装蹄《そうてい》に釘を使わず、接着剤を使う工夫をしている。明治維新以降、「富国強兵」の号令の下、軍馬改良がおこなわれ、ヨーロッパから馬を扱うさまざまな技術を導入し、競馬もその一環であった。明治維新から約一〇〇年で、装蹄の技術は職人の工夫と技で、いかにも技術大国日本らしく、格段の進歩をした。

三　「馬の背」でつくった帝国

戦車戦

イシン第二王朝（前一一五七—前一〇二六年頃）ネブカドネザル一世（在位前一一二五—前一一〇四年頃）はカッシート王朝滅亡時（前一一五五年頃）にエラムへ持ち去られたマルドゥク神像を奪還すべく、エラムへ侵攻した。

王の活躍を伝える同時代の史料はないものの、境界石（クドゥル）や後代の文学作品などから推測されている。最初の遠征には失敗したが、次には馬で牽く戦車隊を率いて真夏のエラムに侵攻し、戦車戦に勝利した。馬で牽く戦車は前一六世紀頃から使われはじめ、メソポタミア北部ないしシリア方面から広まった。バビロニアではネブカドネザル一世が使い、アッシリアではシャルマネセル一世（在位前一二七三—前一二四四年頃）以降の碑文に見られるようになる。

「馬の背」でつくった新アッシリア帝国

我が国の流鏑馬《やぶさめ》やパルティアン・ショットのように、馬にまたがって走りながら、矢を放つことは端《はな》からできたことではない。ことに、パルティアン・ショットは馬を走らせ後ろ向きに矢を放って後退する戦法のことで、馬と弓の両方によほど長けていないとできないことになる。プルタルコスは「パルティア人は同時に矢を射掛けながら退却するからで、彼らはこの戦法をスキタイ人に次いで有効に用いるのである」（伊藤貞夫訳「クラッスス」『プルタルコス英雄伝』）といっていて、ローマはパルティアの騎兵に手を焼き、第一次「三頭政治」の一人マルクス・クラッスス（政治家、将軍。前一一五―前五三年）は前五三年「カルラエの戦い」で敗死している。

さて、騎兵は新アッシリアのトゥクルティ・ニヌルタ二世（在位前八九〇―前八八四年）治世の文書にあらわれたのが最初で、次王アッシュル・ナティルパル二世（在位前八八三―前八五九年）の治世になると、浮彫に騎兵が見られるようになる。

まず、アッシリアの騎兵は斥候や使者として使われた。

ついで、アッシリア騎兵は二人一組で乗馬し、並走した。一人が両方の馬の手綱を握り、別の一人が弓を使った。二人と二頭の息が合わないと、戦力たりえないであろう。後に、新型の轡が登場したことによって、乗馬者が手綱を手放して武器を使用できるようになり、これ以後、騎兵は本当の戦闘部隊となった。

騎兵隊を戦力として最初に使ったアッシリア軍であったが、戦車隊も使いつづけていた。そのため、大量の馬が必要であった。一説には、アッシリアの軍事遠征は馬を集めるためであったともいわれているぐらいである。良馬を集めるための国王直属の高官がいて、こうした役人たちが送った「徴馬報告書」が残っている。多数の馬を集め、中央および地方の厩舎《きゅうしゃ》に配分する官僚機構や、馬を飼養するための食糧の備蓄体制などが整備されていたからこそ可能であった。そして、戦利品や貢物としても、多数の馬を獲得していた。戦車を牽く大型馬はエジプトやヌビア産、騎兵用の小型馬は北方および北東方、ことにウラルトゥ（現在のトルコ東部およびアルメニア）産であった。

終―7　㊤アッシリアの騎兵　浮彫。㊦その想像図　一人が2頭の手綱を握り、もう一人が射る

アッシリアは「馬の背」で帝国をつくったのである。新アッシリア帝国はエサルハドン、アッシュル・バニパル両王治世に、エジプトまでもふくむ世界帝国を築くことになる。この大事業は馬と鉄製の武器なしには不可能であった。ろばにまたがり、青銅の武器を手にしてでは、世

界帝国はつくれなかったはずである。

戦場に連れていかれた馬

馬はいきたくて戦場へいったのではない。人間の都合で、戦場に連れていかれたのである。

ポンペイ遺跡出土の「アレクサンドロス・モザイク」（ナポリ国立考古学博物館蔵）は「イッソスの戦い」（前三三三年）の場面といわれている。ブケファラスにまたがるアレクサンドロス（二〇八頁参照）にまず目がいくが、その右下には傷つき、血へどをはく馬がいる。

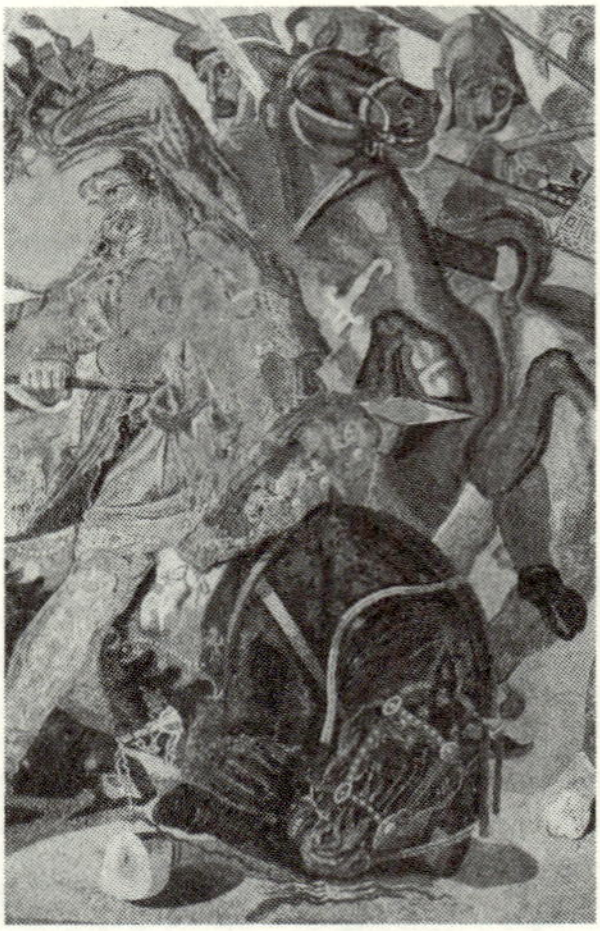

終—8　傷つきたおれる馬「アレクサンドロス・モザイク」（部分）

『蒙古《もうこ》襲来《しゅうらい》絵《え》詞《ことば》』は二度にわたる元寇を記録している。このなかで、肥《ひ》後《ご》国の御家人竹崎《たけざき》季《すえ》長《なが》を乗せた馬が矢を射られ、おびただしい血を流している姿が描写されている。画家はこうした場面を見逃していないのである。このようにして、どこの戦場でも、数多の馬がたおれていった。

ちなみに、この血を流す馬こそが、前で話した木曽馬と推測されている。体高一三〇—一四〇センチメートルで、大きめのポニーぐらいの大きさであることから、明治以降には軍馬として不適格とされた。絶滅寸前まで減少したが、二〇一一年（平成二十三年）現在で「かけもどし」（より純血種に近い木曽馬をかけあわせること）で、ようやく一六〇頭にまでなったという（『読売新聞』夕刊、二〇一一年一一月二四日）。

惨《むご》いことだが、戦場に連れていかれる馬は血の匂《にお》いを恐れない、遺骸を踏めるなどの訓練が必要であって、これができていないと、敗戦につながる。ナポレオンは「ワーテルローの戦い」（一八一五年）にのぞんで、わずか二ヵ月で二万の騎兵隊員全員に必要な馬を調達するという離れ業をやってのけたものの、敗北した。理由は急な編制であったために、馬の訓練が不足

終—9　㊤『蒙古襲来絵詞』。㊦木曽馬　上野動物園の幸泉（さちいずみ）号（牝馬）

していたためであったともいう。当然のことながら、ナポレオンの愛馬マレンゴは馬に目のないイギリスが戦利品として連れていき、種牡馬《しゅぼば》にした。

「第一次世界大戦」で、戦車（タンク）が登場するにおよび、馬の役割はほぼおわる。それでも、「第二次世界大戦」では、アメリカ以外の国々ではまだ軍馬が使われていて、膨大な数の馬が犠牲となった。我が国ではこうした軍馬を供養するために馬頭観音像が安置されたり、「軍馬の碑」などが建てられた。こうした碑などがある寺院のなかには、軍馬がいなくなったこともあり、現在ペットの墓地を経営しているところもある。

二一世紀になって、馬が戦場で使われることはほぼなくなった。だが、皮肉なことに馬が生きる場所は細り、競馬場ですらアラブ系競走馬は一九九五年（平成七年）を最後に中央競馬から消え、淘汰《とうた》された血統のサラブレッド（競走馬の一種）だけが残った。

四　キング・オブ・スポーツ

馬の献上

二〇一三年（平成二十五年）、ユネスコ（国連教育科学文化機関）の記憶遺産に、日本政府が推薦した国宝『御堂関白記《みどうかんぱくき》』（京都市陽明《ようめい》文庫所蔵）の登録が決まった。『御堂関白記』は藤原道《みち》長《なが》（九六六―一〇二七年）自筆原本と伝えられている。

「この世をばわが世とぞ思ふもち月のかけたることもなしと思へば」と詠んだ、傲岸不遜《ごうがんふそん》を絵に描いたような道長は、平安時代中期に権力の中枢にいた。『御堂関白記』は九九五年（長徳《ちょうとく》元年）から一〇二一年（治安《ちあん》元年）まで、二七年にわたっていて、その最後はすでに政治から身を引いていて、念仏「一七万遍であった」でおわっている。「日記」というよりも、備忘録といった方が適切な内容である。このなかでは、献上品が丹念に書きとめられている。道長への献上は馬、牛、鷲《わし》、孔雀などがあげられているが、なかでも、次から次へと馬が献上されていて、圧倒的に多い。

献上された馬の数は深沢優（倉本一宏訳『藤原道長「御堂関白記」』下）によって数えられていて、合計四二五＋α頭、そのうち三四九＋α頭を、皇族やほかの貴族、寺社に分与している。しかも、さらにそのうち七七頭は献上された当日もしくは翌日に分与している。このことから、賄賂《わいろ》というよりも、王朝社会全体における牛馬の集配センターと再分配システムを想定した方がよいとの説が出されている。

競馬ファンの御堂関白

だが、そうであるにしても、馬が贈られた理由として考えられることは、慎重に発言すべきとは思うが、道長は馬が好きであって、「競馬《くらべうま》ファン」だったことではないだろうか。というのは、道長は自分がかつて与えた馬を覚えているのである。馬を下賜して、その後に「馬を請

終—10　ローマの戦車競走　オスティア（？）、競技場役員の墓碑浮彫、紀元120～140年頃、大理石、高さ50cm、ヴァティカン、ラテーノ博物館蔵

わなかった人も、他所の馬に乗っているといっても、皆、これは元々は私の馬であったものである」（寛弘《かんこう》五年〔一〇〇八年〕四月二六日。倉本一宏訳『藤原道長「御堂関白記」』）と記している。記憶力がよかったようだが、それだけではないだろう。何年も経《た》ってから行列を見て、元は自分の馬だとわかるということは、馬が嫌いではできないように思う。

権力者への贈物に嫌いなものを持っていくことはなく、価値がある好きなものを贈るはずである。さもないと、贈る意味がない。春日《かすが》社（春日大社、奈良県奈良市春日野町）の春日祭の競馬《くらべうま》のような神事としての競馬についても『御堂関白記』には記されているが、道長の邸、土御門第《つちみかどてい》には馬場や馬場殿が新設されていて、天皇が行幸した折なぞに、しばしば競馬を開催していて、多くの公《く》卿《ぎょう》たちも見に来ていた。道長が開催した競馬はマッチ・レースであった。多くの馬をいっせいに走らせるのではなく、「先行する儲《もうけのうま》馬と後発の追馬《おいうま》の二騎一番で、いかに相手の騎手や馬を邪魔して先着するかが審査の対象」（倉本一宏訳『藤原道長「御堂関白記」』）になっていた。一日に一レースではなく、何回も繰り返している。各所に分与する馬の能力を検分する意図もあり、競馬は趣味と実益を兼ねていたようだ。

ヘンリー八世の競馬

藤原道長が競馬を楽しんでから、五〇〇年後のことである。道長が知ったら「同好の士」と喜んだであろう人物があらわれた。

イングランド王ヘンリー八世（在位一五〇九—四七年）で、競馬に興味を持ち、マッチ・レースをしばしば開催していた。起伏に富む原野を、走路を定めぬまま二頭の馬が競うものであった。古代ローマには馬に牽かせた戦車競走（図終—10）はあったものの、王の治世、一五四〇年にはチェスター競馬場がつくられ、ここに近代競馬がはじまることになった。

シュルギ王が競馬を見たら、なんといっただろうか。

その後の文明社会にあるものごとがほぼ出揃っていたのが、シュメル社会である。

人間の歴史で重要な役割を果たした馬もいたことになる。だが、現時点で確認できる、馬を見た最初の文明人はシュルギ王であったものの、シュメル人が主役であった時代にはまだ馬は少なく、その機動力の優秀さは充分に理解されていなかった。やはり、人間が馬を使いこなすには、そして馬で遊ぶには、長い時間が必要であった。

あとがき

「少女老い易く学成り難し」

昨年一月、高齢者に区分されることになった。馬齢を重ねただけのように思う。若い頃の思い出は苦く、思い出したくないことが多い。それでも、人生は前を向いて生きてみるべきと思うし、生きていると、人生とはなにかを考えさせてくれるような味わい深いできごとに恵まれることがある。

私が学生の頃は学園紛争の真っただ中で、「ロック・アウト」といって、全共闘の学生が校舎を封鎖することがあった。三年生の秋だったと思う。突然の「ロック・アウト」で、「どうしよう」と思っていたら、クラス・メートが声をかけてくれた。喫茶店へいき、『ギルガメシュ叙事詩』の話をし、そして競馬の話を聞いた。

当時流行していたグループ・サウンズやフォーク・ソングに興味を持つことはなかったが、競馬に夢中になってしまった。周囲にギルガメシュの話をできる人はいても、競馬ファンがいなかったこともあり、他人と競馬の話をした記憶はほとんどなく、四〇年以上もの歳月が過ぎていた。

天は時に粋《いき》なことをするようだ。

本書執筆中に、「競馬の賢人」としても高名な方にお目にかかる機会に恵まれた。おそるおそる競馬の話を切り出し、昔話を少しした。すっかり忘れたと思っていたが、頭の中の長く開かなかった引き出しが突然開いたかのように、記憶があふれ出してきた。あの馬、この馬と、こんなにも忘れないでいたのかと、自分でもあきれるほど思い出し、上機嫌になってしまった。だが、同時に、なんと古い馬を知っているのかと、我が身が年を重ねていたことをつくづく思い知らされた。

一度だけ競馬場へ出かけたことがある。前年に七歳（数え年）で「有馬《ありま》記念」に勝った最強ステイヤー（長距離馬）、スピードシンボリと「ミスター競馬」野平祐二《のひらゆうじ》をどうしても見たかったのである。この馬とこのジョッキー（騎手）なしに、今日のような日本競馬の国際化はなかったはずである。残念ながら、このときは二着だったが、緑のターフ（芝）を蹄の音が轟《とどろ》き、光る馬の巨体が一瞬駆け抜けていく。圧倒的な競馬の迫力に魅了された。

競馬は「キング・オブ・スポーツ」といわれる。

そうはいっても、競馬は公営ギャンブルでもある。馬は駆け、人が賭《か》けるのが競馬場で、ありていにいえば賭場である。近年は女性ファンがふえたようだが、四〇年以上も前の競馬場は「おじさんたちの遊び場」そのもので、臆病《おくびょう》な若い娘が一人で出かけるにはかなりの勇気が必要であった。競馬場へいくことは二度とできなかった。そのかわり、もっぱらテレビ観戦をして、馬や競馬の本を読みあさっていた。

競馬を趣味とし、競馬場に足を運び、勝馬投票券（馬券）を握って応援する。来る年も来る年も新しいダービー馬の誕生を祝い、贔屓《ひいき》にしていた馬の子孫がレースに登場したことを喜びとして年齢を重ねる。「かくありたい」と願っていたが、我が人生はそうはいかなかった。

サラブレッドは人間がつくった「最高の芸術品」といわれる。

「速さ」という一つの能力をもって、生命をつないでいく。このことの凄《すご》さと惨さがないまぜになっているのが競馬である。馬はレース・カーではないのに、人間がより速く走る馬を求め、より速い馬をつくりつづけている。飼葉を与え、慈しむ一方で、サラブレッドは「最高の芸術品」であっても、効率の悪い経済動物で、速くなければ、ことに牡馬《ぼば》は淘汰されてしまう。人間のはちきれんばかりの夢と欲を背負わされ、走った馬こそあわれであろう。

より多くの人間の共存と繁栄をめざした文明とは、まさしく地球上の強者、人間の都合優先であって、弱者にとっては惨いことが多すぎはしないだろうか。求められるは弱者への配慮で、このことを怠れば強者もまた滅ばざるをえないことを歴史は教えてくれている。

本書は朝日カルチャーセンター新宿教室での「シュメル——古代都市国家の成立と展開」を

もとに、古代オリエント博物館自由学校、多摩カレッジ、獨協大学オープン・カレッジ、NHK学園市川教室、NHK文化センター青山教室、同柏教室での講義内容を加えた。

複数の方にご迷惑をかけ困っていたところ、岡田明子先生があえて火中の栗《くり》を拾ってくださった。佐々木純子先生および愛猫仲間の貫井一美先生にも再三ごめんどうをおかけしてしまった。お三方には感謝あるのみである。

また、かねてから敬意を持って見ていた、勇気ある創造的なお仕事で知られる「競馬の賢人」さんにご教示いただき、大いに啓発されて、本書は全体像を整えられた。厚く御礼を申しあげる。競馬の愉《たの》しさを思い出させていただいたものの、古稀《こき》間近の頭では昔の馬の名前は出てくるが、情けないことに最近の馬の名前が覚えられない。

最後に、癖馬《くせうま》を巧みに御す騎手よろしく、中公新書編集部の酒井孝博さんにリードしていただけたことはありがたいことであった。

「私の人生」という一回限りのレースはすでに第四コーナーをまわってしまった。ゴールは間もなくである。一着はありえないものの、せめて馬券にからむぐらいまで上位にいきたいが、神判はどう下るだろうか。走りきらなくてはと思っている。

「ドゥラメンテがダービー馬になった年」（二〇一五年）五月末日

Hayes, W. C., *The Scepter of Egypt: A Background for the Study of the Egyptian Antiquities in the Metropolitan Museum of Art Part II: The Hyksos Period and the New Kingdom*（*1675–1080 B.C.*）, New York, 1990[4].　9－9
Healy, M., *The Ancient Assyrians*, Oxford, 1991.　序－9右、終－7（2点とも）
Leick, G., *The Babylonian World*, New York & London, 2007.　6－5
Meador, B. De Shong, *Princess, Priestess, Poet : The Sumerian Temple Hymns of Enheduanna*, Austin, 2009.　8－8、9－2、9－3上
Moorey, P. R. S., *The Ancient Near East*, Oxford, 1994.　2－扉
Moortgat, A., *Die Kunst des Alten Mesopotamien: Die klassische Kunst Vorderasiens* I *Sumer und Akkad*, Köln, 1982.　3－4左
Owen, D. I., "The 'first' Equestrian: An Ur III Glyptic Scene," *Acta Sumerologica* 13（1991）.　終－扉（2点とも）
Pettinato, G., *Ebla. A New Look at History*, translated by Richardson, C. F., Baltimore, 1991.　5－9下
Postgate, J. N., *Early Mesopotamia: Society and Economy at the Dawn of History*, London & New York, 1992.　4－扉、4－4、5－1上、5－8
Pritchard, J. B., *The Ancient Near East in Pictures Relating to the Old Testament*, Princeton, 1969[2].　3－扉上、5－5左上、5－11、7－12
Rashid, S. A., *Gründungsfiguren im Iraq: Prähistorische Bronzefunde* Abteilung I Band2, München, 1983.　9－6、9－7
Roaf, M., *Cultural Atlas of Mesopotamia and the Ancient Near East*, New York & Oxford, 1990.　序－6（2点とも）、序－10上、3－扉下、4－9、5－10、6－1、7－13、終－8
Saggs, H. W. F., *Babylonians*, London, 1995.　5－9上
Settis, S.（ed.）, *The Land of the Etruscans from Prehistory to the Middle Ages*, Firenze, 1985　9－3下、9－4下
Strommenger, E., *Habuba Kabira: Eine Stadt vor 5000 Jahren*, Mainz am Rhein, 1980.　序－7
Suter, C. E., *Gudea's Temple Building: The Representation of an Early Mesopotamian Ruler in Text and Image: Cuneiform Monographs* 17, Groningen, 2000.　3－4上、7－2（2点とも）、9－12
Van Buren, E. D., *Clay Figurines of Babylonia and Assyria*, New Haven, 1930.　9－13左
Van De Mieroop, M., *The Ancient Mesopotamian City*, Oxford, 1997.　序－8上
Zettler, R. L. & Horne, L.（eds.）, *Treasures from the Royal Tombs of Ur*, Philadelphia, 1998.　4－3、7－5
Ziegler, C., *The Louvre, Egyptian Antiquities*, Paris, 1990.　4－7上
The Anatolian Civilizations Museum, Ankara, ND.　4－6下、4－10
Museum of Ancient Agora of Athens, Athens, 2004.　2－3

藤原武著『ローマの道の物語』原書房、1985　3-9、3-10左、3-11上、3-12下、7-4上、終-5
ボッテロ、J. 著、松本健監修、南條郁子訳『バビロニア——われらの文明の始まり』（「知の再発見」双書62）創元社、1996　2-4
町田市立博物館編『牛玉宝印——祈りと誓いの呪符』町田市立博物館、1991　6-9
三田村泰助著『宦官——側近政治の構造』（中公新書）中央公論社、1963　7-9
本村凌二編著『ラテン語碑文で楽しむ古代ローマ』研究社、2011　3-11下
レベック、P. 著、青柳正規監修、田辺希久子訳『ギリシア文明——神話から都市国家へ』（「知の再発見」双書18）創元社、1993　3-6
『ティグリス＝ユーフラテス文明展——古代メソポタミアの秘宝』中日新聞、1974　2-8（2点とも）
『ポンペイ　発掘ガイド』ナポリ、1998　6-8下、9-15

Allote de la Fuÿe, F. -M., *Documents Présargoniques*, Paris, 1908-1920.　1-3
Amiet, P., *La Glyptique Mésopotamienne Archaïque*, Paris, 1980^2.　序-扉
Aruz, J., *et al.* (eds.), *Beyond Babylon: Art, Trade, and Diplomacy in the Second Millenium B.C.*, New York, 2008.　終-3
Ascalone, E., *Mesopotamia*, translated by Frongia, R. M. G., Berkely, 2007.　序-8下、3-7
Bienkowski, P. & Millard, A. (eds.), *Dictionary of the Ancient Near East*, Philadelphia, 2000.　序-3
Biggs, R. D., *Inscriptions from Tell Abū Ṣalābīkh: The University of Chicago Oriental Institute Publications* vol.XCIX, Chicago, 1974.　1-扉、1-2
Black, J. & Green, A., *Gods, Demons and Symbols of Ancient Mesopotamia*, London, 1992.　9-1、9-3中
Caubet, A. & Poussegur, P., *The Ancient Near East: The Origins of Civilization*, translated by Snowdon, P., Paris, 1998.　1-9、5-6
Curtis, J. (ed.), *Early Mesopotamia and Iran: Contact and Conflict 3500-1600 B.C.*, London, 1993.　5-2
Dalley, S., *Mari and Karana: Two Old Babylonian Cities*, New Jersey, 2002.bb　4-7下
De Caro, S. (ed.), *National Archaeological Museum of Naples*, Napoli, 1999.　9-14
Edwards, I. E. S *et al.* (eds.), *The Cambridge Ancient History Plates to Volumes I and II*, New Edition, Cambridge, 1977.　2-11、8-12
Gibson, M., Hansen, D. P. & Zettler, R. L., "Nippur. B, " *Reallexikon der Assyriologie und Vorderasiatischen Archäologie* Band 9・7/8 (2001).　序-2
Harper, P. O. *et al.* (eds.), *Assyrian Origins: Discoveries at Ashur on the Tigris; Antiquities in the Vorderasiatisches Museum, Berlin*, New York, 1995.　6-10下

庫）岩波書店、1993　3-3
クールズ、E. C. 著、中務哲郎他訳『ファロスの王国——古代ギリシアの性の政治学　I』岩波書店、1989　8-4
小林登志子著『シュメル―人類最古の文明』（中公新書）中央公論新社、2005　5-5右
コロン、D. 著、久我行子訳『円筒印章——古代西アジアの生活と文明』東京美術、1996　8-1、8-2
近藤二郎監修、朝日新聞社編『大英博物館古代エジプト展——「死者の書」で読みとく来世への旅』朝日新聞社、NHK、NHKプロモーション、2012　5-5左下
ザックス、H. 詩、アマン、J. 版、小野忠重解題『西洋職人づくし』岩崎美術社、1970　1-7右、1-8（2点とも）、2-6、7-11、終-6左
澤柳大五郎著『ギリシアの美術』（岩波新書）岩波書店、1964　終-2下
白倉敬彦監修、有限会社ヴァリス編集『喜多川歌麿』（今、浮世絵が面白い！　第2巻）学研パブリッシング、2013　6-7、8-10
世田谷美術館他編『世界四大文明　メソポタミア文明展』NHK、NHKプロモーション、2000　1-5、1-6右、9-扉（3点とも）、9-8
高階秀爾監修、青柳正規責任編集『ルーブル美術館I　文明の曙光　古代エジプト／オリエント』日本放送出版協会、1985　1-4
高梨光正編『ヴァチカン美術館所蔵　古代ローマ彫刻展』NHK、NHKプロモーション、2004　1-1、2-7右
巽淳一郎執筆・編集『まじないの世界　II（歴史時代）』（日本の美術）至文堂、1996　9-11
角田文衞監修、岩波書店編集部編『死都ポンペイ』（岩波写真文庫）（復刻ワイド版）岩波書店、1990　8-6
ド・ブルゴワン、J. 著、池上俊一監修、南條郁子訳『暦の歴史』（「知の再発見」双書96）創元社、2001　2-2、2-7左
ドルーシュ、F. 総合編集、木村尚三郎監修、花上克己訳『ヨーロッパの歴史』東京書籍、1994　4-8
日本アート・センター編『ベラスケス』（新潮美術文庫12）新潮社、1974　7-6
日本アート・センター編『フェルメール』（新潮美術文庫13）新潮社、1975　8-9
パロ、A. 他著、青柳瑞穂・小野山節訳『シュメール』（人類の美術）新潮社、1965　6-扉、6-2、6-6（2点とも）、7-7、8-扉
パロ、A. 著、小野山節・中山公男訳『アッシリア』（人類の美術）新潮社、1965　序-11上、5-7
バンディネルリ、B. 著、吉村忠典訳『ローマ美術』（人類の美術）新潮社、1974　序-12、2-9（2点とも）、6-8上、8-5、8-13（2点とも）、9-16、終-1、終-10
ヴィダル＝ナケ、P. 編、樺山紘一監訳『三省堂世界歴史地図』三省堂、1995　序-14

写真提供

Aflo　序-17
アールクリエイション／Aflo　序-11下
岩下恒夫　5-1下、5-4、6-10上
岡田明子　序-9左、序-15、2-10、4-5
気多大社　9-4上
国営海の中道海浜公園事務所　序-1
国立国会図書館　6-3
小林登志子　3-1、3-2、3-11中、4-6上、終-9下
島根県立古代出雲歴史博物館蔵　4-1、4-2
東京都立中央図書館特別文庫室蔵　終-6右
奈良文化財研究所　2-5
編集部　序-4、序-5、2-1、5-3、9-5
武蔵国分寺跡資料館　3-13

図版引用文献

青柳正規他編『ベルリン美術館3　古代文明と民族の遺産』角川書店、1993　7-4下、終-2上
青柳正規監修、朝日新聞社編『ポンペイの輝き——古代ローマ都市　最後の日』朝日新聞社、2006　8-7
朝日新聞社事業本部文化事業部、東映事業推進部編集『ペルシャ文明展　煌めく7000年の至宝』朝日新聞社、東映、2006-07　序-10下、9-10（2点とも）
朝日新聞社文化企画局東京企画部編『大英博物館　アッシリア大文明展——芸術と帝国』朝日新聞社文化企画局東京企画部、1996　7-8、9-13右、終-4（2点とも）
アヌーン、R.／シェード、J.著、青柳正規監修、藤崎京子訳『ローマ人の世界』（「知の再発見」双書60）創元社、1996　8-3
網野善彦著『異形の王権』（イメージ・リーディング叢書）平凡社、1986　7-10
石田尚豊編『職人尽絵』（日本の美術）至文堂、1977　1-6左、1-7左
汪仁寿著『金石大字典』マール社、1991　6-4
樺山紘一他編『クロニック世界全史』講談社、1994　序-16、3-5、3-10右、3-12上、8-11、8-14、終-9上
カプラン、M.著、井上浩一監修、田辺希久子・松田廸子訳『黄金のビザンティン帝国——文明の十字路の1100年』（「知の再発見」双書28）創元社、1993　序-13
木村重信他監修『美の誕生―先史・古代Ⅰ』（名画への旅1）講談社、1994　7-扉（2点とも）、7-1、7-3
クセノポン著、松平千秋訳『アナバシス——敵中横断6000キロ』（岩波文

池上俊一著『魔女と聖女――ヨーロッパ中・近世の女たち』（講談社現代新書）講談社、1992
金谷治訳注『新訂 孫子』（岩波文庫）岩波書店、2000
国分拓著『ヤノマミ』（新潮文庫）新潮社、2013
トッド、E. 著、石崎晴己訳『帝国以後』藤原書店、2003
トッド、E.、クルバージュ、Y. 著、石崎晴己訳『文明の接近』藤原書店、2008
中野節子『女はいつからやさしくなくなったか――江戸の女性史』（平凡社新書）平凡社、2014
本村凌二著『薄闇のローマ世界――嬰児遺棄と奴隷制』東京大学出版会、1993
本村凌二著『ポンペイ・グラフィティ――落書きに刻むローマ人の素顔』（中公新書）中央公論社、1996

第9章

ゴドウィン、J. 著、吉村正和訳『図説 古代密儀宗教』平凡社、1995
小林登志子「メスアンドゥ神について」『古代オリエント博物館紀要』古代オリエント博物館、第10号、1988-89
小林登志子「エナンナトゥム一世の銘文が刻まれた釘人形に関する一考察」日本オリエント学会編『日本オリエント学会創立三十五周年記念オリエント学論集』刀水書房、1990
佐々木純子「Q & A」『古代オリエント』NHK学園、第86号、2010
平田寛著『科学の起源――古代文化の一側面』岩波書店、1974
プラトン著、久保勉訳『饗宴』（岩波文庫）岩波書店、1952
プラトン著、三嶋輝夫・田中享英訳『ソクラテスの弁明・クリトン』（講談社学術文庫）講談社、1998
フランクフォート、H. 他著、山室静・田中明訳『哲学以前――古代オリエントの神話と思想』社会思想社、1971
ヘーシオドス著、松平千秋訳『仕事と日』（岩波文庫）岩波書店、1986
本村凌二著『多神教と一神教――古代地中海世界の宗教ドラマ』（岩波新書）岩波書店、2005

終章

川又正智著『ウマ駆ける古代アジア』（講談社選書メチエ）講談社、1994
クラットン＝ブロック、J. 著、桜井清彦監訳・清水雄次郎訳『図説 馬と人の文化史』東洋書林、1997
倉本一宏訳『藤原道長「御堂関白記」』（上中下）（講談社学術文庫）講談社、2009
倉本一宏著『藤原道長の日常生活』（講談社現代新書）講談社、2013
澤崎坦著『馬は語る――人間・家畜・自然』（岩波新書）岩波書店、1987
本村凌二著『馬の世界史』（中公文庫）中央公論新社、2013

アルファベット、漢字』創元社、2006

第6章

赤坂憲雄著『異人論序説』(ちくま学芸文庫)筑摩書房、1992
阿辻哲次著『部首のはなし2――もっと漢字を解剖する』(中公新書)中央公論新社、2006
クールズ、E. C. 著、中務哲郎他訳『ファロスの王国――古代ギリシアの性の政治学　Ⅰ、Ⅱ』岩波書店、1989
桜井万里子著『古代ギリシアの女たち――アテナイの現実と夢』(中公新書)中央公論社、1992
清水克行著『日本神判史――盟神探湯・湯起請・鉄火起請』(中公新書)中央公論新社、2010
白川静著『中国の神話』(中公文庫)中央公論社、1980
藤本勝次・伴康哉・池田修訳『コーラン』Ⅰ(中公クラシックス)中央公論新社、2002
ホイジンガ著、高橋英夫訳『ホモ・ルーデンス』(中公文庫)中央公論社、1973

第7章

赤坂憲雄著『王と天皇』(ちくま学芸文庫)筑摩書房、1993
網野善彦著『異形の王権』(イメージ・リーディング叢書)平凡社、1986
ウィルフォード、W. 著、高山宏訳『道化と笏杖』晶文社、1983
木村重信他監修『美の誕生――先史・古代Ⅰ』(名画への旅1)講談社、1994
黒田日出男著『王の身体　王の肖像』(ちくま学芸文庫)筑摩書房、2009
武田泰淳著『司馬遷――史記の世界』(講談社文芸文庫)講談社、1997
貫井一美「ベラスケスのエナーノ肖像画――その特異性と画家の視点」『芸術文化』第5号、2000
貫井一美「Velázquez作エナーノ肖像画の特徴」『スペイン・ラテンアメリカ美術史研究』第7号、2006
フレイザー著、永橋卓介訳『金枝篇』(二)(岩波文庫)岩波書店、1951
ボテロ、J. 著、松島英子訳『メソポタミア――文字・理性・神々』(りぶらりあ選書)法政大学出版局、1998
前川和也「古代シュメールにおける家畜去勢と人間去勢」『前近代における都市と社会層』京都大学人文科学研究所、1980
三田村泰助著『宦官――側近政治の構造』(中公新書)中央公論社、1963
山口昌男著『天皇制の文化人類学』(岩波現代文庫)岩波書店、2000
和田廣「宦官―資格不要の職業――『閹の去勢』禁止令をめぐって」『早稲田大学地中海研究所紀要』第2号(2004)

第8章

網野善彦著『中世の非人と遊女』(講談社学術文庫)講談社、2005

第3章
阿部謹也著『中世を旅する人びと――ヨーロッパ庶民生活点描』（ちくま学芸文庫）筑摩書房、2008
岡田明子「古代メソポタミアの船――日常生活の船、『聖なる舟』、擬人化された舟」『古代オリエント博物館紀要』第23巻（2003）
川瀬豊子「ハカーマニシュ朝ペルシアの交通・通信システム」『オリエント世界』（岩波講座世界歴史2）岩波書店、1998
ギース、J. & F. 著、栗原泉訳『大聖堂・製鉄・水車――中世ヨーロッパのテクノロジー』（講談社学術文庫）講談社、2012
久米邦武編、田中彰校注『特命全権大使　米欧回覧実記』五（岩波文庫）岩波書店、1982
フィネガン、J. 著、三笠宮崇仁訳『考古学から見た古代オリエント史』岩波書店、1983
フォーブス、R. J. 著、平田寛他監訳『古代の技術史　中――土木・鉱業』朝倉書店、2004
フォーブス、R. J. 著、平田寛他監訳『古代の技術史　下・II――日常の品々2・繊維・冶金』朝倉書店、2011
藤原武著『ローマの道の物語』原書房、1985
ホッジス、H. 著、平田寛訳『技術の誕生』平凡社、1975
本村凌二編著『ラテン語碑文で楽しむ古代ローマ』研究社、2011
山内昌之著『近代イスラームの挑戦』（世界の歴史20）（中公文庫）中央公論新社、2008

第4章
ウィリアムズ、J. 編、湯浅赳男訳『図説 お金の歴史全書』東洋書林、1998
フォーブス、R. J. 著、平田寛他監訳『古代の技術史　上――金属』朝倉書店、2003
藤野明著『銅の文化史』（新潮選書）新潮社、1991
村上隆著『金・銀・銅の日本史』（岩波新書）岩波書店、2007
渡邉泉著『重金属のはなし――鉄、水銀、レアメタル』（中公新書）中央公論新社、2012

第5章
池田潤「アッカド文字と日本文字における訓の発生」『楔形文字文化の世界』（月本昭男先生退職記念献呈論文集第3巻）聖公会出版、2014
稲畑耕一郎著『中国皇帝伝』（中公文庫）中央公論新社、2013
菊池徹夫編『文字の考古学　1』（世界の考古学21）同成社、2003
木村東吉「『古譚』成立期考」『日本文学』第29巻第7号（1980）
シュマント＝ベッセラ、D. 著、小口好昭・中田一郎訳『文字はこうして生まれた』岩波書店、2008
中島敦著『中島敦全集　I』（ちくま文庫）筑摩書房、1993
ロビンソン、A. 著、片山陽子訳『図説文字の起源と歴史――ヒエログリフ、

月本昭男訳『ギルガメシュ叙事詩』岩波書店、1996
日端康雄著『都市計画の世界史』（講談社現代新書）講談社、2008
藤田弘夫『都市の論理――権力はなぜ都市を必要とするか』（中公新書）中央公論社、1993
ブレスク、G. 著、高階秀爾監修、遠藤ゆかり訳『ルーヴル美術館の歴史』（「知の再発見」双書115）創元社、2004

第１章

網野善彦著『蒙古襲来――転換する社会』（小学館文庫）小学館、2001
網野善彦著『職人歌合』（平凡社ライブラリー）平凡社、2012
石田尚豊編『職人尽絵』（日本の美術）至文堂、1977
岩崎武夫著『さんせう太夫考――中世の説経語り』（平凡社ライブラリー）平凡社、1994
落合淳思著『殷―中国史最古の王朝』（中公新書）中央公論新社、2015
ザックス、H. 詩、アマン、J. 版、小野忠重解題『西洋職人づくし』岩崎美術社、1970
島田虔次他編『アジア歴史研究入門　第４巻　内陸アジア・西アジア』同朋舎出版、1984
島田誠著『古代ローマの市民社会』（世界史リブレット３）山川出版社、1997
前川和也「『〈シュメール文字〉文明』のなかの『語彙リスト』」『文部科学省科学研究費補助金「特定領域研究」Newsletter』No.7（2007年７月号）
吉田光邦著『日本の職人』（講談社学術文庫）講談社、2013

第２章

岡田芳朗編集代表『暦の大事典』朝倉書店、2014
東京大学史料編纂所編『日本史の森をゆく――史料が語るとっておきの42話』（中公新書）中央公論新社、2014
永田久著『暦と占いの科学』（新潮選書）新潮社、1982
平田寛著『科学の起源――古代文化の一側面』岩波書店、1974
フィネガン、J. 著、三笠宮崇仁訳『聖書年代学――古代における時の計測法ならびに聖書に現れた年代の諸問題』岩波書店、1967
ボッテロ、J. 著、松本健監修、南條郁子訳『バビロニア――われらの文明の始まり』（「知の再発見」双書62）創元社、1996
矢島文夫著『占星術の誕生』（オリエント選書）東京新聞出版局、1980
山田重郎「メソポタミアにおける『王の業績録』――年名と王碑文にみる王室歴史記録」『楔形文字文化の世界』（月本昭男先生退職記念献呈論文集第３巻）聖公会出版、2014
リュッタン、M. 著、矢島文夫訳『バビロニアの科学』（文庫クセジュ）白水社、1962

本放送協会学園、1989
日本オリエント学会編『古代オリエント事典』岩波書店、2004
パロ、A他著、青柳瑞穂・小野山節訳『シュメール』(人類の美術) 新潮社、1965
パロ、A. 他著、小野山節・中山公男訳『アッシリア』(人類の美術) 新潮社、1965
ビエンコウスキ、P.／ミラード、A. 編著、池田裕・山田重郎監訳『図説 古代オリエント事典　大英博物館版』東洋書林、2004
ビビー、G. 著、矢島文夫・二見史郎訳『未知の古代文明ディルムン——アラビア湾にエデンの園を求めて』平凡社、1975
樋脇博敏著『古代ローマ生活誌』(NHKカルチャーアワー歴史再発見) 日本放送出版協会、2005
フェリル、A. 著、鈴木主税・石原正毅訳『戦争の起源——石器時代からアレクサンドロスにいたる戦争の古代史』河出書房新社、1988
プルタルコス著、村川堅太郎編『プルタルコス英雄伝』(上中下)(ちくま文庫) 筑摩書房、1987
フロイス、L. 著、岡田章雄訳注『ヨーロッパ文化と日本文化』(岩波文庫) 岩波書店、1991
ヘロドトス著、松平千秋訳『歴史』(上中下)(岩波文庫) 岩波書店、1971-72
前川和也編著『図説 メソポタミア文明』(ふくろうの本) 河出書房新社、2011
前田徹著『都市国家の誕生』(世界史リブレット1) 山川出版社、1996
前田徹著『メソポタミアの王・神・世界観——シュメール人の王権観』山川出版社、2003
三笠宮崇仁編『古代オリエントの生活』(生活の世界歴史1)(河出文庫) 河出書房新社、1991
三笠宮崇仁著『文明のあけぼの——古代オリエントの世界』集英社、2002
本村凌二著『ローマ人の愛と性』(講談社現代新書) 講談社、1999
本村凌二著『地中海世界とローマ帝国』(興亡の世界史第04巻) 講談社、2007
歴史学研究会編『古代のオリエントと地中海世界』(世界史史料1) 岩波書店、2012

序章

浅野和生著『イスタンブールの大聖堂——モザイク画が語るビザンティン帝国』(中公新書) 中央公論新社、2003
ウーリー、L.／モーレー、P. R. S. 著、森岡妙子訳『カルデア人のウル』みすず書房、1986
大津忠彦・常木晃・西秋良宏著『西アジアの考古学』(世界の考古学5) 同成社、1997
小泉龍人著『都市誕生の考古学』(世界の考古学17) 同成社、2001

主要参考文献

（洋書は省略）

各章共通

アッリアノス著、大牟田章訳『アレクサンドロス大王東征記——付・インド誌』（上下）（岩波文庫）岩波書店、2001

阿部謹也他著『中世の風景』（上下）（中公新書）中央公論社、1981

大貫良夫他著『人類の起原と古代オリエント』（世界の歴史１）中央公論社、1998

岡田明子・小林登志子著『シュメル神話の世界—粘土板に刻まれた最古のロマン』（中公新書）中央公論新社、2008

クセノポン著、松平千秋訳『アナバシス——敵中横断6000キロ』（岩波文庫）岩波書店、1993

クレンゲル、H. 著、江上波夫・五味亨訳『古代オリエント商人の世界』山川出版社、1983

クレンゲル、H. 著、五味亨訳『古代シリアの歴史と文化——東西文化のかけ橋』六興出版、1991

小林登志子著『シュメル—人類最古の文明』（中公新書）中央公論新社、2005

小林登志子著『五〇〇〇年前の日常——シュメル人たちの物語』（新潮選書）新潮社、2007

小林登志子著『楔形文字がむすぶ古代オリエント都市の旅』（NHK カルチャーラジオ歴史再発見）日本放送出版協会、2009

コロン、D. 著、久我行子訳『円筒印章——古代西アジアの生活と文明』東京美術、1996

坂本太郎他校注『日本書紀』全５巻（岩波文庫）岩波書店、1994-95

桜井万里子・本村凌二著『ギリシアとローマ』（世界の歴史５）中央公論社、1997

スエトニウス著、国原吉之助訳『ローマ皇帝伝』（上下）（岩波新書）岩波書店、1986

「世界の歴史」編集委員会編『もういちど読む山川世界史』山川出版社、2009

タキトゥス著、国原吉之助訳『年代記——ティベリウス帝からネロ帝へ』（上下）（岩波文庫）岩波書店、1981

ダリー、S. 著、大津忠彦・下釜和也訳『バビロニア都市民の生活』（世界の考古学23）同成社、2010

月本昭男著『古代メソポタミアの神話と儀礼』岩波書店、2010

中田一郎訳『ハンムラビ「法典」』（古代オリエント資料集成１）リトン、1999

日本オリエント学会監修『メソポタミアの世界』（古代オリエント史）日本放送協会学園、1988

日本オリエント学会監修『ナイルからインダスへ』（古代オリエント史）日

【マ　行】

【ヤ　行】

【ラ・ワ　行】

【ハ 行】

【ナ　行】

【タ　行】

【サ　行】

【カ　行】

索　引

太字は図版掲載ページ

【ア　行】

小林登志子（こばやし・としこ）

1949年，千葉県生まれ．中央大学文学部史学科卒業，同大学大学院修士課程修了．古代オリエント博物館非常勤研究員，立正大学文学部講師等をへて，現在，NHK学園「古代オリエント史」講座講師，中近東文化センター評議員．日本オリエント学会奨励賞受賞．専攻・シュメル学．

著書『シュメル―人類最古の文明』（中公新書，2005）
『シュメル神話の世界』（共著，中公新書，2008）
『人物世界史 4　東洋編』（共著，山川出版社，1995）
『古代メソポタミアの神々』（共著，集英社，2000）
『五〇〇〇年前の日常――シュメル人たちの物語』（新潮選書，2007）
『楔形文字がむすぶ古代オリエント都市の旅』（日本放送出版協会，2009）
ほか

文明《ぶんめい》の誕生《たんじょう》
中公新書 *2323*

2015年 6 月25日発行

著　者　小林登志子
発行者　大橋善光

本文印刷　三晃印刷
カバー印刷　大熊整美堂
製　　本　小泉製本

発行所　中央公論新社
〒100-8152
東京都千代田区大手町 1-7-1
電話　販売　03-5299-1730
　　　編集　03-5299-1830
URL http://www.chuko.co.jp/

Published by CHUOKORON-SHINSHA, INC.
Printed in Japan　ISBN978-4-12-102323-0 C1222

中公新書刊行のことば

一九六二年一一月

いまからちょうど五世紀まえ、グーテンベルクが近代印刷術を発明したとき、書物の大量生産は潜在的可能性を獲得し、いまからちょうど一世紀まえ、世界のおもな文明国で義務教育制度が採用されたとき、書物の大量需要の潜在性が形成された。この二つの潜在性がはげしく現実化したのが現代である。

いまや、書物によって視野を拡大し、変りゆく世界に豊かに対応しようとする強い要求を私たちは抑えることができない。この要求にこたえる義務を、今日の書物は背負っている。だが、その義務は、たんに専門的知識の通俗化をはかることによって果たされるものでもなく、通俗的好奇心にうったえて、いたずらに発行部数の巨大さを誇ることによって果たされるものでもない。現代を真摯に生きようとする読者に、真に知るに価いする知識だけを選びだして提供すること、これが中公新書の最大の目標である。

私たちは、知識として錯覚しているものによってしばしば動かされ、裏切られる。私たちは、作為によってあたえられた知識のうえに生きることがあまりに多く、ゆるぎない事実を通して思索することがあまりにすくない。中公新書が、その一貫した特色として自らに課すものは、この事実のみの持つ無条件の説得力を発揮させることである。現代にあらたな意味を投げかけるべく待機している過去の歴史的事実もまた、中公新書によって数多く発掘されるであろう。

中公新書は、現代を自らの眼で見つめようとする、逞しい知的な読者の活力となることを欲している。

世界史

宗教・倫理

b 1

2293 教養としての宗教入門　中村圭志
2158 神道とは何か　伊藤 聡
1130 仏教とは何か　山折哲雄
2135 仏教、本当の教え　植木雅俊
134 地獄の思想　梅原 猛
1512 悪と往生　山折哲雄
1661 こころの作法　山折哲雄
989 儒教とは何か　加地伸行
1685 儒教の知恵　串田久治
1707 ヒンドゥー教―インドの聖と俗　森本達雄
2261 旧約聖書の謎　長谷川修一
2076 アメリカと宗教　堀内一史
2173 韓国とキリスト教　浅見雅一　安 廷苑
2306 聖地巡礼　岡本亮輔
48 山 伏　和歌森太郎
2310 山岳信仰　鈴木正崇